U0901530

中国特色社会主义政治经济学名家论丛（第二辑）

王立胜 主编

中国特色社会主义
政治经济学的逻辑主线和体系结构

ZHONGGUO TESE SHEHUIZHUYI
ZHENGZHI JINGJIXUE DE LUOJI ZHUXIAN HE TIXI JIEGOU

李建平 著

山东城市出版传媒集团·济南出版社

图书在版编目(CIP)数据

中国特色社会主义政治经济学的逻辑主线和体系结构 / 李建平著. —济南: 济南出版社, 2019.1

(中国特色社会主义政治经济学名家论丛 / 王立胜主编. 第二辑)

ISBN 978-7-5488-3542-4

Ⅰ.①中… Ⅱ.①李… Ⅲ.①中国特色社会主义—社会主义政治经济学—研究 Ⅳ.①F120.2

中国版本图书馆 CIP 数据核字(2019)第 025221 号

出 版 人 崔 刚
责任编辑 樊庆兰
封面设计 侯文英

出版发行 济南出版社
地　　址 山东省济南市二环南路 1 号(250002)
编辑热线 0531-86131712
发行热线 0531-86131728　86922073　86131701
印　　刷 山东省东营市新华印刷厂
版　　次 2019 年 1 月第 1 版
印　　次 2019 年 3 月第 1 次印刷
成品尺寸 170mm×240mm　16 开
印　　张 22
字　　数 290 千
定　　价 89.00 元

中国特色社会主义政治经济学名家论丛（第二辑）

福建师范大学　李建平

李建平教授简介

李建平，福建师范大学原校长，现任全国中国特色社会主义政治经济学研究中心（福建师范大学）主任，福建师范大学习近平新时代中国特色社会主义思想研究院院长，经济学院、马克思主义学院教授、博士生导师。兼任中国《资本论》研究会副会长、中国经济规律研究会副会长、全国马克思主义经济学说史研究会副会长等。长期从事《资本论》和社会主义市场经济研究，已发表学术论文 100 多篇，出版著作和教材 100 多部（含主编）。教学科研成果获国家级和省部级奖 10 多项以及“21 世纪世界政治经济学杰出成果奖”等。享受国务院特殊津贴专家，国家有突出贡献中青年专家，中央马克思主义理论研究与建设工程和国家社会科学基金重大项目首席专家。

总 序

中国社会科学院 王立胜

习近平总书记在2016年哲学社会科学工作座谈会“5·17”讲话中指出：“这是一个需要理论而且一定能够产生理论的时代，这是一个需要思想而且一定能够产生思想的时代。我们不能辜负了这个时代。”① 中国特色社会主义政治经济学就是习近平总书记结合时代要求倡导的重要学说，其主要使命就是以政治经济学总结中国经验、创建中国理论。他指出：“坚持和发展中国特色社会主义政治经济学，要以马克思主义政治经济学为指导，总结和提炼我国改革开放和社会主义现代化建设的伟大实践经验。”② 在2017年省部级主要领导干部“学习习近平总书记重要讲话精神，迎接党的十九大”专题研讨班“7·26”讲话中，习近平总书记提出当前的时代变迁是发展阶段的变化，指出“我国发展站到了新的历史起点上，中国特色社会主义进入了新的发展阶段”③，强调“时代是思想之母，实践是理论之源”④，要求总结实践经验，推进理论创新。在经济学领域，实现从实践到理论的提升，就是要贯彻习近平总书记在中央政治局第二十八次集体学习时提出的重要指示，“提炼和总

---

① 习近平：《在哲学社会科学工作座谈会上的讲话》，《人民日报》2016年5月19日。

② 新华社：《坚定信心增强定力 坚定不移推进供给侧结构性改革》，《人民日报》2016年7月9日。

③ ④新华社：《高举中国特色社会主义伟大旗帜 为决胜全面小康社会实现中国梦而奋斗》，《人民日报》2017年7月28日。

结我国经济发展实践的规律性成果，把实践经验上升为系统化的经济学说”① ——这就是“坚持和发展中国特色社会主义政治经济学”的历史使命和时代要求。

当前中国特色社会主义政治经济学的提出和发展也是六十余年理论积淀的结果。1955 年苏联政治经济学教科书中文版②在国内出版，当时于光远③、林子力和马家驹等④学者就开始着手探讨政治经济学的体系构建问题。从 1958 年到 1961 年，毛泽东四次提倡领导干部学习政治经济学⑤，建议中央各部门党组和各省（市、自治区）党委的第一书记组织读书小组读政治经济学。他与刘少奇、周恩来分别组织了读书小组。在组织读书小组在杭州读书期间，他在信中说“读的是经济学。我下决心要搞通这门学问”⑥。在毛泽东的倡导下，20 世纪 50 年代中后期我国出现了第一次社会主义经济理论研究高潮——正是在这次研究高潮中，总结中国经验、构建中国版的社会主义经济理论体系被确定为中国政治经济学研究的方向和目标，并被一直坚持下来。这次研究高潮因“文革”而中断。“文革”结束后的 80 年代，在邓小平的倡导和亲自参与下，我国出现了第二次社会主义经济理论的研究高潮。很多学者在“文革”前积累的理论成果也在这一时期集中发表。在这次研究高潮中，我国确立了社会主义公有制与市场经济相结合的发展方向，形成了社会主义市场经济理论，为改革开放以来近 40 年的经济繁荣提供了理论支撑。当前在习近平总书记的倡导下，从 2016 年年初开始，我国出现了研究

---

① 新华社：《立足我国国情和我国发展实践 发展当代中国马克思主义政治经济学》，《人民日报》2015 年 11 月 25 日。

② 苏联科学院经济研究所：《政治经济学教科书》（中译本），北京：人民出版社 1955 年版。

③ 仲津（于光远）：《政治经济学社会主义部分研究什么?》，《学习》1956 年第 8 期；《最大限度地满足社会需要是政治经济学社会主义部分的一个中心问题》，《学习》1956 年第 11 期。

④ 林子力、马家驹、戴钟珩、朱声绂：《对社会主义经济的分析从哪里着手?》，《经济研究》1957 年第 4 期。

⑤ 戚义明：《“大跃进”后毛泽东四次提倡领导干部学政治经济学》，《党的文献》2008 年第 3 期。

⑥《建国以来毛泽东文稿》第 8 册，北京：中央文献出版社 1993 年版，第 637 页。此次学习期间毛泽东读苏联政治经济学教科书的批注和谈话成为我国政治经济学研究的重要文献资料。

中国特色社会主义政治经济学的新高潮，形成了中国社会主义政治经济学的第三次研究高潮。经历了六十余年的理论积淀，在中国特色社会主义新的发展阶段，中国特色社会主义政治经济学的发展正逐步汇成一股理论潮流，伴随中国特色社会主义建设事业的蓬勃发展滚滚而来！

纵观六十余年积淀与三次研究高潮，中国特色社会主义政治经济学的发展既继往开来又任重道远。

一方面，所谓“继往开来”，是指中国社会主义经济建设事业的蓬勃发展为中国版社会主义政治经济学的形成开创了越来越成熟的现实条件。20 世纪 50 年代，毛泽东感叹“社会主义社会的历史，至今还不过四十多年，社会主义社会的发展还不成熟，离共产主义的高级阶段还很远。现在就要写出一本成熟的社会主义、共产主义政治经济学教科书，还受到社会实践的一定限制”①。80 年代，邓小平高度评价中共十二届三中全会《中共中央关于经济体制改革的决定》提出的“在公有制基础上有计划的商品经济”，认为是“写出了一个政治经济学的初稿，是马克思主义基本原理和中国社会主义实践相结合的政治经济学”②。当前，习近平总书记指出，“中国特色社会主义是全面发展的社会主义”③，“中国特色社会主义进入了新的发展阶段”④，要“提炼和总结我国经济发展实践的规律性成果，把实践经验上升为系统化的经济学说”⑤。从毛泽东认为写出成熟的教科书“受到社会实践的一定限制”，到邓小平认为“写出了一个政治经济学的初稿”，再到习近平提出“把实践经验上升为系统化的经济学说”，历代领导人关于理论发展现实条件的不同判断表

① 中华人民共和国国史学会：《毛泽东读社会主义政治经济学批注和谈话》（简本），内部资料，第 804 页。

②《邓小平文选》第 3 卷，北京：人民出版社 1993 年版，第 83 页。

③ 新华社：《准确把握和抓好我国发展战略重点　扎实把“十三五”发展蓝图变为现实》，《人民日报》2016 年 1 月 31 日。

④ 新华社：《高举中国特色社会主义伟大旗帜　为决胜全面小康社会实现中国梦而奋斗》，《人民日报》2017 年 7 月 28 日。

⑤ 新华社：《立足我国国情和我国发展实践　发展当代中国马克思主义政治经济学》，《人民日报》2015 年 11 月 25 日。

明，随着社会主义建设进入不同历史阶段，政治经济学理论发展的现实条件日益成熟，实践推动理论创新。正如习近平总书记所言："中国特色社会主义不断取得的重大成就，意味着近代以来久经磨难的中华民族实现了从站起来、富起来到强起来的历史性飞跃……意味着中国特色社会主义拓展了发展中国家走向现代化的途径，为解决人类问题贡献了中国智慧、提供了中国方案。"① 在实践的推动下，中国特色社会主义政治经济学在继往开来中不断发展。

另一方面，所谓"任重道远"，是指中国特色社会主义政治经济学从提出到成熟尚需经历曲折的探索过程。当前中国特色社会主义政治经济学的发展至少面临两个方面的艰难探索：第一，理论构建面临诸多悬而未解的学术难题。从20世纪50年代开始，国内围绕体系构建的"起点论""红线论"等问题就形成了诸多争论，同时，社会主义条件下"剩余价值规律"和"经济危机周期性"的适用性等一些原则性的问题未能获得解决，甚至在某些问题上的分歧出现了日益扩大的趋势。这在很大程度上限制了中国特色社会主义政治经济学的理论化水平，使政治经济学经典理论中的价值理论、分配理论、剩余价值理论和危机理论未能充分体现在中国社会主义政治经济学中，从而导致中国实践中涌现出的一系列具有中国特色的经济思想未能获得经典的理论化表述。破解这一难题，需要直面六十余年来形成的一系列争论，加速对政治经济学经典理论的创新应用，在中国特色社会主义经济思想理论化的道路上不断探索。第二，时代变革形成的新问题和新挑战倒逼理论探索。50年代中后期，既是中国社会主义政治经济学的第一次研究高潮，也是我国社会主义初级阶段的起始时期。当前中国社会主义经济建设在经历了六十余年的巨变后，迎来了中国特色社会主义新的发展阶段。中国特色社会主

① 新华社：《高举中国特色社会主义伟大旗帜　为决胜全面小康社会实现中国梦而奋斗》，《人民日报》2017年7月28日。

义政治经济学也需要适应新时期新阶段，加速理论创新。正如习近平总书记在“7·26”讲话中所强调的：“我们要在迅速变化的时代中赢得主动，要在新的伟大斗争中赢得胜利，就要在坚持马克思主义基本原理的基础上，以更宽广的视野、更长远的眼光来思考和把握国家未来发展面临的一系列重大战略问题，在理论上不断拓展新视野、做出新概括。”① 值得注意的是，实践中的新问题与历史累积的学术难题，都将理论探索指向中国特色社会主义政治经济学理论化水平的提升：在实践方面，要形成解释社会主义初级阶段不同时期的理论体系，为新时期的经济实践指明方向，必须提升理论高度；而提高理论高度就需要在理论方面破解体系构建面临的学术难题，创新政治经济学经典理论使之适应当前现实，从而实现中国特色社会主义经济建设经验的理论化重构。理论水平的提升必须遵循学术发展的客观规律，注定是一个任重道远的探索过程，要求政治经济学研究者群策群力、积极进取、砥砺前行。

编写出版《中国特色社会主义政治经济学名家论丛》就是为了响应习近平总书记推进理论创新的时代要求，服务中国特色社会主义政治经济学的发展。纵观中国社会主义政治经济学六十余年的发展历程不难发现：政治经济学学者承担着理论创新的历史使命，学术交流质量决定理论发展水平。当前中国政治经济学界存在着一支高水平的政治经济学理论队伍，他们既是六十余年理论积淀的承载者，也是当前理论创新的承担者。及时把握这些学者的研究动态，加快其理论成果的普及推广，不仅有助于推动政治经济学界的学术交流，也有助于扩大中国特色社会主义政治经济学的社会反响，同时为后来的研究提供一批记录当代学者理论发展印迹的历史文献。“名家论丛”选取的名家学者都亲历过20世纪80年代和当前两次研究高潮，部分学者甚至是三次理论高潮的亲历者。

① 新华社：《高举中国特色社会主义伟大旗帜　为决胜全面小康社会实现中国梦而奋斗》，《人民日报》2017年7月28日。

这些学者熟悉中国社会主义政治经济学的理论传承，知晓历次研究高潮中的学术焦点与理论分歧，也对中国特色社会主义经济建设经验具有深刻的理论洞察。在本次研究高潮中，他们的理论积淀和实践观察集中迸发，围绕中国经验的理论升华和中国特色社会主义政治经济学的体系构建集中著述，在中国特色社会主义政治经济学的发展中起到学术引领和理论中坚的作用，其研究成果值得高度关注和广泛推广。同时，从2015年年底习近平总书记提出“中国特色社会主义政治经济学”算起，当前这次研究高潮从形成到发展，尚不足两年，还处于起步阶段，需要学界同仁的共同参与、群策群力，使之形成更大的理论潮流。中国社会科学院经济研究所是我国重要的经济学研究机构，也是中国社会主义政治经济学六十余年发展历程和三次理论高潮的重要参与者。在20世纪50年代和80年代两次理论高潮中，经济研究所的张闻天、孙冶方、刘国光和董辅礽等老一辈学者是重要的学术领袖。在本轮研究高潮中，经济研究所高度重视、积极参与中国特色社会主义政治经济学的发展，决心依托现有资源平台积极服务学界同仁。策划出版《中国特色社会主义政治经济学名家论丛》的目的就在于服务学术创新，为当前的理论发展略尽绵薄之力，也是为笔者所承担的国家社科规划重大项目“中国特色社会主义政治经济学探索”积累资料。

同时，为了更加全面地展示中国特色社会主义政治经济学的理论发展动态，我们还将依据理论发展状况适时推出“青年论丛”和“专题论丛”，就青年学者的学术观点和重要专题的学术成果进行及时梳理与推广，以期及时反映理论发展全貌，推动学术交流，服务理论创新。当然，三个系列论丛的策划与出版，完全依托当前的理论发展潮流，仰赖专家学者对经济研究所工作的认可与鼎力支持。在此我们代表经济研究所和论丛编写团队，对政治经济学界同仁的支持表示衷心的感谢！同时也希望各位大家积极参与论丛的编写和出版，为我们推荐更多的高水平研究成果，提高论丛的编写质量。

目 录

上卷 中国特色社会主义政治经济学

中卷 《资本论》研究

下卷 社会主义市场经济研究

上卷

中国特色社会主义政治经济学

论中国特色社会主义政治经济学的逻辑主线和体系结构

一、 关于中国特色社会主义政治经济学的逻辑主线

作为一种科学体系，一定要有贯穿始终的主线。马克思的《资本论》的主线就是资本。“资本是资产阶级社会的支配一切的经济权力。它必须成为起点又成为终点。”① 关于中国特色社会主义政治经济学的逻辑主线，目前理论界已有一些论述。

第一种观点是，“中国特色社会主义政治经济学的主线可以概括为：发展经济，满足需要”。“发展经济，强调把经济建设摆在中心地位，强调发展是硬道理，强调解放生产力发展生产力，强调创新、协调、绿色、开放和共享的发展。满足需要，则是社会主义经济发展的出发点和落脚点，充分体现了以人民为中心的思想和社会主义发展经济的根本目的……”“发展经济、满足需要，既是对马克思主义创立的政治经济学的基本立场基本观点基本方法的继承，也是对中国传统文化赋予经济学是经世济民科学思想的弘扬。”②

第二种观点认为，中国特色社会主义政治经济学理论体系的构建，就

①《马克思恩格斯选集》第2卷，北京：人民出版社，1995年，第25页。

② 逄锦聚：《中国特色社会主义政治经济学论纲》，《政治经济学评论》2016年第5期。

是要建立解放、发展和保护生产力的系统化的经济学说。所谓解放生产力，就是根据中国所处的社会主义发展阶段的特征，推进改革开放，从根本上改变束缚生产力发展的经济体制。解放生产力属于生产关系层次的改革和完善。发展和保护生产力，涉及的是经济发展的两个方面：前者是增进物质财富，后者是增进生态财富。“这样，中国特色社会主义政治经济学对生产力的研究就有三个层次的内容：一是解放生产力，二是发展生产力，三是保护生产力。……中国特色社会主义政治经济学理论体系的构建，就是首先要建立解放、发展和保护生产力的系统化的经济学说。”①

第三种观点是把中国特色社会主义政治经济学的主线分为两个时期。第一个时期是：“从改革开放到21世纪初，我国在改革与发展关系的组合上，针对传统计划经济体制对生产力发展的严重束缚，强调改革生产关系以解放生产力，从而把发展作为改革的目的置于改革的理论框架中。”“因此，在这一时期，改革就成为中国特色社会主义经济学研究的核心，并以此为逻辑主线构建中国特色社会主义经济学的理论体系……”“进入新世纪后，我国改革与发展的关系组合发生了新的变化，即把改革作为发展的强大动力，纳入发展的理论框架中，发展成为中国特色社会主义经济学研究的核心主题，并以此为逻辑主线构建中国特色社会主义经济学的理论体系。”②

第四种观点是“把‘社会主义本质论’作为贯穿全书的红线和总纲。明确社会主义政治经济学的主要任务，是揭示社会主义市场经济运行规律，提高资源配置效率，解放和发展生产力，充分满足人民的物质文化和全面发展的需要”③。

上述四种观点都有一定的理论依据，有其可取之处。但笔者认为，应

① 洪银兴：《中国特色社会主义政治经济学的创新发展》，《红旗文稿》2016年第7期。

② 黄泰岩：《中国特色社会主义经济学的研究对象、主线和框架》，《马克思主义与现实》2016年第5期。

③ 陈伯庚，陈承明，沈开艳：《中国特色社会主义政治经济学》，北京：高等教育出版社，2016年，第14页。

当以物质利益作为中国特色社会主义政治经济学的逻辑主线。这不是一个新观点，因为早在20世纪70年代末，南开大学谷书堂教授主持十三所高校学者编写《政治经济学（社会主义部分）》（简称北方本）时，就提出要以社会主义条件下的物质利益关系为主线来编写。复旦大学洪远朋教授多年来一直致力于经济利益理论研究，认为经济学的研究应以经济利益为中心建立经济学的新体系。他提出要建立社会主义综合经济学，“将以经济利益的生产和实现作为综合经济学的中心和主线，展开整个综合经济学体系”①。笔者很赞同谷书堂教授和洪远朋教授的观点，但是要把物质利益作为中国特色社会主义政治经济学的逻辑主线，除了要坚持马克思主义的基本立场、基本原理外，还要重视中国改革开放的实践和当今时代发展所赋予的新内容。

首先，物质利益理论是马克思主义的基本原理。青年马克思本来是学法律的，他在担任《莱茵报》主编期间，广泛接触社会经济问题，经常遇到就物质利益关系问题发表意见的难事，这促使他着手转入研究经济学。他通过研究发现，第一，利益是人类活动的基本动力。“人们奋斗所争取的一切，都同他们的利益有关。”② 政治权力不过是用来实现经济利益的手段。第二，一切经济关系都是经济利益关系的表现。马克思主义经济学认为，一切产业集团关系、民族关系、阶级关系以及各种政策归根到底是经济利益的表现，每一个社会的经济关系首先是作为利益关系表现出来的。第三，利益对思想具有决定性作用。在批判青年黑格尔派布鲁诺·鲍威尔把思想和青年激情看成是历史活动的决定性因素的唯心主义观点时，马克思指出：“‘思想’一旦离开‘利益’，就一定会使自己出丑。”③ 马克思主义经济学公开申明是为工人阶级谋取经济利益的，西方主流经济学往往讳言阶级利

---

① 洪远朋：《经济理论比较研究》，上海：复旦大学出版社，2002年，第491页。

②《马克思恩格斯全集》第1卷，北京：人民出版社，1965年，第82页。

③《马克思恩格斯全集》第2卷，北京：人民出版社，1965年，第103页。

益的追求，而把自己说成是谋求全人类一般利益的“经济科学”，实在是自欺欺人。

其次，坚持为人民谋利益是中国特色社会主义政治经济学的根本立场。坚持人民主体地位，实际上是一个以实现、维护、发展人民根本利益为具体内容的实践过程。在新的历史条件下，坚持人民主体地位，必须始终把人民利益放在第一位，坚持以人民为本，实现好维护好发展好广大人民的根本利益，做到发展为了人民、发展依靠人民、发展成果由人民共享。把人民利益放在第一位，就要重视人民利益，充分考虑人民群众的意愿和感受。凡是涉及群众切身利益的重大决策，都要充分听取群众的意见和建议，充分考虑不同群众的利益和承受能力；要解决好人民群众的切身利益问题，如就业、收入分配、社会保障、住房、医疗等，努力使人民生活得幸福而有尊严；要协调好各方面的利益关系，把个人利益与集体利益、局部利益与整体利益、当前利益与长远利益正确地统一起来，在经济发展的基础上，不断使全体人民得到并日益增加看得见的利益，并造福于未来。

再次，中国特色社会主义政治经济学应重视国家利益的研究。资本主义国家代表垄断资产阶级的利益，而在社会主义的中国，国家则代表并维护工人阶级和广大人民群众的根本利益。不仅如此，在扩大对外开放的过程中，一切损害国家经济安全的行为，都违背了国家利益，应当坚决反对。在国际上，随着经济全球化和经济交流的日益扩大，维护中国在海外投资、贸易等方面的利益，显得越来越重要。正如习近平总书记所指出：“我们要坚决维护国家主权、安全、发展利益，任何外国不要指望我们会拿自己的核心利益做交易，不要指望我们会吞下损害我国主权、安全、发展利益的苦果。”①

最后，人类命运共同体的共同利益观应进入中国特色社会主义政治经济学的视野。当今世界，每一个国家行为主体都有特定的国家利益，都要

①《习近平谈治国理政》第1卷，北京：外文出版社，2014年，第30页。

求把国家利益作为最高原则，并在国际交往中追求国家利益最大化和自身的绝对安全。为了避免冲突、较量甚至战争行为，每一个国家都必须学会妥协、包容并选择适当的方式，与他国共生共存、共谋发展。习近平总书记提出的关于构建人类命运共同体的重要论述，与人类社会发展的这一内在要求相一致，代表了当前国际社会交往和世界和平发展的正确方向。他指出："当今世界，各国相互依存、休戚与共。我们要继承和弘扬联合国宪章的宗旨和原则，构建以合作共赢为核心的新型国际关系，打造人类命运共同体。""大家一起发展才是真发展，可持续发展才是好发展。要实现这一目标，就应该秉承开放精神，推进互帮互助、互惠互利。"① 所以，人类命运共同体实质就是人类利益共同体。当前人类社会面临着日益增多的全球性问题，如恐怖主义肆虐、贸易保护主义盛行、生态环境恶化、毒品走私、跨国犯罪等。人类社会比以往任何时候都更加需要加强国与国之间的合作。习近平总书记多次强调人类命运共同体各方利益的互惠原则，通过合作共赢，打造出超越单个国家利益的世界整体利益，让世界各国感受到参与其中的巨大好处与效益，进而凝聚成携手建设人类命运共同体的共识与行动。中国提出建设"丝绸之路经济带"和"21世纪海上丝绸之路"（以下简称"一带一路"）、成立亚洲基础设施投资银行（以下简称"亚投行"）等重大倡议，其出发点和目标都是基于共同利益的建设，因而得到了世界各国的广泛好评和积极响应。

总之，中国特色社会主义政治经济学以物质利益为主线，包含了人民利益、国家利益和人类命运共同体的共同利益这三个层次。其中，中国人民的根本利益是核心。

---

①《习近平谈治国理政》第2卷，北京：外文出版社，2018年，第522、524页。

二、 关于中国特色社会主义政治经济学的体系结构

关于中国特色社会主义政治经济学的体系结构，理论界已有学者进行了深入的思考。以“中国特色社会主义政治经济学”为书名的专著和教材也已出版了十多本。关于中国特色社会主义政治经济学的体系结构，理论界大体有以下四种看法。

第一种看法分为四个部分。一是经济制度和发展阶段。包括社会主义经济制度的确立、社会主义初级阶段理论、社会主义初级阶段的主要矛盾和主要任务；社会主义初级阶段的基本经济制度、分配制度；社会主义市场经济体制的建立、改革、发展和完善。二是经济运行。包括微观经济运行（企业、家庭和个人）、中观经济运行（包括区域经济、地方经济和经济结构）、宏观经济运行（包括社会总供给总需求平衡和失衡、就业、物价、财政政策、货币政策以及政府宏观调控）。三是经济发展。包括研究为什么发展、要什么样的发展、怎样发展以及新发展理念等。四是世界经济和对外开放问题。包括对外贸易、国际金融、国际投资、国际劳务合作等；主动参与全球治理、改革完善经济秩序、互利共赢，促进建立人类命运共同体，做负责任的大国。①

第二种看法则是除导论外，分为六个部分。一是基本经济制度。这一部分是分析社会主义生产方式的基础，也是社会资源优化配置的基础。包括社会主义初级阶段及所有制形式和结构（公有制、非公有制经济和混合所有制，农村中的集体所有制与土地制度、收入分配制度、经济利益关系）。二是经济体制机制。这一部分分析社会主义生产关系的具体体现和实现形式，也是优化社会资源配置方式的体制保证。包括社会主义与市场经济、社会主义市场经济的运行规律体制和中国的经济体制改革。三是根本

① 逄锦聚：《中国特色社会主义政治经济学论纲》，《政治经济学评论》2016 年第 5 期。

任务。这一部分阐明社会主义的根本任务是解放和发展生产力。包括发展生产力与以经济建设为中心、新型工业化与信息化、农业现代化与城乡一体化。四是微观经济运行，分析微观经济运行的规律和特点。包括市场供求与市场价格、市场竞争与垄断、现代企业制度与国有企业改革、企业成本和利润、个人资产经营。五是宏观经济运行。这一部分分析宏观经济运行的规律和特点，包括经济增长与经济效益、经济发展与科学发展、宏观经济管理与调控。六是国际经济关系，主要阐述经济全球化和我国经济的对外开放。包括经济全球化与开放型经济、中国对外经济开放。①

第三种看法是把中国特色社会主义政治经济学的理论范畴概括为“十论”。包括本质论、制度论、发展论、市场论、改革论、新常态论、“四化同步”论、开放论、民生论和扶贫论。②

第四种看法是把中国特色社会主义政治经济学分为九章。第一章导论论述社会主义政治经济学的奠基、形成和发展，以及中国特色社会主义政治经济学的性质和构建原则。第二、三章分别论述中国特色社会主义经济制度的建立和发展与社会主义初级阶段基本经济制度。第四章论述社会主义市场经济，第五章论述社会主义收入分配，第六章论述社会主义国家调控，第七章到第九章分别论述改革、开放和发展问题。③

上述关于中国特色社会主义政治经济学体系结构的四种看法，都有其优点，值得学习和借鉴。体系对于一门学科来说非常重要，黑格尔曾说过，没有体系就没有科学。中华人民共和国成立以来，特别是改革开放以来，中国老一辈马克思主义经济学家对构建社会主义政治经济学体系进行了许多宝贵的探索，取得了重要的理论成果。2016 年 5 月 17 日，习近平总书记在哲学社会科学工作座谈会上的讲话中指出：“现在，我国哲学社会科学学

① 陈伯庚，陈承明，沈开艳：《中国特色社会主义政治经济学》，北京：高等教育出版社，2016 年。

② 张占斌，周跃辉：《中国特色社会主义政治经济学》，武汉：湖北教育出版社，2016 年。

③ 张宇：《中国特色社会主义政治经济学》，北京：中国人民大学出版社，2016 年。

科体系已基本确立，但还存在一些亟待解决的问题……下一步，要突出优势、拓展领域、补齐短板、完善体系。”① 这一评价符合实际。因此，我们既不能割断历史，也不能止步不前，而应该在前人探索的基础上，回应时代和实践的呼声，继续前进。习近平总书记还指出：“我们的哲学社会科学有没有中国特色，归根到底要看有没有主体性、原创性。跟在别人后面亦步亦趋，不仅难以形成中国特色哲学社会科学，而且解决不了我国的实际问题。……只有以我国实际为研究起点，提出具有主体性、原创性的理论观点，构建具有自身特质的学科体系、学术体系、话语体系，我国哲学社会科学才能形成自己的特色和优势。”② 习近平总书记关于哲学社会科学（包括马克思主义政治经济学）的重要讲话精神，应该成为我们编写中国特色社会主义政治经济学读本的重要指导思想。

按照笔者对中国特色社会主义政治经济学的学习和理解，借鉴已有的研究成果，在框架结构上拟分为导论、本论、余论三大部分。导论阐述中国特色社会主义政治经济学的若干基础理论问题，主要回答什么是中国特色社会主义政治经济学。包括：它与传统马克思主义政治经济学有何联系与区别？它的研究对象是什么？采用什么样的研究方法？其逻辑主线是什么？中国特色社会主义政治经济学是如何形成和发展的？需要融通哪些方面的资源？学好用好中国特色社会主义政治经济学有何重大意义？它的体系结构如何安排？

本论作为框架的主体内容，主要回答三大问题：一是社会主义市场经济何以可能？如何结合？二是中国经济奇迹是如何创造出来的？要从政治经济学的角度回答中国道路的自信问题。三是中国经济在世界经济中的地位和作用。本论分为六篇：第一篇为中国特色社会主义政治经济学产生的时空背景和国情依据。要分析当代社会主义和资本主义发展的新特点、国

---

①《习近平谈治国理政》第 2 卷，北京：外文出版社，2018 年，第 344—345 页。

②《习近平谈治国理政》第 2 卷，北京：外文出版社，2018 年，第 341—342 页。

际形势的新格局和我们面临的新主题（包括和平与发展、合作与共赢、经济全球化和逆全球化）。中国特色社会主义政治经济学不是研究一般社会主义政治经济学，而是研究当代中国的社会主义政治经济学，这就不能离开中国的国情分析，其中最大的国情就是中国还处在社会主义初级阶段，在科学社会主义发展史上，这是个伟大的理论创造。要研究中国特色社会主义新时代的标识和中国发展新的历史方位，研究中国社会主要矛盾的变化、社会主义生产目的和主要经济规律以及实现“两个一百年”的奋斗目标和中华民族伟大复兴的中国梦，阐明中国共产党是夺取新时代中国特色社会主义伟大胜利的根本政治保证。

第二篇分析社会主义市场经济中的社会主义的本质特征和制度优势。要深入分析邓小平关于社会主义本质的论述，但根据实践的发展还需要增加一些新的内容，如对生产力不仅要解放、发展，还要善加保护；“消灭剥削，消除两极分化，实现共同富裕”，这是奋斗目标，还需要增加消除贫困、实现全面小康的内容，且最终目标是实现每个人的自由而全面的发展。在制度优势方面，要分析基本经济制度，包括公有制的主体地位、国有经济的主导作用、非公有制经济和混合所有制经济。“三农”问题是中国的最大问题，因此也要分析中国农村土地制度改革和如何发展壮大集体经济，助力实现乡村振兴战略。在收入分配制度方面，一方面要分析分配方式出现的新变化，另一方面也要分析如何防止收入分配悬殊过大导致两极分化，应加快建立和健全社会保障制度。

第三篇分析社会主义市场经济中的市场经济的重要作用，与社会主义制度结合的必要性、可能性和现实性，它的运行机制和调节机制，市场秩序健全和法制建设、道德建设，特别是如何正确处理好政府和市场这“两只手”的关系，着力构建市场机制有效、微观主体有活力、宏观调控有度的经济体制，不断增强中国经济的创新力和竞争力。这是中国特色社会主义政治经济学所要解决的理论重点和难点问题。

第四篇分析改革开放以来中国的经济体制改革。邓小平强调指出，改革是中国的第二次革命。正是由于坚持改革，极大地解放和发展了中国的生产力，在过去的四十年中，中国创造了世界经济的奇迹。要分析中国经济体制改革的理论基础、历史发展过程、取得的成效、改革的经验和存在的问题。要着重分析党的十八届三中全会关于全面深化改革的决定和不断提高有效治理国家经济问题的能力。要分析当前面临的经济新常态和正在实施的供给侧结构性改革。改革不仅要“摸着石头过河”，也要加强顶层设计。改革实际上是一种利益的重新调整，因此全面深化改革必须牢牢坚持中国特色社会主义的正确方向，坚决反对新自由主义所鼓吹的私有化和去政府化主张，正确协调和处理好国家、集体和个人之间，城乡之间、区域之间，实体经济和虚拟经济之间，中央和地方之间，国内和国外之间等各方面的利益关系，特别要处理好改革的力度、发展的速度和社会可承受的程度三者之间的关系。

第五篇分析经济发展。发展是硬道理，是党执政兴国的第一要务。要研究为什么发展、要什么样的发展、怎样发展等重要问题。发展必须是成果惠及全体人民的实实在在的没有水分的发展，必须是遵循客观经济规律的科学发展，必须是适应中国社会主要矛盾变化的高质量发展，必须是遵循自然规律的可持续发展。要研究改革开放以来党所提出的一系列卓有成效的经济发展理论，如“发展是硬道理”理论、转变经济发展方式理论、区域发展理论、需求拉动经济发展理论，特别是习近平总书记提出的创新、协调、绿色、开放、共享的新发展理念。

第六篇分析对外经济开放。对外开放和体制改革是中国新时期最鲜明的特点，也是中国特色社会主义政治经济学的最精彩华章。要阐述中国对外开放基本国策的理论基础，分析四十年来中国对外开放的历史进程，包括兴办经济特区、开放沿海城市、加入世界贸易组织、设立自由贸易试验区、建设自由贸易港、人民币作为第五种货币进入 SDR 货币篮子，形成了全方位、多层次、宽领域的对外开放新格局。要分析中国对外开放面临的新形势，实现习近平总书记所提出的“中国将在更大范围、更宽领域、更深层次上提高开放型经济水平”的目标。要处理好对外开放和坚持自力更生的关系，在全面提高开放型经济水平，充分利用国际国内两个市场、两种资源的同时，切实维护国家经济安全，防止出现危及全局的颠覆性风险。在对外开放中，要回答如何为完善全球经济治理贡献中国智慧的问题。中国不仅是一个文明古国，也是一个经济大国。中国特色社会主义政治经济学既要研究中国的经济问题，还要研究中国对世界经济发展的贡献问题。当今时代的主题是和平与发展、合作与共赢。习近平总书记把世界各国视为利益共同体，并提出人类命运共同体的概念。在《习近平谈治国理政》第 1 卷的十八个部分中有五个部分、《习近平谈治国理政》第 2 卷的十七个部分中有四个部分专门阐述国际合作，可见国际和国内都是需要“更好统筹”的“两个大局”。中国提出的“一带一路”倡议，符合求和平、谋发展、促合作、图共赢的时代潮流，符合世界各国人民的共同利益，具有广阔的发展空间和巨大的发展潜力。中国发起成立的“亚投行”，也得到了很多国家的积极响应。在经济全球化失序的背景下，中国对世界提出了一份标本兼治的中国方案，即通过加强政策协调、创新增长方式、建设更高效的全球经济金融治理，促进更强劲的全球贸易和投资，推进包容和联动发展，以构建“创新、活力、联动、包容”的世界经济新蓝图。这表明中国在搞好自身经济发展的同时，正在为完善全球经济治理和促进世界经济发展不断贡献中国的智慧和力量。中国特色社会主义政治经济学必将跨出国门，走向世界。

余论。政治经济学具有鲜明的阶级性。纵观经济学的发展历史，既有资产阶级的政治经济学，如英国的古典政治经济学和之后的庸俗经济学，也有无产阶级的政治经济学，即马克思主义政治经济学。马克思主义政治经济学公开主张和维护无产阶级的利益，是无产阶级的政治经济学，因此，恩格斯把《资本论》称为工人阶级的“圣经”。人民群众是中国共产党的力量源泉，人民立场是中国共产党的根本政治立场。为人民谋幸福，是中国共产党人的初心，中国共产党人永远把人民对美好生活的向往作为奋斗目标。中国特色社会主义政治经济学的出发点是人民，落脚点也是人民，以人民为中心应该像一条红线那样贯穿整个理论体系始终。一言以蔽之，中国特色社会主义政治经济学就是体现中国人民根本利益和长远利益的新时代马克思主义政治经济学。

（原载于《理论与评论》2018 年第 4 期）

构建中国特色社会主义政治经济学的三个重要理论问题

习近平在2015年12月21日中央经济工作会议上第一次明确提出“中国特色社会主义政治经济学”这一概念，迅即传遍神州大地。那么，什么是中国特色社会主义政治经济学呢？以下就三个重要理论问题谈一些不成熟看法。

一、中国特色社会主义政治经济学的时代性质

习近平指出：“党的十一届三中全会以来，我们党把马克思主义政治经济学的基本原理同改革开放的新的实践结合起来，不断丰富和发展马克思主义政治经济学，形成了当代中国马克思主义政治经济学的许多重要理论成果。”这段话表明：一是中国特色社会主义政治经济学姓“马”，是坚持以马克思主义政治经济学基本原理为指导的；二是但又不完全等同于经典马克思主义政治经济学，而是其在当代中国的“丰富和发展”，笔者称之为3.0版的当代中国马克思主义政治经济学。

马克思主义政治经济学和其他事物一样，有一个产生和发展过程，不可能是一成不变的。马克思说：“辩证法对每一种既成的形式都是从不断的运动中……去理解。”恩格斯认为，政治经济学本质上是一门历史的科学，

不可能对一切国家和一切历史时代都是一样的。习近平则明确指出，当代中国的伟大社会变革，“不是简单套用马克思主义经典作家设想的模板，不是其他国家社会主义实践的再版，也不是国外现代化发展的翻版，不可能找到现成的教科书。我国哲学社会科学应该以我们正在做的事情为中心，从我国改革发展的实践中挖掘出新材料、发现新问题、提出新观点、构建新理论”。

笔者把马克思主义政治经济学150多年来发展所经历的三个阶段分别称之为1.0版、2.0版、3.0版。

1.0版是马克思主义政治经济学的原生形态，是马克思在批判英国古典政治经济学的基础上创立的科学的政治经济学理论体系。其任务是探寻资本主义社会经济运动的规律，揭露资本家剥削工人的秘密，证明无产阶级革命的正当性和必要性；其结论是资本主义社会并非人类社会发展的终点，由于其内在的基本矛盾必将为更高的社会经济形态即社会主义社会所取代。所以，《资本论》成了工人阶级的“圣经”。

2.0版是马克思主义政治经济学的次生形态，是列宁、斯大林等人对1.0版的坚持和发展。其任务一方面是研究资本主义发展的最高阶段帝国主义的若干新特征，得出了帝国主义是垄断的、腐朽的、垂死的资本主义，是无产阶级革命的前夜的结论；另一方面，则注重于马克思、恩格斯生前没有看到的社会主义社会经济运动规律的研究，形成了包括苏联和东欧社会主义国家在内的所谓苏联社会主义模式以及相应的政治经济学。2.0版高速推进国家工业化，大力推进农业集体化，凭借强有力的行政命令，形成了计划经济的体制和机制。2.0版在一定的历史时期起到了积极的作用，但也暴露了内在的缺陷：否认商品和商品生产，否认价值规律的作用；体制僵化、闭关自守；劳动生产效率递减，生活消费资料匮乏。在思想方法上，则是盲目照搬，教条主义，严重脱离实际。随着社会主义实践的发展，2.0版必须要更新。

3. 0 版的马克思主义政治经济学是当代中国马克思主义政治经济学，是在 1978 年党的十一届三中全会后开始的改革开放过程中形成的。一方面它坚持马克思主义政治经济学的基本原理，不搞西方主流经济学那一套，不走改旗易帜的邪路；另一方面也不搞本本主义、生搬硬套，不走封闭僵化的老路，而是把马克思主义政治经济学基本原理同我国改革开放新的实践结合起来，不断丰富和发展马克思主义政治经济学，形成了具有鲜明特色的当代中国马克思主义政治经济学。

3. 0 版与 1. 0 版、2. 0 版不同之处在于：

一是时代背景不同。从 20 世纪 80 年代以来，世界经济政治格局发生了深刻变化，全球合作向多层次全方位拓展，新兴市场国家和发展中国家整体实力不断增强，国际力量对比正朝着有利于维护世界和平方向发展。因此，和平与发展、合作与共赢已成为时代主题，经济全球化、世界多极化、文化多元化、科技信息化成了当代的新特点。习近平指出："要跟上时代前进的步伐，就不能身体已进入 21 世纪，而脑袋还停留在过去……旧时代。"

二是社会发展阶段不同。马克思所设想的未来社会主义社会和共产主义社会，仍然是我们的奋斗目标，但在现实上我们所处的是不发达的社会主义初级阶段，而且它将经历相当长的历史时期。因此，在任何情况下都要牢牢把握社会主义初级阶段这一最大的国情，推进任何方面的改革发展都要立足这个最大的实际，社会主义初级阶段是建设中国特色社会主义的总依据。

三是经济调节手段不同。在社会主义初级阶段，商品生产不可逾越，因此要实行社会主义市场经济，使市场在资源配置中起决定性作用和更好地发挥政府的作用，充分发挥市场"看不见的手"和政府"看得见的手"这"两只手"的调节作用。

四是历史任务不同。3. 0 版的任务是按照社会主义本质的要求，解放生产力，发展生产力，消灭剥削，消除两极分化，最终达到共同富裕；是实现“两个一百年”奋斗目标，实现中华民族伟大复兴的“中国梦”。

五是承担的国际责任不同。我国是世界最大的发展中国家。改革开放以来，我国的 GDP 已跃居世界第二，创造了世界经济史上的奇迹。作为一个负责任的大国，我国应积极参与全球经济治理，促进世界经济发展，维护公平与正义。中国的发展需要世界，世界的发展也需要中国，中国应当对世界发展做出较大的贡献。

正因为有上述不同，3.0 版成了具有鲜明时代特色和中国特色的马克思主义政治经济学。

二、 中国特色社会主义政治经济学的研究对象

1.0 版的经典马克思主义政治经济学研究先进资本主义国家的“资本主义生产方式以及和它相适应的生产关系和交换关系”。马克思通过对资本主义生产过程（资本直接生产过程、资本流通过程和资本主义生产总过程）的研究，揭示资本主义社会生产力和生产关系矛盾运动的一系列规律。

2.0 版的马克思主义政治经济学所面对的是在经济发展落后的国家基础上建立起来的社会主义社会，其目标是尽快实现农业、工业、国防和科学技术的现代化，因此 2.0 版马克思主义政治经济学更多关注社会主义生产关系，试图通过不断调整生产关系以促进生产力的发展。

3.0 版的中国特色社会主义政治经济学的研究对象是什么？学术界已发表了各种观点，都有一定的合理之处。笔者认为，中国特色社会主义政治经济学研究对象应为中国社会主义初级阶段的生产方式和与之相适应的生产、交换关系以及政治、国家关系。这里有三个问题需要解决：

一是所研究的生产是什么生产。首先是商品生产，是经济全球化时代的商品生产；是在市场经济条件下，进入信息化和互联网时代的商品生产。但这种商品生产发生在社会主义初级阶段的中国，不仅要与公有制兼容，

而且公有制还要占主体地位；生产的目的是最大限度地满足人民日益增长的物质和文化需要。这种商品生产与资本主义社会的商品生产是有根本区别的。

二是研究如何进行生产。通过对社会主义市场经济条件下商品生产过程中生产、交换、分配、消费诸环节之间关系的分析，通过对经济制度、经济体制、经济运行、经济改革、经济发展和对外开放之间相互作用的分析，通过对国内和国际两种空间、两种市场、两种资源相互竞争与合作的分析，揭示生产力和生产关系、经济基础和上层建筑之间的矛盾运动的一系列规律。

三是提出研究对象应包括“与之相适应的政治、国家关系”。这是一个有争论的问题，笔者的依据是：

首先，这是唯物史观的题中应有之义。生产力决定生产关系，经济基础决定上层建筑，同时后者对前者又具有反作用。政治和经济是不可分割的，经济是政治的物质基础，政治是经济的集中表现。马克思说：“实际上国家不外是资产者为了在国内外相互保障自己的财产和利益所必然要采取的一种组织形式……因为国家是属于统治阶级的各个个人借以实现其共同利益的形式，是该时代的整个市民社会获取集中表现的形式，因此可以得出一个结论：一切共同的规章都是以国家为中介的，都带有政治形式。”毛泽东在评论苏联《政治经济学教科书》修订第三版时曾明确指出：“政治经济学研究的对象主要是生产关系，但是，政治经济学和唯物史观难得分家。不涉及上层建筑方面的问题，经济基础即生产关系的问题不容易说得清楚。”唯物史观是马克思主义政治经济学方法的“基础”，政治经济学不讲政治和国家关系，把完整的唯物史观基本原理加以肢解，这还叫马克思主义政治经济学吗？

其次，这在经济学思想史上也可得到佐证。“经济”的古希腊词源是指家庭或庄园的管理。政治经济学概念的首次提出是在1615年，法国重商主义学者安托万·德·蒙克莱田在《献给国王和王后的政治经济学》中把“经济”从家庭（庄园）管理层面拓展为国家治理层面。而古典经济学严格地说就是政治经济学。19 世纪初德国历史学派的著名代表弗里德里希·李斯特认为，在个人与整个人类之间有一中介体——国家，在现实情况下，各国国家的发展水平是不同的，比较落后的国家要赶上先进的国家或者不受后者的欺压，必然要依靠国家的干预。德里希·李斯特称自己的学说为国家主义经济学，以与所谓的世界主义经济学相对立。

最后，改革开放以来中国经济发展的“奇迹”也充分证明经济发展不能离开政治的作用和国家的干预。从 20 世纪 70 年代末农村家庭联产承包制在全国农村的推广、80 年代乡镇企业的兴起，到城市国有企业改革的逐步推进，直至党的十八届三中全会提出全面深化改革；从 1980 年深圳等四个经济特区的设立，直至加入世贸组织，全面提高开放型经济水平；从 1984 年提出实行由计划商品经济到 1992 年明确确立社会主义市场经济体制；从邓小平提出的分“三步走”实现现代化的战略目标，到习近平提出的实现“两个一百年”的奋斗目标、实现中华民族伟大复兴的“中国梦”，等等，哪一项不和政治的作用和国家的干预有关？

西方主流经济学标榜所谓“价值中立”，鼓吹经济学要远离政治，完全否定国家干预的必要性，似乎只有这样才能显示其“学术性”和“科学性”，这不仅严重脱离实际，而且是十分虚伪的。现在的问题不在于承认不承认政治、国家对经济发展作用的存在，而在于政治、国家关系如何与社会生产方式、经济基础相适应，如何对经济改革和经济发展发挥必要的积极的正面的作用。

三、 中国特色社会主义政治经济学的方法论

方法论和方法是有区别的：方法论指方法的体系，方法则指一种或若

干种具体研究方法。

笔者认为，中国特色社会主义政治经济学的方法论包括以下三个方面：

一是历史唯物论。这是马克思一生中的两大发现之一，在1845—1846年马克思和恩格斯合著的《德意志意识形态》一书中对唯物史观的基本内容做了详细论述，在1859年的《〈政治经济学批判〉序言》中则做了经典概括。列宁认为，马克思的历史唯物主义是人类有史以来科学思想中的最大成果。“历史唯物主义也从来没有企求说明一切，而只企求指出‘唯一科学的’（马克思在《资本论》中的话）说明历史的方法。”

习近平高度重视历史唯物主义对建设中国特色社会主义的指导作用。他指出：“历史和现实都表明，只有坚持历史唯物主义，我们才能不断把对中国特色社会主义规律的认识提高到新的水平，不断开辟当代中国马克思主义发展新境界。”他强调，要学习和掌握物质生产是社会生活的基础的观点，坚持发展仍是解决我国所有问题的关键这个重大战略判断，聚精会神搞建设、一心一意谋发展；要学习和掌握社会基本矛盾分析法，只有把生产力和生产关系的矛盾运动同经济基础和上层建筑的矛盾运动结合起来观察，才能全面把握整个社会的基本面貌和发展方向；要学习和掌握人民群众是历史创造者的观点，一切为了群众、一切依靠群众，从群众中来、到群众中去的群众路线，是我们党始终坚持的根本工作路线和根本工作方法；等等。可以说，历史唯物主义不仅是中国共产党人的历史观和价值观，也是中国特色社会主义政治经济学的根本方法。

二是唯物辩证法。这主要是马克思在《资本论》等著作中批判地继承、应用和发展了的黑格尔唯心辩证法，包括客观辩证法（即一系列客观规律和范畴）和主观辩证法（即辩证逻辑方法）。唯物辩证法也包括列宁、毛泽东所发展了的辩证法，特别是毛泽东在《矛盾论》等著作中所阐明的具有中国风格的辩证法，如矛盾的普遍性与特殊性、内因和外因、主要矛盾和次要矛盾、两点论和重点论等。

改革开放作为一场深刻而全面的社会变革，迫切需要唯物辩证法这一重要的思想武器。习近平指出："在推进改革中，要坚持正确的思想方法，坚持辩证法，处理好解放思想和实事求是的关系、整体推进和重点突破的关系、全局和局部的关系、顶层设计和'摸着石头过河'的关系、胆子要大和步子要稳的关系、改革发展稳定的关系，着力提高操作能力和执行力。"他强调要不断提高辩证思维能力，就是承认矛盾、分析矛盾、解决矛盾，善于抓住关键、找准重点、洞察事物发展规律的能力。因此，唯物辩证法是中国特色社会主义政治经济学不可或缺的重要方法。

三是以实践为基础的马克思主义认识论，可简称为实践认识论。马克思早在 1845 年春写的《关于费尔巴哈的提纲》中，就指出实践对认识的重要作用："全部社会生活在本质上是实践的。凡是把理论引向神秘主义的神秘东西，都能在人的实践中以及对这种实践的理解中得到合理的解决。"列宁认为，在马克思的《资本论》中，逻辑、辩证法和唯物主义认识论是同一个东西，都应用于同一门科学，即政治经济学。列宁特别强调："生活、实践的观点，应该是认识论的首先的和基本的观点。"毛泽东的《实践论》结合中国革命战争的实践，对马克思、列宁的认识论做了创造性的发展。

现有的政治经济学著作或教科书介绍方法论时不谈马克思主义认识论，这是一个很大的缺陷。人们对社会经济现象的分析，对社会经济运动规律的探索，是一种认识活动，因此也要遵循认识的规律和方法。特别是中国特色社会主义政治经济学，它的形成和发展都和马克思主义认识论息息相关。中国的改革开放是以党的十一届三中全会为起点的，但真正揭开全党思想大解放序幕的，则是关于真理标准问题的大讨论。邓小平指出，实事求是、一切从实际出发、理论联系实际、坚持实践是检验真理的标准，这就是我们党的思想路线。"只有解决好思想路线问题，才能提出新的正确政策，首先是工作重点的转移，还有农村政策、对外关系政策，以及相应的一整套社会主义的政策。"习近平十分重视马克思主义认识论的运用，强调

“实行改革开放、发展社会主义市场经济，我们的老祖宗没有讲过，其他社会主义国家也没有干过，只能通过实践、认识、再实践、再认识的反复过程，从实践中获得真知”。他特别指出，“加强顶层设计和摸着石头过河都是推进改革的重要方法”。

历史唯物论、唯物辩证法和实践认识论三者是一个有机的整体，缺一不可。其中，历史唯物论是整个方法的基础，唯物辩证法和实践认识论各有其特殊的重要作用，它们共同构成了中国特色社会主义政治经济学的方法论体系。

（原载于2017年1月17日《福建日报》“理论周刊新论”）

论中国特色社会主义政治经济学的当代新特征

习近平同志指出，党的十一届三中全会以来，我们党把马克思主义政治经济学基本原理同改革开放新的实践结合起来，不断丰富和发展马克思主义政治经济学，形成了当代中国马克思主义政治经济学的许多重要理论成果。① 这段话表明：一是中国特色社会主义政治经济学姓“马”，它在本质上是马克思主义政治经济学，是对马克思主义政治经济学的立场、基本原理和方法的坚持和继承；二是中国特色社会主义政治经济学与经典马克思主义政治经济学又不完全相同，前者是运用马克思主义世界观和方法论对中国改革开放和社会主义实践经验的理论总结，是对当代中国经济发展实践的规律性认识。本文称之为3.0版马克思主义政治经济学。理论界关于中国特色社会主义政治经济学的本质问题存在不同的认识。有的学者强调中国特色社会主义政治经济学本质上仍然是社会主义经济理论或社会主义政治经济学，中国特色或中国实践不应超出此范围；有的认为要区分中国特色社会主义的政治经济学与中国特色的社会主义政治经济学之间的差别，中国特色社会主义政治经济学不能仅仅理解为是一般意义上的社会主义政治经济学的修修补补，而应视为是具有原创性的新的政治经济学理论体系；

① 习近平：《立足我国国情和我国发展实践，发展当代中国马克思主义政治经济学》（2015年11月24日），http：//cpc.people.com.cn/n/2015/1124/c64094-27850965.html。

有的则强调中国特色社会主义经济理论是对社会主义市场经济理论的有效突破，因而本质上是一种社会主义市场经济学；新自由主义经济学认为只有西方经济学才是真正的有关经济的科学，而中国特色社会主义政治经济学是有关政治的理论，不是经济学，其充其量属于新制度经济学中制度变迁理论的一个分支——过渡经济学。除了新自由主义经济学外，以上理论观点的差别主要体现为如何看待中国特色社会主义政治经济学与经典马克思主义政治经济学之间的关系，以及马克思主义政治经济学一般理论与中国经济特殊实践之间的关系。本文认为，割裂马克思主义政治经济学不同阶段继承发展关系的观点是错误的；过分强调理论的一般性，而忽视中国特色的看法，或者过分突出中国特色，而忽视理论的一般性的看法都是片面的。本文把马克思主义政治经济学 150 多年来发展所经历的三个阶段分别称之为 1.0 版、2.0 版、3.0 版，在此基础上，进一步分析 3.0 版与 1.0 版、2.0 版在时代背景、社会发展阶段、经济运行机制、历史任务和国际责任等方面存在的不同，既从历史沿革层面揭示二者的继承与发展关系，又从现实具体层面更为明晰地展示 3.0 版马克思主义政治经济学的时代性质和主要特点。

一、 150 多年来马克思主义政治经济学发展区分为三个不同的阶段

马克思主义政治经济学和其他事物一样，有一个产生和发展的过程，不可能是一成不变的。马克思说："辩证法对每一种既成的形式都是从不断的运动中……去理解。"① 恩格斯认为："政治经济学本质上是一门历史的科学。它所涉及的是历史性的经常变化的材料。""政治经济学不可能对一切

① 马克思：《资本论》第 1 卷，北京：人民出版社，2004 年，第 22 页。

国家和一切历史时代都是一样的。”[①] 习近平明确指出，当代中国的伟大社会变革，“不是简单套用马克思主义经典作家设想的模板，不是其他国家社会主义实践的再版，也不是国外现代化发展的翻版，不可能找到现成的教科书。我国哲学社会科学应该以我们正在做的事情为中心，从我国改革发展的实践中挖掘出新材料、发现新问题、提出新观点、构建新理论”。[②]

1.0 版是马克思主义政治经济学的原生形态，是马克思恩格斯在批判英国、法国古典政治经济学的基础上创立的科学的政治经济学理论体系。其任务是研究资本主义经济制度，探寻资本主义社会的经济运动规律，揭露资本家剥削工人的秘密，证明无产阶级革命的正当性和必要性。其结论是资本主义社会并非人类社会发展的终点，其内在的基本矛盾的存在必将使其被更高的社会形态共产主义社会所取代。所以，体现阶级性与科学性统一的《资本论》成了工人阶级的“圣经”。在揭示资本主义必然被共产主义所替代的历史发展规律的同时，马克思、恩格斯也勾勒出了未来共产主义社会经济关系的本质和特征。比如：实现人的自由全面发展；生产资料实现社会占有；对社会生产实行有计划按比例的调节；在初级阶段实行按劳分配，在高级阶段实行按需分配；等等。马克思、恩格斯还提出：社会主义的建设必须实现发展生产力、提高人民生活水平和坚持公有制三者的统一。[③] “无产阶级……把一切生产工具集中在国家即组织成为统治阶级的无产阶级手里，并且尽可能快地增加生产力的总量。”[④] “在共产主义社会里，已经积累起来的劳动只是扩大、丰富和提高工人的生活的一种手段。”[⑤] 但是，1.0 版关于社会主义经济理论的探讨，只是一种逻辑推论，只能成为社

---

①《马克思恩格斯全集》第 20 卷，北京：人民出版社，1971 年，第 160—161 页。

② 习近平：《在哲学社会科学工作座谈会上的讲话》（2016 年 5 月 17 日），http：//news. xinhuanet. com/politics/2016-05/18/c_1118891128. htm。

③ 卫兴华：《中国特色社会主义政治经济学研究——为什么要搞社会主义，怎样搞好社会主义》，《河北经贸大学学报》，2016 年第 3 期。

④《马克思恩格斯选集》第 1 卷，北京：人民出版社，1995 年，第 293 页。

⑤《马克思恩格斯选集》第 1 卷，北京：人民出版社，1995 年，第 287 页。

会主义政治经济学的起点，而不可能是终点，需要在实践中不断丰富和发展。

2.0版是马克思主义政治经济学的次生形态，是列宁、斯大林等人对1.0版的坚持和发展。其任务一方面是通过研究资本主义发展的最高阶段帝国主义的若干新特征，得出了帝国主义是垄断的、腐朽的、垂死的资本主义，是无产阶级革命的前夜的结论；另一方面，随着社会主义实践的发展，通过对马克思、恩格斯先前没有看到的社会主义社会经济运动规律的研究，形成了包括苏联和东欧社会主义国家在内的苏联社会主义经济模式以及相应的政治经济学。如果说1.0版致力于回答“为什么要建立社会主义”的问题，那么2.0版则积极探索在落后国家“怎样建设社会主义”的答案，创造性发展了1.0版。斯大林明确提出社会主义生产目的是“在高度技术基础上使社会主义生产不断增长和不断完善的办法，来保证最大限度地满足整个社会经常增长的物质和文化的需要”①。由此，传统社会主义实践的国家高速推进国家工业化，大力推进农业集体化，借用强有力的行政命令，形成了计划经济的体制和机制。2.0版使1.0版关于共产主义社会的设想从理论转变为现实，在一定历史时期起到了积极的作用。但从总体上说，2.0版对于社会主义的认识仍较多地受限于1.0版关于共产主义与社会主义的规范性规定，表现为实行单一的公有制、建立计划经济体制等。主要表现为：在思想方法上，存在着盲目照搬、教条主义、严重脱离实际的错误。在实践中也暴露了否认商品和商品生产，否认价值规律的作用；体制僵化、闭关自守；劳动生产效率递减，生活消费资料匮乏等内在缺陷。2.0版必须要更新。

3.0版是马克思主义政治经济学在当代中国的再生形态，是邓小平、江泽民、胡锦涛以及习近平等对2.0版的丰富和发展，是在1978年党的十一届三中全会后开始的改革开放过程中逐渐形成的。它一方面坚持马克思主

① 斯大林：《苏联社会主义经济问题》，北京：人民出版社，1952年，第31页。

义政治经济学的基本原理，不搞西方主流经济学那一套，不走改旗易帜的邪路；另一方面也不搞本本主义、生搬硬套，不走封闭僵化的老路，而是把马克思主义政治经济学基本原理同中国改革开放的新实践结合起来，不断丰富和发展马克思主义政治经济学，形成了具有鲜明特色的当代中国马克思主义政治经济学。3.0 版的任务包括三个方面：一是基于落后于发达资本主义国家的生产力水平，研究中国社会经济运行和经济发展的客观规律；二是基于改革开放 30 多年的社会主义经济实践，总结中国特色社会主义建设的成功经验；三是基于资本主义世界经济体系的背景，探索人类社会发展与社会主义经济制度竞争力提高的有效途径。正如习近平对改革开放前后两个 30 年的评价①所反映出的历史唯物论和唯物辩证法那样，3.0 版的使命在于从理论上科学总结既有的成就，正确分析和解决中国面临的问题，坚定未来中国经济社会发展的大目标、大逻辑和大方向。

二、 中国特色社会主义政治经济学与传统马克思主义政治经济学的比较分析

一位哲人曾经说过，一棵树上找不到完全相同的两片叶子。作为一种思想体系，在其历史发展过程中，由于环境条件的变化，在不同的发展阶段必然会呈现出不同的特征。3.0 版的中国特色社会主义政治经济学和 1.0 版的经典马克思主义政治经济学、2.0 版的苏联东欧马克思主义政治经济学一脉相承，但又有显著的不同。这不同表现在以下五个方面：

---

①“我们党领导人民进行社会主义建设，有改革开放前和改革开放后两个历史时期，这是两个相互联系又有重大区别的时期，但本质上都是我们党领导人民进行社会主义建设的实践探索。中国特色社会主义是在改革开放历史新时期开创的，但也是在新中国已经建立起社会主义基本制度、并进行了 20 多年建设的基础上开创的。虽然这两个历史时期在进行社会主义建设的思想指导、方针政策、实际工作上有很大差别，但两者绝不是彼此割裂的，更不是根本对立的。不能用改革开放后的历史时期否定改革开放前的历史时期，也不能用改革开放前的历史时期否定改革开放后的历史时期。”（《习近平谈治国理政》，北京：外文出版社，2014 年，第 22—23 页。）

（一）时代背景不同

马克思对当时19世纪中叶资本主义社会的批判具有现实意义，但自20世纪80年代以来，和平与发展、合作与共赢已成为时代主题，社会经济运行呈现了全球化、信息化等新特点。习近平指出："要跟上时代前进步伐，就不能身体已进入21世纪，而脑袋还停留在……旧时代。"①

马克思在《资本论》第二版跋中指出："德国社会特殊的历史发展，排除了'资产阶级'经济学在德国取得任何独创的成就的可能性，但是没有排除对它进行批判的可能性。就这种批判代表一个阶级而论，它能代表的只是这样一个阶级，这个阶级的历史使命是推翻资本主义生产方式和最后消灭阶级。这个阶级就是无产阶级。"② 这段话强调了一国所处的特殊时代背景对于该国政治经济学产生的意义："德国社会特殊的历史发展"——落后的生产力发展水平和由英国主导的"相对的世界市场"③ ——一方面决定了德国资产阶级政治经济学的辩护性质，另一方面决定了无产阶级政治经济学对资本主义的批判性质。1.0版是对19世纪中叶西欧资本主义经济社会特殊历史发展的反映。当时，资本主义生产已发展到机器大工业阶段，在创造出巨大生产力的同时，生产资料和产品的占有却日益集中到少数大资本家手中，资本主义基本矛盾日趋尖锐，经济危机不断爆发。基于这样的经济背景，马克思以批判的视角构建了《资本论》的革命逻辑，运用劳动价值论和剩余价值论，剖析了资本主义的基本矛盾，阐明了资本主义最终导致"生产部门由整个社会来经营，就是说，为了共同的利益、按照共同的计划、在全社会全体成员的参加下来经营"④，从而导致商品生产的消亡，以及阶级和国家的消亡。尽管也总结了社会化生产和商品经济的一般

---

① 习近平：《积极树立亚洲安全观，共创安全合作新局面——在亚洲相互协作与信任措施会议第四次峰会上的讲话》（2014年5月21日），http：//cpc. people. com. cn/n/2014/0521/c64094-25046413. html。

② 马克思：《资本论》第1卷，北京：人民出版社，2004年，第18页。

③《马克思恩格斯全集》第3卷，北京：人民出版社，1960年，第67页。

④《马克思恩格斯选集》第1卷，北京：人民出版社，1995年，第237页。

规律，但是，1.0版在过去的150多年一直被认为是“无产阶级解放条件的学说”①，是为了服从于无产阶级革命的需要而存在的。

当今世界发展出现了经济全球化、世界多极化、文化多元化、科技信息化等新特点。从生产力看，现代经济已由传统工业经济发展为以信息化为引领的现代工业经济，生产智能化、网络化程度日益深入；从生产方式看，资本力量日益渗透到各个领域，社会化生产已摆脱某一国家或某一地区的限制，发展为全球价值链的生产方式，两个市场两种资源相互融合；从国际关系看，新兴市场国家和发展中国家整体实力不断增强，国际力量对比朝着有利于维护世界和平方向发展。在新的历史条件下，马克思主义政治经济学与时俱进，由革命的逻辑向建设的逻辑转换、由批判的思维向发展的思维转变。3.0版既着眼于当今世界经济的新发展，研究新技术的变革对以资本为主导的经济全球化的作用与影响，揭示当代资本主义生产方式的运行规律，又要以建设中国特色社会主义为使命，探索生产力落后国家的经济发展道路、创新社会主义基本制度与市场经济的结合方式、拓展全球化中利用国际国内两个市场两种资源的有效途径。“经济发展”“体制改革”和“对外开放”构成了中国特色社会主义政治经济学的主要内容。

（二）社会发展阶段不同

马克思认为人类社会在经过高度发达的资本主义发展阶段后才可能进入到社会主义阶段，但在现实中中国所处的是不发达的社会主义初级阶段，而且它将经历相当长的时期。

在社会主义尚是一种理论构想的时候，恩格斯就指出：“所谓‘社会主义社会’不是一种一成不变的东西，而应当和任何其他社会制度一样，把它看成是经常变化和改革的社会。”② 1.0版设想社会主义是产生于生产力高度发达的资本主义，而经济落后的国家在无产阶级取得政权后怎样建设社

①《马克思恩格斯选集》第1卷，北京：人民出版社，1995年，第231页。

②《马克思恩格斯全集》第37卷，北京：人民出版社，1971年，第443页。

会主义经济，则是一个没有现成理论指导的实践问题。从事社会主义实践的苏联和东欧国家积极探索社会主义经济制度的实现形式和运行机制，在较短时间内，实现了其他国家在资本主义条件下完成的工业化任务，建立了相对独立完整的国民经济体系。但存在的主要问题是忽视了落后的生产力发展水平这一物质基础，把马克思、恩格斯关于未来社会主义经济关系的一般规定等同于现实社会主义经济关系的具体形式，用抽象理论教条地指导特殊实践。①

3.0 版基于中国的具体国情，突破 1.0 版和 2.0 版的某些具体结论和教条做法，明确中国还处于社会主义初级阶段，并且强调社会主义初级阶段的本质是解放和发展生产力，消灭剥削，消除两极分化，逐步达到共同富裕。邓小平指出："中国社会主义是处在一个什么阶段，就是处在初级阶段，是初级阶段的社会主义。社会主义本身是共产主义的初级阶段，而我们中国又处在社会主义的初级阶段，就是不发达的阶段。一切都要从这个实际出发，根据这个实际来制定规划。"② 党的十八大报告指出："我国仍处于并将长期处于社会主义初级阶段的基本国情没有变，人民日益增长的物质文化需要同落后的社会生产之间的矛盾这一社会主要矛盾没有变，我国是世界最大发展中国家的国际地位没有变。在任何情况下，都要牢牢把握社会主义初级阶段这个最大国情，推进任何方面的改革发展都要牢牢立足社会主义初级阶段这个最大的实际。"③ 习近平指出，解决我国发展面临的一系列突出矛盾和问题，实现经济社会持续健康发展，不断改善人民生活，要求全面深化改革。中国共产党人干革命、搞建设、抓改革，从来都是为了解决中国的现实问题。在这里，社会主义初级阶段这一最大的国情和最大的实际是建设中国特色社会主义的总依据，落后的生产力与人民日益增

---

① 张宇：《中国特色社会主义政治经济学的形成发展》，https：//www.guancha.cn/ZhangYu/2016_04_13_356845.shtml。

②《邓小平文选》第 3 卷，北京：人民出版社，1993 年，第 252 页。

③ 本书编写组：《十八大报告辅导读本》，北京：人民出版社，2013 年，第 16 页。

长的物质文化需求之间的矛盾是中国特色社会主义的主要矛盾，发展生产力是中国特色社会主义的本质要求和根本任务。由此，3.0 版把发展经济放在一个重要位置，既研究中国特色社会主义生产关系或经济制度的本质与实现形式，也研究生产力的发展，形成了包括经济发展战略、经济发展道路、经济发展方式和经济发展理念的系统化的经济发展理论，[①] 深化了对当代中国社会主义社会经济发展规律的认识。

（三）经济运行机制不同

在社会主义初级阶段，商品生产不可逾越，因此要实行社会主义市场经济，把社会主义基本制度与市场经济相结合，使市场在资源配置中起决定性作用和更好地发挥政府的作用，充分发挥市场“看不见的手”和政府“看得见的手”这“两只手”的调节作用。

在 1.0 版中，市场开始之处，便是社会主义终止之地。因为市场作为资本主义生产关系的具体表现形式，其对资源的配置是建立在私有制基础上的。因此，社会主义的生产关系必须摒弃市场交易。“一旦社会占有了生产资料，商品生产就将被消除，而产品对生产者的统治也将随之消除。社会生产内部的无政府状态将为有计划的自觉的组织所代替。”[②] 对于蒲鲁东一面批判资本主义，一面却主张永久保留商品生产的观点，马克思嘲讽道：“商品生产按自己本身内在的规律越是发展成为资本主义生产，商品生产的所有权规律也就越是转变为资本主义的占有规律”，而“蒲鲁东把永恒的商品生产所有权规律同资本主义所有制对立起来，想以此来消灭资本主义所有制，对他的这种机智不能不感到惊讶”[③]。然而，当社会主义从理论转变为现实的时候，消灭市场的观点面临着极其明显的实际困难，以致现实的社会主义不断地把走市场化道路作为一种改革的举措。2.0 版试图在传统社

① 洪银兴：《以创新的理论构建中国特色社会主义政治经济学的理论体系》，《经济研究》，2016 年第 4 期。

②《马克思恩格斯全集》第 19 卷，北京：人民出版社，1963 年，第 245 页。

③ 马克思：《资本论》第 1 卷，北京：人民出版社，2004 年，第 677—678 页。

会主义基本经济制度的基础上探讨公有制如何与市场经济相结合，代表模式有：20 世纪 30 年代产生的以计划模拟市场的“兰格模式”（这是社会主义与市场经济结合的最初形态），以及 20 世纪 60 至 80 年代随着苏联和东欧社会主义国家经济体制改革的发展而产生的计划与市场并存、决策分散的“分权模式”（这是社会主义国家把市场作为资源配置主要方式的第一次尝试）。他们尽管从可能性与必要性角度论证了市场经济与社会主义的结合并进行了积极探索，但苏联东欧社会主义改革的失败，让雅诺什·科尔奈这样的社会主义改革倡导者都纷纷改弦更张。他提出，一旦人们拒绝接受苏联型“社会主义”，则除了各种形式的西方资本主义中的某一种外，别无其他可供选择的有生命力的道路，“第三条道路”是不存在的。

3.0 版从中国的生产力国情和社会主义国情出发，既突破了传统社会主义计划经济理论的僵化教条，又克服了资本主义市场经济理论的内在弊端，还超越了前东欧市场社会主义理论的固有缺陷，实现了社会主义与市场经济的历史性结合。党的十一届六中全会指出：“在公有制基础上实行计划经济，同时发挥市场调节的辅助作用。”1984 年 10 月，《中共中央关于经济体制改革的决定》通过之后，邓小平评价它是“写出了一个政治经济学的初稿，是马克思主义基本原理和中国社会主义实践相结合的政治经济学”①。党的十二届三中全会直接指出了“商品经济的充分发展是社会经济发展的不可逾越的阶段”。1987 年 10 月，党的十三大进一步提出“社会主义有计划商品经济的体制，应该是计划和市场内在统一的体制”，“新的经济运行机制，总体上来说应当是‘国家调节市场，市场引导企业’的机制”。党的十四大报告直接确立了“建设中国特色的社会主义市场经济”的改革目标。党的十八届三中全会《决定》指出，使市场在资源配置中起决定性作用和更好发挥政府作用。中国特色社会主义实践表明，实现社会主义与市场经济的结合包括两个方面的内容：一是在经济制度上处理好公有制与市场经

①《邓小平文选》第 3 卷，北京：人民出版社，1993 年，第 83 页。

济的关系，核心是改革公有制的实现形式，使其既体现社会主义制度的根本性质，又能真正适应市场经济的基本要求；二是在经济体制上处理好计划与市场的关系，核心是政府职能的转变，使其既反映社会主义经济制度的本质要求，又能适应经济运行高效率的需求。

（四）历史任务不同

马克思所设想的未来共产主义社会仍然是我们的奋斗目标，但现阶段中国特色社会主义的任务是按照社会主义本质的要求，解放生产力，发展生产力，消灭剥削，消除两极分化，最终达到共同富裕；是实现“两个一百年”奋斗目标，实现中华民族伟大复兴的“中国梦”。

在无产阶级夺取政权以后，马克思主义政治经济学的任务发生了变化。如果说2.0版和3.0版都致力于回答落后国家“怎样建设社会主义”的问题的话，那么二者的区别在于如何实现发展生产力和发展生产关系的统一。2.0版马克思主义政治经济学没有从本国实际出发，过于强调生产关系的先进性，把重视发展生产力的理论和实践当作修正主义批判，把发展商品经济视为走资本主义道路，最终没有实现社会主义事业的长远发展。

3.0版从社会主义初级阶段基本国情出发，在承担建设社会主义历史使命的同时，进一步回答了“实现什么样的发展，怎样发展”的问题；把国家发展与人民利益密切联系在一起，更加注重人民群众共享发展成果，实现了从生产目的论到人民中心论的转变。邓小平指出：“落后国家建设社会主义，在开始的一段很长时间内生产力水平不如发达资本主义国家，不可能完全消灭贫穷。所以，社会主义必须大力发展生产力，逐步消灭贫穷，不断提高人民的生活水平。否则，社会主义怎么能战胜资本主义?”① 习近平指出，“面向未来，中国将相继朝着两个宏伟目标前进：一是到2020年国内生产总值和城乡居民人均收入比2010年翻一番，全面建成惠及十几亿

①《邓小平文选》第3卷，北京：人民出版社，1993年，第10页。

人口的小康社会；二是到2049年新中国成立100年时建成富强民主文明和谐的社会主义现代化国家。为了实现这两大目标，我们将继续把发展作为第一要务，把经济建设作为中心任务，继续推动国家经济社会发展。”① 3.0版马克思主义政治经济学以人民为中心，坚持生产力与生产关系的统一，既立意于生产力的发展，也立足于中国特色社会主义的实践，更立志于中华民族的复兴，其任务可归结为发展生产力，达到共同富裕和实现民族复兴。必须强调，要完成以上历史任务不能离开政治的作用和国家的干预，这既是唯物史观的题中应有之义，也是政治经济学阶级性的表现，更为改革开放以来中国经济发展的奇迹所充分证明。西方主流经济学标榜所谓“价值中立”，鼓吹经济学要远离政治，完全否定国家干预的必要性，这不仅严重脱离实际，而且是十分虚伪的。现在的问题不在于承认不承认政治、国家对经济发展作用的存在，而在于政治、国家关系如何与社会生产方式、经济基础相适应，如何对经济改革和经济发展发挥必要的积极的正面的作用。

（五）承担的国际责任不同

中国是世界上最大的发展中国家。改革开放30多年来，中国的GDP已跃居世界第二，创造了世界经济史上的奇迹。作为一个负责任的大国，中国应积极参与全球经济治理，促进世界经济发展，维护公平与正义。中国的发展需要世界，世界的发展也需要中国，中国应当对世界发展做出较大的贡献。

3.0版承担着推动社会经济发展、提升中国特色社会主义经济竞争力的国际责任。1.0版所设想的社会主义是对发达资本主义的替代，与资本主义在时间上存在继起关系。2.0版提出“两个平行世界”理论，指出资本主义与社会主义处于相互对立、彼此隔绝的世界市场。而在现实中，社会主义

①《习近平谈治国理政》，北京：外文出版社，2014年，第325—326页。

国家与资本主义国家时空并存，在中国国内则是公有制经济与多种所有制经济并存。1.0 版为广大落后国家人民指明斗争的方向和目标，2.0 版的“苏联模式”也被第三世界国家广泛借鉴。但自东欧剧变以后，整个世界风行“比较性”的辩护，即资本主义的运行无论怎样不完美，但比人类所能设计的所有其他制度都要好。TINA——There Is No Alternative（无可替代）成为20世纪90年代以后西方自由主义替资本主义辩护的一个最强有力的论据。由此可以看出，在全球化中，社会主义与资本主义这一对不同性质的经济存在着矛盾和竞争的关系。因此，3.0 版不仅需要阐述社会主义经济制度的优越性，还要在世界市场中积极提升社会主义经济的竞争力。而改革开放以来中国经济所取得的成就，恰恰凝结了包含着人类共同价值追求的经济发展理论，比如反映人类对美好生活的共同向往和追求的消除贫困、共同富裕理论，反映人类社会发展规律的解放生产力、发展生产力和保护生产力理论。这些理论既反映经济发展的一般规律，又是中国经济为人类共同进步贡献的中国智慧，更是中国社会主义制度竞争力的充分体现，同时也反映出作为发展中大国的中国对国际责任的担当。

3.0 版还承担着寻求合作共识、积极参与全球治理的国际责任。3.0 版的形成时期也正是全球化急速推进的时期。经济全球化是把双刃剑，它在带来生产力发展、商品和资本流动加速、科技和文明显著进步、各国人民交往密切的同时，也进一步加剧了世界资源配置和经济发展的不平衡，继续扩大了南北发展差距，加剧了贫富分化和环境恶化。如何在积极参与经济全球化的同时，保障国家经济安全并实现自主发展成为马克思主义政治经济学的重大课题。在经济全球化背景下，国际经济规则主要由发达国家主导，国际竞争格局和“游戏规则”在很大程度上反映着发达国家的国家利益。他们利用其掌握的先进生产力和对国际政治经济规则的控制权，力图固化发展中国家在国际产业分工中的地位。近年来，由于全球价值链的迅速发展，世界生产、国际经贸格局正面临着深刻调整，与之相适应的新的国际经济“游戏规则”正在形成。因此，中国在世界经济体系中要积极参与全球治理，争取国际规则制定的话语权，并通过灵活运用国际规则，增强自身综合实力，提升自己在经济全球化中的地位。

三、简要的结论

1.0 版马克思主义政治经济学揭示了资本主义社会的内在矛盾，合乎逻辑地推导出社会主义社会的基本特征。2.0 版和 3.0 版从总体上看是围绕着 1.0 版的基本理论如何走向具体、如何与实践相结合这个问题展开的。它们在继承的同时，创新性地发展了马克思主义政治经济学理论，从而展示了马克思主义政治经济学在各个时代的独特性质。

3.0 版是具有鲜明时代特色和中国特色的社会主义政治经济学。当下的中国是一个处于发展和转型中的社会主义大国，正在经历着经济全球化、世界多极化、文化多元化、科技信息化的国际新变化，也正在进行着工业化、市场化、全球化与社会主义制度改革叠加的国内新变革，这是中国历史上最广泛和深刻的改革实践，也是人类历史上最宏大和最具创新性的社会实践。3.0 版既不忘初心，继承马克思主义政治经济学的基本原理和方法，又勇于进取，不忘反映中国改革开放实践取得的巨大成就和对世界经济发展的重大贡献，创造出了适应新时代要求的马克思主义理论，发展为当代中国马克思主义政治经济学。和 1.0 版、2.0 版相比，它体现出如下的时代性质。第一，在“战争与革命”向“和平与发展”转变的时代背景下，“怎样建设”与“怎样发展”的建设逻辑与发展思维代替了批判逻辑与斗争思维，这是 3.0 版的整体特征。当然，作为社会主义政治经济学，无论是批判逻辑与斗争思维还是建设逻辑与发展思维都需要坚持以公有制为主体，都必须坚定社会主义必然代替资本主义的信念。第二，社会主义初级阶段，中国正在为实现“两个一百年”奋斗目标而努力，这是 3.0 版的客观基础。

当然，作为社会主义政治经济学，既要突出生产力的发展，形成系统化的经济发展理论，也要研究与经济发展要求相适应的生产关系的变革。第三，社会主义市场经济改革中，既要体现社会主义制度的优越性，又要体现市场经济的长处；既要发挥市场在资源配置中的决定性作用，又要更好地发挥政府的作用，这是3.0版的理论核心。第四，它实现了从生产目的论到人民中心论的转变，坚持把实现共同富裕与民族复兴作为经济发展的出发点和落脚点，强调发挥政治的作用和国家的干预，这体现了中国特色社会主义政治经济学的阶级属性和历史任务。第五，在经济全球化浪潮中，如何在社会主义与资本主义的竞争中增强中国社会主义经济制度的优越性，如何正确处理与资本主义世界经济体系的关系，如何在对外开放中实现经济独立自主发展，如何推动经济全球化往正确的方向发展，如何为建设人类命运共同体贡献中国智慧，是中国特色社会主义政治经济学的中心议题。

［原载于《福建师范大学学报》（哲学社会科学版）2017年第2期，另一个作者为黄瑾。收入《著名经济学家纵论新时代经济》一书（程恩富主编，中国经济出版社，2018年）时又做了修改增补］

实践认识论是中国特色社会主义政治经济学的根本方法

2015 年 12 月 21 日，习近平在中央经济工作会议上第一次明确提出“中国特色社会主义政治经济学”的概念。2016 年 7 月 8 日，习近平在经济形势专家座谈会中又多次强调要坚持和发展中国特色社会主义政治经济学。科学理论是指引前行的灯塔。中国特色社会主义政治经济学是在改革开放过程中形成和发展起来的。它既对改革开放实践的一系列宝贵经验做了科学总结，又将之上升为系统的经济理论，这对实现“两个一百年”的奋斗目标有重要的指导作用。

中国特色社会主义政治经济学的研究方法究竟是什么？笔者认为，历史唯物论是最基础的方法，唯物辩证法是主要方法，但除这两种方法外，实践认识论也是重要方法。现有的政治经济学著作或教科书介绍方法论时不谈实践认识论，这是一个很大的缺陷。人们对社会经济现象的分析，对社会经济运动规律的探索，是一种认识活动，必然要遵循认识的规律和方法。列宁曾指出，“在《资本论》中，逻辑、辩证法和唯物主义的认识论（不必要三个词，它们是同一个东西），都应用于同一门科学”，[①] 即政治经济学。他还特别强调说：“生活、实践的观点，应该是认识论的首要的和基

---

①《列宁全集》第 55 卷，北京：人民出版社，1990 年，第 290 页。

本的观点。”[①] 这些论述对中国特色社会主义政治经济学依然适用。众所周知，改革开放以党的十一届三中全会为起点，但真正揭开全党思想大解放序幕的，则是关于真理标准问题的大讨论。邓小平曾指出，实事求是，一切从实际出发，理论联系实际，坚持实践是检验真理的标准，是我们党的思想路线。[②] 基于中国特色社会主义政治经济学在形成、发展过程中和实践认识论的密切关系，我们认为，实践认识论是中国特色社会主义政治经济学的根本方法。

一、 建设中国特色社会主义政治经济学只能源于中国实践

习近平在哲学社会科学工作座谈会上指出，当代中国的伟大社会变革，“不是简单套用马克思主义经典作家设想的模板，不是其他国家社会主义实践的再版，也不是国外现代化发展的翻版，不可能找到现成的教科书……一切刻舟求剑、照猫画虎、生搬硬套、依样画葫芦的做法都是无济于事的”。[③] 具体来看：

（一）中国特色社会主义不是马克思主义经典作家设想的模板

19 世纪中后期，马克思在批判英国古典政治经济学的基础上创立了科学的政治经济学理论体系。马克思通过分析资本主义商品经济，对资本主义生产方式产生、发展、灭亡的客观规律展开探讨，揭露了资本家剥削工人的秘密，揭示了资本主义社会由于其内在的社会矛盾必将为社会主义社会所取代的历史发展趋势。在科学和现实的诠释力层面，这一理论体系的有效性是一以贯之的，至今仍有很强的生命力。不仅如此，马克思、恩格

①《列宁全集》第 18 卷，北京：人民出版社，1988 年，第 144 页。

②《邓小平文选》第 2 卷，北京：人民出版社，1994 年，第 278 页。

③ 习近平：《结合中国特色社会主义伟大实践，加快构建中国特色哲学社会科学》，《人民日报》，2016 年 5 月 18 日。

斯还在《共产党宣言》《哥达纲领批判》等著作中对未来社会的生产资料所有制形式、分配制度等做了初步设想，这是马克思、恩格斯从现实的资本主义经济关系出发所做的合乎逻辑的抽象，是对发达资本主义国家消灭私有制后生产力、生产关系发展状况的合理设想。但我国当前尚处于并将长期处于社会主义初级阶段，完善和发展社会主义市场经济体制仍是现阶段经济社会发展的重要任务。现实国情和实践需要与马克思、恩格斯勾勒的理想状态有所不同，这决定了他们关于未来社会的设想不能成为中国特色社会主义经济实践的模板。

（二）中国特色社会主义也不是苏联社会主义实践的再版

习近平说当代中国的伟大社会变革"不是其他国家社会主义实践的再版"，这里的"其他国家社会主义实践"指的主要是苏联模式。十月革命胜利后，列宁、斯大林等人实践了马克思、恩格斯的科学社会主义，使社会主义第一次从理论变为现实。苏联模式适应了建立在经济文化相对落后基础上的社会主义国家求生存、求发展的迫切需要，高速推进了国家工业化，大力推进了农业集体化，使苏联经济在社会主义建设初期迅猛发展。但由于教条主义的影响，苏联社会主义模式否认苏联存在商品和商品生产，否认价值规律的作用，实际上形成了计划经济体制机制。1956 年我国社会主义制度基本建立后，开始探索适合本国国情的社会主义建设道路，但几经起落，始终没有跳出苏联社会主义政治经济学的框框。随着我国社会主义实践的逐步推进，苏联社会主义政治经济学固有的缺陷进一步暴露，对实践的指导也愈加力不从心。改革开放后，我国在经济发展中大胆引入市场要素进而向市场体制转型，在丰富的体制改革和经济发展现实面前，苏联社会主义政治经济学的影响逐渐退出了我国历史舞台。

（三）中国特色社会主义更不是西方国家现代化发展的翻版

近代以来，英、法、德、美等国家先后进行工业革命，发展资本主义生产，走上了现代化和工业化的发展道路。马克思曾高度肯定"资产阶级在它的不到一百年的阶级统治中所创造的生产力，比过去一切世代创造的全部生产力还要多，还要大”①，但也曾严厉批判“资本来到人世间，从头到脚，每个毛孔都滴着血和肮脏的东西”②。这是因为，资本主义现代化的发展过程始终伴随着对国内外劳动人民利益的残酷剥削。资本主义现代化发展早期，在国家内部，资产阶级用暴力手段剥夺本国农民的土地，使生产者与生产资料相分离，导致资本迅速集中于少数资本家手中，从而形成资本原始积累的基础。同时还通过雇用工人从事超长时间和非人的高强度工作最大限度地榨取剩余价值。在对外层面，为节省投资、牟取暴利，常常用一本万利的形式，甚至在零成本投入的情形下，进行疯狂的殖民扩张与掠夺，使世界广大地区被迫成为殖民国家的商品销售市场和廉价原料产地。近年来，虽然发达国家的剥削方式较以前隐蔽了些，但其本质和目的却始终如一。如美国通过确立自身在国际金融体系中的主导地位，从“外围国家”获取一系列资本流动收益来弥补国内储蓄缺口，从而让其他国家承担本国经济调整的负担（财政赤字、泡沫经济、经常项目收支赤字等），而与巨大的货币霸权收益相比，其自身要支付的成本却小到几乎可以忽略不计。因此，不管采取哪种形式粉饰，资本主义和西方国家的现代化道路，与我国追求的以人民为中心的发展思想、实现共同富裕的发展目标、共赢共享的国际战略都是截然不同甚至背道而驰的，这决定了我们不可能重复走西方国家走过的现代化发展老路。

总之，建设中国特色社会主义没有先例可循。实践是认识的源泉，从中国特色社会主义建设的生动实践中，从改革开放以来中国的具体时空中，形成分析社会经济运动规律、与时代发展同步的政治经济学，只能是中国经济学家们的任务，他人不能也无法越俎代庖。正是从这个意义出发，习近平指出，要“立足我国国情和我国发展实践，揭示新特点新规律，提炼

---

①《马克思恩格斯选集》第1卷，北京：人民出版社，1995年，第277页。

② 马克思：《资本论》第1卷，北京：人民出版社，2004年，第871页。

和总结我国经济发展实践的规律性成果，把实践经验上升为系统化的经济学说，不断开拓当代中国马克思主义政治经济学新境界”①。

二、基于实践的“摸着石头过河”和顶层设计是我国改革开放取得伟大成就的重要法宝

“全部社会生活在本质上是实践的。凡是把理论引向神秘主义的神秘东西，都能在人的实践中以及对这个实践的理解中得到合理的解决”②，这是马克思在《关于费尔巴哈的提纲》中的经典名言。与苏联解体后俄罗斯政府大刀阔斧推行“休克疗法”式的政治经济改革不同，我国采用了“渐进改革”的方式，使“摸着石头过河”与顶层设计相结合，走出了符合我国国情的中国特色社会主义经济发展道路，书写了中国特色社会主义政治经济学新篇章。

（一）改革开放是从“摸着石头过河”起步的

“摸着石头过河”本是民间歇后语，十一届三中全会后，党和国家的领导人将其内含的实践性和探索性运用到指导经济建设中来。其中，“过河”是改革拟解决的问题和要达到的目标，“摸”是探索，“石头”是实际情况。“摸着石头过河”指的是在没有现存具体思想和理论作为改革指导时，通过大量的探索性实践活动认识客观世界规律。这体现了实践过程和认识过程的统一，也就是认识过程的第一次能动飞跃。

改革开放以来，通过逐步探索改革的目标、方向和方式，我们最终走出了一条从农村到城市、从沿海到内地、从非国有经济到国有经济、从增量到存量，从而实现经济体制整体转换的独特道路。具体表现在：

---

① 习近平：《立足我国国情和我国发展实践，发展当代中国马克思主义政治经济学》，《人民日报》，2015 年 11 月 25 日。

②《马克思恩格斯选集》第 1 卷，北京：人民出版社，1995 年，第 56 页。

一是充分发挥人民群众的智慧，在大胆尝试中形成因地制宜的最优方案。如20世纪80年代，农村乡镇企业异军突起，正如邓小平指出的，“搞多种行业，搞商品经济，搞各种小型企业”，“解决了占农村剩余劳动力百分之五十的人的出路问题”，带动了农村经济持续发展，“这是我个人没有预料到的，许多同志也没有预料到，是突然冒出这样一个效果”。[①] 又如20世纪90年代后，温州模式、苏南模式、珠江三角洲模式等特色区域经济发展模式相继形成，制度创新成为推动经济发展的最佳方式。

二是由易到难，从改革成本较低、收益较高的部门入手，减少改革阻力。如改革开放初期，在坚持公有制主体地位的同时，积极发展非国有经济和多种经济成分，令其以市场为导向自主经营、自负盈亏。同时对国有企业实行利润留成，从扩权让利入手，在阻力很小的情况下引入市场机制，最终完成对体制内外企业的改革。

三是通过一些部门率先改革产生连锁效应，从局部到整体，推动改革深入。如“我们的改革和开放是从经济方面开始的，首先又是从农村开始的”[②]，农村改革的率先成功提供了广阔的市场、充足的劳动力和良好的示范作用，有力推动了城市的改革。又如，从改革开放初期探索建设深圳、珠海、汕头、厦门等经济特区，打开“技术的窗口，管理的窗口，知识的窗口，也是对外政策的窗口”[③] 开始，至20世纪90年代逐步形成了“经济特区—沿海经济开发城市—沿江、沿边和内地”的全方位、多层次、宽领域开放格局。“摸着石头过河”使人们在中国特色社会主义建设实践中，转变旧有观念和思想认识，并通过“行动、认知、修正行动、再认知”的过程，凝练改革新思想、新理论，使之得以解释越来越多的现实问题。

（二）加强顶层设计是改革开放过程中不可或缺的重要环节

“顶层设计”本是个工程术语，意即统筹考虑各种因素，统揽全局，在

①《邓小平文选》第3卷，北京：人民出版社，1993年，第238—239页。

②《邓小平文选》第3卷，北京：人民出版社，1993年，第237页。

③《邓小平文选》第3卷，北京：人民出版社，1993年，第373页。

最高层次上寻求解决问题的办法。党的十八大后，以习近平同志为核心的党中央加强了对改革的顶层设计。正如习近平指出的，“要加强宏观思考和顶层设计，更加注重改革的系统性、整体性、协同性”①。如果说“摸着石头过河”是自下而上探索改革之道，那么顶层设计就是自上而下推进改革的动力。多年的改革开放使我国经济社会取得飞跃性发展，但也累积了一些问题和矛盾，改革阻力日益增大，改革成本和风险不断增高，改革已进入攻坚期和深水区。经验告诉我们，面临各种复杂问题时，如果缺乏总体谋划，则很可能“按下葫芦浮起瓢”“捡了芝麻丢了西瓜”。在发展中要处理好局部与整体的关系，也要处理好短期和长期的关系，因此十分需要在战略上“坚持稳中求进，搞好顶层设计，把握好节奏和力度，久久为功”②。全方位、整体的战略设计与布局既来自对前期实践经验的总结和提升，也来自审时度势、对现当代国际国内经济发展趋势的正确判断。它实现的是人们在认识过程中从认识到再实践的第二次飞跃。

党的十八大以来，党和国家加强了对改革的顶层设计：

一是纵览国内外全局，全面布局深化经济体制改革的措施。对内，提出“两个一百年”的奋斗目标，制定“四个全面”战略，提出“五大发展”理念，明确改革的目标、路径、阶段、条件、困难和前景，并详细部署实现目标、完成任务的“路线图”。如《中共中央关于全面深化改革若干重大问题的决定》提出涉及60多个方面任务、336项具体措施的改革，涵盖经济、政治、文化、社会、生态文明、国防和军队、党的建设等经济社会发展的各个领域。对外，加快“走出去”步伐，实行更加积极主动的开放战略。如在推进“一带一路”倡议，构建人类命运共同体，实现共赢共享的同时，积极参与国际经贸规则制定，争取全球经济治理的制度性权力。

---

① 习近平：《以更大的政治勇气和智慧深化改革，朝着十八大指引的改革开放方向前进》，《人民日报》，2013年1月2日。

② 习近平：《在十八届中央政治局第三十八次集体学习时的讲话》，《人民日报》，2017年1月23日。

二是抓住关键、找准重点，以问题为导向，通过顶层设计提出解决问题的最佳途径。如深入开展供给侧改革，扭转结构性过剩与结构性短板的失衡，用“去产能、去库存、去杠杆、降成本、补短板”等办法建立有效需求与有效供给相平衡的调控模式。又如推进脱贫攻坚工作，“全面建成小康社会，最艰巨最繁重的任务在农村，特别是在贫困地区。没有农村的小康，特别是没有贫困地区的小康，就没有全面建成小康社会”[①]。精准扶贫、精准脱贫深入实施，金融扶贫、产业扶贫、易地扶贫、教育扶贫等成效明显，这不仅使农村贫困人口稳步减少、贫困群众生活水平显著提高，贫困地区基础设施和生产条件也得到明显改善，发展后劲和内生动力逐步增强。

三是超越单一思维，通过顶层设计更加注重统筹协调多元利益相关主体及多方力量，寻求多元化的解决方案。如对政府和市场做出更加准确的定位，既坚定市场在资源配置中的决定性作用，又更强调发挥好政府的作用。又如重构区域经济战略，设置长江经济带、推动首都经济圈一体化发展等。通过统筹各行政区划的“功能定位、产业分工、城市布局、设施配套、综合交通体系等重大问题，并从财政政策、投资政策、项目安排等方面形成具体措施”，促使各地“自觉打破自家‘一亩三分地’的思维定式，由过去的都要求对方为自己做什么，变成大家抱团朝着顶层设计的目标一起做”。[②] 理论是实践的指南。未来中国的经济发展有了顶层设计和科学部署，将更有信心迎接挑战，阔步向前。

（三）改革开放的深入要求“摸着石头过河”与顶层设计相结合

在当前改革处于转折点之际，强调用顶层设计更加完善、更加深入地引领改革，并不意味着就要完全抛弃“摸着石头过河”的探索性改革方式。正如在谈到我国经济发展已进入新常态时，习近平指出，“如何适应和引领

① 习近平：《做焦裕禄式的县委书记》，北京：中央文献出版社，2015 年，第 16 页。

② 中共中央文献研究室：《习近平关于社会主义经济建设论述摘编》，北京：中央文献出版社，2017 年，第 249—250 页。

新常态，我们的认识和实践刚刚起步，有的方面还没有破题，需要广泛探索”，“路总是有的，路就在脚下”。[①]“摸着石头过河”的改革方式并没有过时，与顶层设计也并不矛盾。“摸着石头过河和加强顶层设计是辩证统一的，推进局部的阶段性改革开放要在加强顶层设计的前提下进行，加强顶层设计要在推进局部的阶段性改革开放的基础上来谋划”，“加强顶层设计和摸着石头过河都是推进改革的重要方法”。[②]

“摸着石头过河”与顶层设计是辩证统一的。一方面，顶层设计应以“摸着石头过河”为基础。顶层设计的国家发展战略、措施是立足于实践，在对实践经验的总结中形成的理论，也还要立足实践进行检验和评价，才能确定它们对实践的意义。而人们反复多次实践形成理论和评价的过程正是“摸着石头过河”的过程。另一方面，顶层设计的实施需要“摸着石头过河”的实践保障。顶层设计的国家发展战略、措施属于思想层面的东西，只有在实践中才能转变为现实。同时，顶层设计毕竟是宏观设计，不可能一开始就把一切细节都规定好，更何况也不存在一劳永逸的顶层设计和恒久蓝图。在确定好方向和大致路径后，也还要根据实际情况调整政策——成功的设计应坚持，失败的设计需改正，缺失的设计要补上，只有这样才能适应不断发展变化的环境。因此，顶层设计与“摸着石头过河”是一个交替进行的过程，在“摸着石头过河”中积累顶层设计的基础，又用“摸着石头过河”的方法对顶层设计进行检验、丰富和落实。

“摸着石头过河”和顶层设计的改革方法虽存在路径上的差异，但都共同反映着中国特色社会主义建设的过程性、探索性和创新性特征。其启示是，在中国特色社会主义实践的每一历史阶段，我们都应坚持“实践—认识—再实践—再认识”的认识路径不断摸索前行，既要在实践中不断创新

① 习近平：《在浙江调研时的讲话》，《人民日报》，2015 年 5 月 28 日。

② 习近平：《以更大的政治勇气和智慧深化改革，朝着十八大指引的改革开放方向前进》，《人民日报》，2013 年 1 月 2 日。

中国特色社会主义政治经济学，也要用创新了的中国特色社会主义政治经济学引领实践的新发展。

三、在改革开放的实践中增强中国特色社会主义政治经济学的理论自信

改革开放以来，外国主流媒体和国际舆论对于中国经济的关注持续升温，对中国经济既有正面积极的解读，也存在负面质疑。同时，西方国家主流经济学者从未放弃向我国输出以“华盛顿共识”为主的所谓西方现代经济发展模式。他们有意模糊的是这样一个事实：我国改革开放以来取得的成就早已证明中国特色社会主义政治经济学是唯一符合我国现阶段发展国情的、科学的经济学理论。在如山铁证前，所有恶意的质疑都是不负责任的自说自话。

（一）唱衰中国经济的西方言论已被实践证明是错误的

在国际舆论对中国经济的种种质疑中，最著名的是日裔学者弗朗西斯·福山有关“历史已经终结”的学说。1989年，面对世界社会主义阵营的发展危机，他提出西方自由民主制没有真正的对手，认为西方的自由民主制度荟萃了人类文明的主要元素，因此从人类社会发展目标和制度建设的角度而言，历史已经终结。虽然之后面对中国改革开放以来所取得的巨大成就，他也曾改口承认“中国模式”有效回应和满足了广大人民的需求，有其现实吸引力，可一旦涉及“中国模式”评价和“历史终结论”原则发生冲突的情况，他仍旧毫不例外地牺牲前者而为后者辩护。除此之外，便是从2001年起，以不同版本形式出现的意在唱衰中国经济的“中国崩溃论”。事实果真如此？中国经济真的要崩盘了吗？中国经济问题太多，解决不了了吗？除了西方自由主义制度，中国就无法保持经济平稳发展，历史真的已经终结了吗？答案当然是否定的。这些唱衰中国经济的西方言论在

我国经济社会发展的成功实践成果面前脆弱得不堪一击。

（二）西方主流经济学根本不适合中国的实践

除上述质疑外，20 世纪 80 年代以来，西方国家主流经济学者标榜现代西方经济学是唯一科学的经济学理论，并力图通过各种途径，用他们的理论和政策主张来影响中国的改革。如认为我国应用进口代替工业化过渡；又如新自由主义反对任何形式的国家干预，主张“政府角色最小化”“快速私有化”和“快速自由化”。先说前者。用进口代替工业化过渡，这是基于西方发达国家资本相对丰富、劳动力资源相对短缺的情况做出的决策。相比之下，我国资本较为稀缺但劳动力资源相对丰富，倘若生搬硬套结构主义的主张，定会增强经济的对外依赖程度，不仅不能很好地利用我们的劳动力资源，反而使更多人失去参加劳动的机会。对于新自由主义，马克思曾在《资本论》中指出，资本运动中存在着资本追逐价值增值的规律、生产过剩规律以及资本积累过程中分配差距拉大导致两极分化的规律。而要在市场经济运行中将这些固有规律所产生的消极影响降到最低，只有发挥政府的宏观调控作用。在经济发展中发挥好政府的作用，既是现代市场经济的内在要求，也是社会主义市场经济的内在要求。总之，这些以资本主义经济社会制度为前提，以发达国家经济发展现状为研究对象的经济理论根本不适合我国的发展实践。兜售这些思想，究其根本是根深蒂固的西方中心主义模式在作怪，其意在歪曲人和社会的辩证关系、社会生产一般与特殊的关系，进而刻意抹杀不同时空环境下人类经济活动的本质差异。

那么，这种所谓的现代经济学在实践中的表现又如何呢？2007 年，美国爆发次贷危机，随后波及世界其他各国和地区，引发了新一轮国际金融危机，而新自由主义所倡导的诸如放松金融监管、虚拟经济脱离实体经济等主张恰恰就是这场危机的罪魁祸首。不仅如此，新自由主义还使西方发达国家面临严峻的经济、阶层分化等社会矛盾。西方主流经济学家的解释框架连他们自己的问题都解决不了，又有何资格谈论解决发展中国家的问题呢？而马克思早在《关于费尔巴哈的提纲》中就已尖锐指出："人的思维是否具有客观的真理性，这不是一个理论的问题，而是一个实践的问题。人应该在实践中证明自己思维的真理性，即自己思维的现实性和力量，亦即自己思维的此岸性。"① 原则不是研究的出发点，而是它终了的结果，理论只有与自身所处的自然界和历史相适应才是正确的。西方主流经济学理论也是如此。

（三）中国特色社会主义政治经济学的强大理论自信来源于实践

改革开放后，伴随着由计划经济到市场经济的经济体制转变、由半封闭到全面开放的对外经济战略转变，中国经济发展取得了惊人成就，并带动中国社会发生了翻天覆地的变化。正如习近平所说，"作为有着十三亿多人口的国家，中国用几十年的时间走完了发达国家几百年走过的发展历程，无疑是值得骄傲和自豪的"②。这些令人骄傲和自豪的业绩主要表现在：

一是国民生产总值迅猛增长，综合国力和国际影响力显著提升。据国家统计局公布的数据，1952 年我国的 GDP 总量和人均 GDP 分别为 679 亿元、119 元，1978 年分别增长至 3645 亿元、385 元，2016 年增长至 744127 亿元、53980 元。③ 2010 年我国 GDP 总量超过日本，成为仅次于美国的世界第二大经济体。再从经济增长速度来看，改革开放以来我国经济增长率总体上维持着较高水平，虽然 2012 年以来受国内外复杂经济形势的影响，增速有所下滑，但仍保持了 6.7% 以上的增速，远高于全球经济年增幅，是世界经济增长的动力之源、稳定之锚。2013—2016 年，我国对世界经济增长的平均贡献率达 30% 以上，超过美国、欧元区和日本贡献率的总和，居世界第一位。这种经济强劲增长的态势不仅是中国几千年历史上绝无仅有的，

①《马克思恩格斯选集》第 1 卷，北京：人民出版社，1995 年，第 55 页。

②《习近平在布鲁日欧洲学院的演讲》，《人民日报》，2014 年 4 月 2 日。

③ 参见国家统计局发布的历年《中华人民共和国国民经济和社会发展统计公报》，http://www.stats.gov.cn/tjsj/sjjd/201706/t20170616_1504091.html。下文引用的数据除特别注明外，均出自《中华人民共和国国民经济和社会发展统计公报》。

在人类历史上也极为罕见。

二是生产能力迅速扩大，基础设施建设水平大幅提高。工农业产品的总产量持续增长，不仅彻底改变了中国长期作为落后农业国的地位，还使中国既作为现代农业大国又作为现代工业大国跻身于世界民族之林。如在农业领域，2015 年我国粮食总产量达到 62144 万吨，实现了中华人民共和国成立以来首次“十二连增”，2016 年粮食产量为 61625 万吨，连续 10 年稳定在 1 万亿斤以上。粮食综合生产能力实现了质的飞跃，稻谷、小麦、玉米等主要粮食作物的自给率均超过 98%。在工业领域，主要工业产品产量稳居世界前列，尤其是党的十八大以来，粗钢、煤、发电量、水泥和化肥的产量稳居世界第一位，原油产量稳居世界第四位，仅次于沙特阿拉伯、俄罗斯和美国。此外，交通运输、信息通信、能源供给等能力提升迅速。特别值得一提的是，我国高铁建设经历从自主创新到重于引进，再到转向自主创新、联合攻关，目前已研制开发出具有完全自主知识产权的时速 380 公里新一代高速动车组，达到世界领先水平，并已出口全球多个国家。

三是民生事业持续改善，民众获得感不断增强。21 世纪初，我国已基本实现全面小康，居民收入增长较快。如 1949 年我国城镇居民人均可支配收入不到 100 元，1952 年上升为 156 元，改革开放后则进一步升至：1978 年 343 元，2000 年 6280 元，2016 年 33616 元。1949 年我国农村人均可支配收入为 44 元，1978 年升至 134 元，2016 年升至 12363 元。城乡居民收入差距近年持续缩小，2016 年倍差已降至 2. 72。成效尤为显著的是扶贫减贫工作。在历届党和国家领导人的高度重视下，过去 30 多年间，我国累计使 7 亿多人摆脱贫困，对世界减贫的贡献率超过 70%，是世界上减贫人口最多的国家。特别是 2013 至 2016 年的四年间，我国每年农村贫困人口减少都超过 1000 万人，累积脱贫 5500 多万人；贫困发生率从 2012 年底的 10. 2% 下降到2016年底的4.5%，共下降5.7%，[①] 扶贫攻坚取得了显著成绩。与此同时，人民生活质量不断提升，社会保障覆盖面不断扩大。

四是社会事业全面进步，经济社会发展更加协调。近年来，党和国家不断加大对教育、文化等领域的投入，九年制义务教育全面普及，居民受教育程度不断提高。与此相应的是，文化发展呈现出一派繁荣的新气象。

实践证明，在改革开放后的中国社会主义实践中形成的中国特色社会主义政治经济学才是适合中国发展实际的经济学。中国特色社会主义政治经济学既与马克思主义政治经济学一脉相承，又与时俱进。它继承的是马克思主义实现共产主义的远大理想、关于社会主义理论的精髓；发展的是在实践中历经千辛万苦、接力探索而总结出的社会主义初级阶段理论，社会主义本质理论，社会主义经济制度理论，社会主义市场经济理论，社会主义改革方向、目标、道路的理论，对外开放理论，等等，内涵丰富，内容具体，生机勃勃。当前经济发展中虽然存在一些问题和矛盾，但也已在陆续解决的过程中，我们正稳中求进，开创着经济发展的新局面。

党的十八大提出了“两个一百年”的奋斗目标，习近平在此基础上进一步提出了实现中华民族伟大复兴的“中国梦”。目前，我们比历史上任何一个时期都更接近这个目标的实现，也比历史上任何一个时期都更有信心、更有能力实现这个目标。这种信心来自脚踏实地、一步一个脚印稳步向前所取得的改革成果，更来自对建立在成功实践基础上的中国特色社会主义政治经济学的理论自信。习近平指出：“坚持和发展中国特色社会主义政治经济学，要以马克思主义政治经济学为指导，总结和提炼我国改革开放和社会主义现代化建设的伟大实践经验，同时借鉴西方经济学的有益成分。中国特色社会主义政治经济学只能在实践中丰富和发展，又要经受实践的检验，进而指导实践。要加强研究和探索，加强对规律性认识的总结，不

---

① 中共中央文献研究室：《习近平关于社会主义经济建设论述摘编》，北京：中央文献出版社，2017年，第234页。

断完善中国特色社会主义政治经济学理论体系。”[①] 这表明，习近平十分重视以实践为基础的认识论，且将之贯穿其经济思想发展的全过程。由此可见，以实践为基础的认识论是除历史唯物论和唯物辩证法外中国特色社会主义政治经济学的重要方法，笔者称之为根本方法。

（原载于《毛泽东邓小平理论研究》2017 年第 8 期，另一作者为黄雯）

① 习近平：《在经济形势专家座谈会上的讲话》，《人民日报》，2016 年 7 月 9 日。

科学社会主义理论的继承和重大创新

——纪念《共产党宣言》发表150周年

马克思、恩格斯的《共产党宣言》问世已经150年了。一个半世纪以来，世界发生了翻天覆地的变化。共产主义已从原先徘徊在欧洲的“一个幽灵”变成了磅礴于五洲四海的革命运动，科学社会主义理论在经历了漫长的实践与探索后，显得更加光彩夺目。1872年，马克思和恩格斯在为《共产党宣言》德文版所作的序言中写道：“不管最近25年来的情况发生了多大的变化，这个《宣言》中所发挥的一般基本原理整个说来直到现在还是完全正确的……这些原理的实际运用，正如《宣言》中所说的，随时随地都要以当时的历史条件为转移。”① 20世纪70年代末，以邓小平同志为代表的中国共产党人领导的改革开放，不仅坚持了“《宣言》中所发挥的一般基本原理”，还依据变化了的时代环境和本国国情，产生了有中国特色的社会主义理论。这一理论是对马克思科学社会主义理论的继承与重大创新。

建设具有中国特色的社会主义理论之所以是对科学社会主义理论的继承与重大创新，是因为它成功地解决了社会主义发展史上两个悬而未决的基本问题：其一是什么是社会主义；其二是如何建设社会主义，特别是像中国这样经济文化落后的国家如何建设社会主义。

①《马克思恩格斯选集》第1卷，北京：人民出版社，1995年，第248页。

究竟什么是社会主义？马克思和恩格斯在《宣言》中做了初步的原则论述：代替资产阶级社会的新社会消灭了私有制，从而也消灭了剥削；一切生产工具都集中在国家即组织成为统治阶级的无产阶级手里，并且尽可能快地增加生产力的总量；每个人的自由发展是一切人的自由发展的条件。马克思后来在《哥达纲领批判》中进一步把取代资本主义的共产主义社会划分为第一阶段和高级阶段，并分别论述了各自的基本特征。关于共产主义社会第一阶段或初级阶段即社会主义社会的基本经济特征，也就是人们所熟知的计划经济、公有制、按劳分配。无论在《共产党宣言》还是在《哥达纲领批判》中，马克思主义的创始人都把发达的资本主义作为社会主义赖以产生的前提，但是事实上，包括俄国在内的一系列在 1917 年“十月革命”后成立的社会主义国家，其原先的资本主义都是比较落后的，还有的国家——如我们中国——根本就没有经过资本主义社会，而是经过连马克思、恩格斯也料想不到的半殖民地半封建社会。因此，如何在新的发生剧烈变化了的历史条件下重新认识社会主义，就成了摆在各国共产党人面前的一项极为重要的任务。在苏联模式的影响下，他们对社会主义的认识出现了普遍性的失误：一是不加分析地照搬并实行了马克思当时对社会主义社会基本特征的规定，而忘记了本国社会主义产生的历史前提，其结果是理论与实际的严重背离；二是忽视生产力在社会发展中的首要作用，生产关系和上层建筑的变革没有紧紧围绕发展生产力这一中心；三是没有把社会主义社会看成是相对独立的发展阶段，急于向共产主义过渡。上述种种失误，究其根源，就是超越历史发展阶段，就是对目前我们所处的社会主义缺乏清醒的科学的认识。邓小平曾指出：“坦率地说，我们过去照搬苏联的社会主义的模式，带来很多问题。”① 其中一个很重要问题就是连什么是社会主义都没搞清楚。邓小平强调：“我们现在要解决好这个问题，我们

①《邓小平文选》第 3 卷，北京：人民出版社，1993 年，第 261 页。

要建设的是具有中国自己特色的社会主义。”①

以邓小平为代表的中国共产党人对“什么是社会主义”这一重大问题的解决主要表现在以下两个方面：

第一，对社会主义本质做了科学概括。邓小平早在改革开放初就指出，社会主义是一个很好的名词，但是如果搞不好，不能正确理解，不能采取正确的政策，就体现不出社会主义的本质。在经过长期的反复思考和艰辛探索后，邓小平 1992 年南方谈话中对社会主义本质做出了科学的、精辟的、创造性的概括，指出：“社会主义的本质，是解放生产力，发展生产力，消灭剥削，消除两极分化，最终达到共同富裕。”② 这一概括的科学性在于：一是坚持了《共产党宣言》所阐述的唯物史观的基本原理，即生产力决定生产关系，生产关系一定要适应生产力发展的状况。把解放和发展生产力摆在重要地位，纠正了以往离开生产力抽象地谈论社会主义的错误倾向。二是突出了社会主义的本质属性，如发展生产、共同致富，而把社会主义的一些非本质属性舍弃掉了。事物的本质属性是内在的、相对稳定的，非本质属性则是外在的、不稳定的、多变的。过去人们常把一些束缚生产力发展的、并不具有本质属性的东西当作“社会主义原则”加以固守和宣扬，凡不符合这些“原则”的统统被斥为资本主义的异端邪说。邓小平关于社会主义本质的概括使人们对社会主义的认识提高到了新的境界。三是体现了社会主义发展过程和最终目的的统一。正如《共产党宣言》中所指出的那样：“共产党人为工人阶级的最近的目的和利益而斗争，但是他们在当前的运动中同时代表运动的未来。”③ 总之，邓小平关于社会主义本质的概括，反映了人民的利益和时代的要求，澄清了不合乎时代进步和社会发展规律的模糊观念，摆脱了长期以来拘泥于具体模式而忽略社会主义本质的错误

①《邓小平文选》第 3 卷，北京：人民出版社，1993 年，第 261 页。

②《邓小平文选》第 3 卷，北京：人民出版社，1993 年，第 373 页。

③《马克思恩格斯选集》第 1 卷，北京：人民出版社，1972 年，第 284 页。

倾向，使社会主义在中国的发展方向、任务和道路更加明确，这是科学社会主义理论研究所取得的一项重大成果。

第二，对社会主义社会发展阶段做了科学划分，明确指出我国正处于社会主义初级阶段。党的十一届三中全会以后，中国共产党人认真总结历史经验，提出我国这样一个经济文化比较落后的国家进入社会主义以后必须经历一个很长的初级阶段。这个初级阶段，不同于人们通常所说的社会主义过渡时期，也不是泛指所有国家进入社会主义的起始阶段，而是特指经济文化比较落后的国家进入社会主义的最初阶段。社会主义初级阶段是我们党对社会主义、对中国基本国情进行再认识得出的重要结论，是从社会性质和社会发展阶段这个根本问题上对当代中国社会进行深入分析后做出的科学的综合判断。党的十三大第一次展开论述了我国正处在社会主义初级阶段，指出正确认识这一点是建设有中国特色社会主义的首要问题。1987 年 8 月，邓小平在会见外宾的一次谈话中指出："要阐述中国社会主义是处在一个什么阶段，就是处在初级阶段，是初级阶段的社会主义。社会主义本身是共产主义的初级阶段，而我们中国又处在社会主义的初级阶段，就是不发达的阶段。一切都要从这个实际出发，根据这个实际来制定规划。"[①] 党的十五大重提社会主义初级阶段，并且做了全面的、系统的阐述，概括了九个方面的基本特征，揭示了初级阶段的主要矛盾，论述了初级阶段经济、政治、文化的基本纲领，并且把社会主义初级阶段这一科学概念写进了党的纲领，这在马克思主义历史上是第一次，是对科学社会主义理论的又一重大创造性发展。

在明确了什么是社会主义后，那么如何建设社会主义，特别是初级阶段的社会主义，这在社会主义发展史上是个崭新的课题，在马克思主义经典作家的著作中并没有现成的答案，其他社会主义国家也没有成功的经验，我们的前人也没有做过。邓小平强调，我们只能在干中学，在实践中摸索。

---

①《邓小平文选》第 3 卷，北京：人民出版社，1993 年，第 252 页。

江泽民在党的十五大报告中指出："在中国，真要建设社会主义，那就只能一切从社会主义初级阶段的实际出发，而不能从主观愿望出发，不能从这样那样的外国模式出发，不能从对马克思主义著作中个别论断的教条式理解和附加到马克思主义名下的某些错误论点出发。"中国共产党人通过20年的改革开放，在实践上成功地解决了这一问题，而邓小平建设有中国特色社会主义理论的科学体系则第一次比较系统地初步回答了这一问题。党的十五大在如何建设初级阶段的社会主义的理论问题上，又有许多新的进展。从经济学的角度看，以下三个方面堪称科学社会主义理论的重大突破：

一是市场经济和社会主义的结合。在《共产党宣言》中，市场经济被看作资产阶级产生的基础和摧毁封建生产关系的重炮。"以前那种封建的或行会的工业经营方式已经不能满足随着新市场的出现而增加的需求了。……大工业建立了由美洲的发现所准备好的世界市场。"[①] 市场经济使资本主义的工业、商业、交通运输业得到了巨大的发展，使资产阶级在它不到一百年的阶级统治中所创造的生产力，比过去一切世代创造的全部生产力还要多，还要大。但是，这个曾经仿佛用法术创造了如此庞大的生产资料和交换手段的资本主义市场经济，现在像一个巫师那样不能再支配自己用符咒呼唤出来的魔鬼了。"资产阶级用来推翻封建制度的武器，现在却对准资产阶级自己了。"[②] 显然，在马克思主义创始人那里，市场经济是和资本主义紧密结合在一起的，它孕育了资产阶级，并随着资产阶级的灭亡而消失。但是，他们所考察的是发达的资本主义。而对于未经过商品经济的充分发展而走上社会主义道路的国家，能否实行市场经济体制呢？传统的社会主义理论对此是持否定态度的。党的十一届三中全会以来，随着改革的深入，我们党坚持解放思想、实事求是，一切从实际出发，逐步摆脱传统观念的束缚，形成新的认识，对推动改革和发展起了重要作用。特别

①《马克思恩格斯选集》第1卷，北京：人民出版社，1972年，第252页。

②《马克思恩格斯选集》第1卷，北京：人民出版社，1972年，第257页。

是邓小平1992年南方谈话，使人们进一步明确：计划经济不等于社会主义，资本主义也有计划；市场经济不等于资本主义，社会主义也有市场。计划和市场都是经济手段。计划多一点还是市场多一点，不是社会主义与资本主义的本质区别。党的十四大最终确立了我国经济体制改革的目标就是建立社会主义市场经济体制，从而使国民经济走上了持续、健康、快速发展的轨道。实践证明，社会主义和市场经济是可以结合在一起的，而且只有这样，才能使社会主义充满生机和活力，日益发展壮大；社会主义国家可以通过加强宏观调控，解决市场失灵和市场本身的各种消极因素。市场经济为资本主义发展所曾经起过的“非常革命的作用”，现在转而为社会主义效劳了。这无疑是个史无前例的创举，是对传统社会主义理论新的重大突破。

二是以公有制为主体、多种所有制经济共同发展。生产资料所有制是生产关系的基础，它决定了劳动者和生产资料的结合方式以及生产过程中人们的地位和相互关系。《共产党宣言》“特别强调所有制问题，把它作为运动的基本问题”①，是十分正确的。《宣言》明确指出，“共产主义的特征并不是废除一般的所有制，而是要废除资产阶级的所有制”②，并且在此基础上，建立生产资料的公有制。如何正确理解“公有”的含义呢？传统的观念是“一大二公三纯”，结果是不顾客观实际条件，片面搞“穷过渡”，使生产力遭受到严重的破坏。党的十一届三中全会以来，我们党从有利于生产力发展出发，在生产资料所有制方面进行了一系列的调整和改革，取得了巨大成效。党的十五大在所有制理论方面科学地总结了以往成功的改革经验且又有重大的进展。首先，完善了公有制的结构。我国在社会主义初级阶段实行的不是单一的公有制，而是以公有制为主体、多种所有制经济共同发展的基本经济制度。特别是把非公有制经济看作是社会主义市场

①《马克思恩格斯选集》第1卷，北京：人民出版社，1972年，第285页。

②《马克思恩格斯选集》第1卷，北京：人民出版社，1972年，第265页。

经济的重要组成部分，非公有制经济由原先体制外的“对立”“有益的补充”发展到今天体制内的“重要组成部分”，这是一个突破性的进展。其次，是拓宽了公有制经济的范围。公有制经济不仅包括国有经济和集体经济，还包括混合所有制经济中的国有成分和集体成分。公有制的主体地位主要体现在：公有资产在社会总资产中占优势；国有经济控制国民经济命脉，对经济发展起主导作用。国有经济的主导作用主要体现在对国民经济发展的导向和经济运行整体态势的控制力上，而不在于国有资产在布局上的面面俱到。最后，提出了“公有制实现形式”的新概念，把公有制的实现形式和社会属性区别开来。公有制的实现形式可以而且应当多样化，一切反映社会化生产规律的经营方式和组织形式如股份制、股份合作制等，都可以大胆利用。在推进国有企业改革中，要走出“资本必姓资，流动即流失”的误区，确立以资本为纽带，通过市场形成具有较强竞争力的跨地区、跨行业、跨所有制和跨国经营的大企业集团，在更广阔的空间、更高的层次上提高国有企业的规模生产力的国际竞争力。通过对国有资产的战略性改组，从整体上搞活国有经济。党的十五大在所有制理论上的重大突破必将促使经济体制出现新的飞跃。

三是把按劳分配和按生产要素分配结合起来。分配是社会再生产的重要环节，是连接生产与消费的纽带。生产决定分配，但分配又给生产以很大的反作用。《共产党宣言》愤怒地批判了资本主义的不合理的分配关系，指出资本家花在工人身上的费用，几乎只限于维持工人生活和延续后代所必需的生活资料；劳动使工人感到厌恶，工人的工资也就愈少；工人成了单纯的劳动工具，不过因为年龄和性别的不同需要不同的费用罢了。《哥达纲领批判》设想在未来社会主义社会中，实行每一个劳动者以一种形式给予社会的劳动量，在做了各项必要的社会扣除之后又以另一种形式领回来的单一按劳分配制度，从而消灭了凭借生产资料的私有权占有他人剩余劳动的剥削制度。但是马克思所设想的这种分配制度是建立在生产力高度发达、生产资料归全社会所有的基础上的，对处在社会主义初级阶段的中国来说，是不完全适用的。改革开放以来，我们党一方面坚持按劳分配这一马克思主义的基本原则，另一方面也在实践中努力探索适合中国国情的分配方式。党的十三大报告提出，要在以按劳分配为主体的前提下实行多种分配方式，在共同富裕的目标下，鼓励一部分人通过诚实劳动和合法经营先富裕起来。党的十四大报告强调在分配上，要运用包括市场在内的各种调节手段，既要鼓励先进，促进效率，合理拉开差距，又要防止两极分化，逐步实行共同富裕。党的十四届三中全会通过的《决议》对建立合理的个人收益制度做了较为全面的、开拓性的论述，特别是明确提出了在分配中要体现效率优先、兼顾公平的原则，鼓励城乡居民储蓄和投资，允许属于个人的资本生产要素参与收益分配。党的十五大报告中关于分配方式的论述是对近 20 年以来分配领域改革的科学总结和重大拓展。这种拓展主要表现在：第一，明确提出“允许和鼓励资本、技术等生产要素参与收益分配”；第二，明确提出“按生产要素分配”是我国现阶段除了按劳分配外又一通行的分配原则，这是对“坚持按劳分配为主体、多种分配方式并存制度”的具体化。在社会主义分配改革的发展史上，这是一个具有里程碑意义的创新之举。

列宁曾经说过，《共产党宣言》虽然篇幅不多，价值却相当于多部巨著；它的精神至今还鼓舞、推动着文明世界全体有组织的正在进行斗争的无产阶级。今天我们纪念《共产党宣言》问世 150 周年，不仅要认真学习这部“每个觉悟工人必读的书籍”，而且要深刻领会它的内在精神；不仅要坚持它所阐述的马克思主义一般原理，而且要以当代中国的社会历史条件为转移，继承和发展《共产党宣言》作者所创立的科学社会主义理论，在党的十五大精神指引下，把建设有中国特色社会主义事业全面推向 21 世纪。

［原载于《福建师范大学学报》（哲学社会科学版）1998 年第 2 期］

论马克思主义的生命力与竞争力

坚持、发展和弘扬马克思主义，既是神圣的使命，又是历史的责任。马克思主义问世已经一个半世纪了，尽管遭遇到各种各样的围攻、谩骂、禁锢、歪曲……但仍顽强地成长、广泛地传播、蓬勃地发展；尽管也有成百上千种理论、学说来与之较量，企图取而代之，但都无法得逞。东欧剧变虽然使世界社会主义遭受严重挫折，但无损马克思主义真理的光辉。马克思主义者在认真总结东欧剧变的教训后，将使马克思主义理论变得更纯洁、更成熟，朝着更健康的方向发展。

当20世纪即将结束的时候，英国广播公司在全球范围内举行过一次“千年风云人物”的网上评选。结果，马克思被评为千年思想家，得票高居榜首。中国共产党人80多年来，坚持以马克思主义为指导，取得了革命和建设一个又一个的胜利，开创了中国特色社会主义道路，把一个贫困落后的中国，变成一个繁荣昌盛、欣欣向荣的中国。进入21世纪后，中国共产党人再次庄严宣告，马克思主义是我们立党立国的根本指导思想，是全党全国人民团结奋斗的共同思想基础，并且以极大的决心和气魄，在全国实施马克思主义理论研究和建设的宏大工程，在马克思主义发展史上留下了光辉的篇章。

马克思主义之所以具有如此强大的生命力和竞争力，在于它具有以下五个突出的品格：

一是科学性。一种理论、观点能称为科学，它必须满足两个条件：一是合理地解释历史的发展，特别是其中的一些难题、怪象；二是有效地预见未来，并为以后的实践所证实。列宁在评价马克思一生中的两大发现之一唯物史观时这样写道："马克思的历史唯物主义是科学思想中的最大成果。人们过去对于历史和政治所持的极其混乱和武断的见解，为一种极其完整严密的科学理论所代替。这种科学理论说明，由于生产力的发展，从一种社会生活结构中发展出另一种更高级的结构，例如从农奴制度中生长出资本主义。①"中国改革开放20多年的实践已向世人有力地证明中国人民所选择的中国特色社会主义道路及其指导思想马克思主义是完全正确的，而西方一些别有用心的人士所鼓吹的"中国崩溃论"等论调则是完全错误的。

马克思主义是科学，这就要求我们以科学的态度对待马克思主义。针对林彪、江青反革命集团肆意割裂、歪曲毛泽东思想的行为，邓小平提出要完整、准确地理解毛泽东思想，这是十分正确的。同样，我们对马克思主义的主要创始人马克思的学说也要完整、准确地理解。在这方面，由于种种原因，我们还做得不够理想。例如，对马克思主义哲学，我们主要通过恩格斯、列宁，甚至斯大林的著作来了解，而对马克思在《资本论》中所应用的十分丰富的辩证法思想，则研究得不多。《资本论》虽然主要是研究资本主义这一特殊的市场经济，但同任何特殊事物中都包含着一般一样，透过资本主义市场经济这一特殊，马克思也揭示了市场经济的"一般"，这"一般"对社会主义市场经济也是同样适用的。因此，笔者认为要从现时代的观点重新解读《资本论》，发掘那些有益于建设社会主义市场经济的东西。学术界有人提出要"回到马克思""走近马克思""与马克思同行"，但最重要的是要完整、准确地理解马克思。恩格斯在《资本论》第二卷序言中写道："只要列举一下马克思为第二卷留下的亲笔材料，就可以证明，马克思在公布他的经济学方面的伟大发现以前，是以多么无比认真的态度，

①《列宁选集》第2卷，北京：人民出版社，1972年，第443页。

以多么严格的自我批评精神，力求使这些发现达到最完善的程度。”[1] 因此，我们对待马克思的著作，对待马克思的一系列“伟大发现”，也要采取“无比认真的态度”和“严格的自我批评精神”。只有采取科学的精神和科学的态度才能产生科学的结果。

二是人民性。列宁指出：“马克思学说中的主要的一点，就是阐明了无产阶级这个社会主义创造者的具有世界历史意义的作用。”[2] 马克思主义从来没有隐讳，它是为无产阶级服务的，是无产阶级认识世界和改造世界的思想武器。但是，无产阶级又是人民群众的一部分——当然是核心部分。无产阶级的利益和广大人民群众的利益是相一致的，而且，无产阶级只有解放全人类，才能最后解放自己。可以说，马克思主义不仅是反映无产阶级利益的学说，同时也是反映最广大人民群众利益的学说。阶级性和人民性本质上是相一致的，只不过在不同的时期强调的侧重点有所不同罢了。在革命战争年代，强调马克思主义的阶级性，是完全必要的，也是十分正确的；在社会主义建设时期，随着社会主要矛盾的转换，在坚持马克思主义阶级性的同时，应该强调它的人民性，强调马克思主义反映最广大人民群众的根本利益要求。“三个代表”重要思想以及科学发展观、“执政为民”、“以人为本”、构建和谐社会、开展社会主义荣辱观教育等理论，一经问世就广为传播，受到了人民群众的热烈拥护，就是因为它们具有鲜明的人民性。过去很长一段时间中，由于受“左”的思潮的影响，我们把人权看成是资产阶级的观点，采取回避、批判的态度，结果在国际政治斗争中经常处于被动境地。这一情况在 20 世纪 90 年代发生了根本变化。1991 年 11 月 1 日中国正式公布了《中国人权状况》（又称《中国人权白皮书》），高度评价人权是一个“伟大的名词”“崇高的目标”，是“长期以来人类追求的理想”。以此为开端，中国掀起了研究人权、关心人权、维护人权的热

①《马克思恩格斯全集》第 24 卷，北京：人民出版社，1945 年，第 4 页。

②《列宁选集》第 2 卷，北京：人民出版社，1972 年，第 437 页。

潮，人权理论成了马克思主义理论体系的一个重要组成部分。人权理论在我国所发生的变化，说明人民性的确应该成为马克思主义的一个重要特征。

三是实践性。“强调理论对于实践的依赖关系，理论的基础是实践，又转过来为实践服务。判定认识或理论之是否真理，不是依主观上觉得如何而定，而是依客观上社会实践的结果而定。真理的标准只能是社会的实践。”① 毛泽东同志在将近70年前讲的这段话，至今仍十分正确。马克思主义是放之四海而皆准的普遍真理，因为它揭示了人类社会发展的客观规律，为人类进步、社会发展，为全人类的最后解放指明了正确方向。但在实际运用马克思主义的理论时，又要同各国的具体实践相结合，不能生搬硬套，不能搞教条主义。实践在发展，马克思主义本身也要随着实践的发展而发展。马克思主义虽然诞生于19世纪，但没有停留在19世纪。作为一个开放的理论体系，150多年来，它始终与时代同行，与实践同步。党的十六大把“与时俱进”作为中国共产党新时期思想路线的重要内容，把始终做到实践基础上的理论创新当作我们必须长期坚持的治党治国之道，正是对马克思主义实践性的高度重视的深刻体现。

社会实践是检验科学与非科学、真理与谬误的巨大试金石。当苏联解体、东欧剧变时，西方一些人兴高采烈，并且迫不及待地兜售所谓的“华盛顿共识”，把它当成各国解决社会经济危机、走向繁荣富强的灵丹妙药。但实践表明，推行“华盛顿共识”的国家非但没有摆脱危机，反而陷入了更深重的灾难，“华盛顿共识”不得不宣告失败。与之形成鲜明对照的是，中国坚持和发展马克思主义，走中国特色社会主义道路，取得了令世人瞩目的伟大成绩。中国的成功实践已在国际上逐步形成了“北京共识”，这既是中国20多年来改革开放实践的胜利，也是中国化的马克思主义的胜利。

四是战斗性。马克思在《资本论》第一卷的序言中写道：“在政治经济学领域内，自由的科学研究遇到的敌人，不只是它在一切其他领域内遇到

---

① 毛泽东：《实践论》，《毛泽东选集》第1卷，北京：人民出版社，1991年，第284页。

的敌人。政治经济学所研究的材料的特殊性，把人们心中最激烈、最卑鄙、最恶劣的感情，把代表私人利益的复仇女神召唤到战场上来反对自由的科学研究。”① 由于马克思主义公然申明是为无产阶级和广大人民群众谋利益的，所以从它一问世，就受到了敌人的百般攻击，每发展一步都得经过战斗。马克思一生中的主要著作大多是和资产阶级思想家进行论战的记录，就连《资本论》的副标题也是资产阶级“政治经济学批判”。“正因为这样，所以马克思是当代最遭嫉恨和最受诬蔑的人。”② 可是，当马克思逝世的时候，在整个欧洲和美洲，从西伯利亚矿井到加利福尼亚，千百万战友无不对他表示尊敬、爱戴和悼念。恩格斯十分公正地说：“马克思可能有过许多敌人，但未必有一个私敌。”③

在我国，马克思主义已经处于意识形态的指导地位，在马克思主义的指引下，全党全国人民正在为实现第三步战略目标、推进现代化建设而努力。但是，也要清醒地看到，在新的历史条件下，巩固马克思主义在意识形态领域的指导地位面临的形势是严峻的。从国际上看，西方敌对势力把中国作为意识形态的主要对手，对我国实施西化、分化的图谋不会改变。从国内看，随着社会主义市场经济的发展和对外开放的扩大，社会经济成分、组织形式、就业方式、利益关系和分配方式日益多样化，人们思想活动的独立性、选择性、多变性和差异性进一步增强。在这种情况下，出现非马克思主义甚至反马克思主义的思想倾向，也就不可避免了。面对这种挑战，我们不能回避，不能沉默，不能妥协，更不能随声附和、同流合污。苏联、东欧的前车之鉴，我们记忆犹新。我们应该表明态度，应该奋起反击，进行有理有据有说服力的批判，以捍卫马克思主义的科学尊严。例如，

---

①《马克思恩格斯全集》第23卷，北京：人民出版社，1972年，第12页。

② 恩格斯：《在马克思墓前的讲话》，《马克思恩格斯选集》第3卷，北京：人民出版社，1972年，第575页。

③ 恩格斯：《在马克思墓前的讲话》，《马克思恩格斯选集》第3卷，北京：人民出版社，1972年，第576页。

有人肆意贬低、歪曲、否定马克思的劳动价值论，企图动摇马克思主义政治经济学大厦的基石，难道我们能听之任之吗？有人千方百计地要把“华盛顿共识”推销到中国来，妄图使中国重蹈拉美、俄罗斯、东欧和东南亚一些国家的覆辙，我们能袖手旁观吗？当然不能！这不仅是党性立场所致，也是科学良知使然！在这一点上，我们应该向德国工人运动的老战士、杰出的马克思主义理论家弗朗茨·梅林学习，他在一个世纪前写的批判各种反马克思主义思潮的论文已收入《保卫马克思主义》（1927 年俄语版；中文版为人民出版社 1982 年版）一书中，今天读来仍然感到新鲜和亲切。

五是国际性。1848 年，当马克思、恩格斯出版《共产党宣言》，发出“全世界无产者，联合起来”的号召时，就注定了马克思主义是一种超越地域、肤色、文化局限的国际性的思想理论体系。当今，方兴未艾的经济全球化浪潮正深刻地影响着世界各国的经济社会进程，尽管这种影响有其积极的一面，但也会给许多发展中国家造成消极的甚至是严重的后果。这已为许多事实所证明。如何在经济全球化进程中趋利避害，扬善去恶，除了以马克思主义为指导外，别无其他更好的主义。因此，马克思主义的国际化，现在比以往任何时候都显得重要和迫切。西方垄断资本出于维护其根本利益的考虑，竭力反对马克思主义的国际化，不足为奇。中国共产党人把马克思主义普遍真理与中国具体实践相结合，产生了中国化的马克思主义，指引中国的革命与建设不断取得新的胜利。随着中国改革开放的不断深入，综合国力不断强大，人民生活不断改善，国际地位不断提高，世界各国对中国的兴趣日益浓厚。因此，“北京共识”“中国模式”逐渐成为国际论坛的重要议题。看来，中国化的马克思主义正在走向世界，这不仅是马克思主义在中国 80 多年发展的必然，也是当今世界经济社会形势发展的必然。作为中国的马克思主义者，应该感到自豪，因为对马克思主义的发展做出了自己的贡献；应该要有广阔的国际视野，不仅要关注世界的风云变幻，也要了解和研究国外马克思主义研究的动态。要积极推进国际的学术交流与合作，让中国化的马克思主义为世界各国朋友所了解，并与他们一道，共同推进马克思主义的发展。

胡锦涛同志十分重视实施马克思主义理论研究和建设工程，他勉励参与这一工程的学者要进一步增强责任感和使命感，满腔热忱地投身这一工程，要始终坚持解放思想、实事求是、与时俱进，大力弘扬理论联系实际的马克思主义学风，深入研究马克思主义基本原理，深入研究邓小平理论和“三个代表”重要思想，深入研究重大的理论和实际问题，为马克思主义在中国的发展，为全面建设小康社会、开创中国特色社会主义新局面做出新的更大的贡献。这些语重心长的话，对马克思主义理论之所以具有强大的生命力和竞争力做了精辟的论述，为广大马克思主义理论工作者指明了今后的努力方向。

［原载于《福建师范大学学报》（哲学社会科学版）2006 年第 6 期］

大力开展文本研究，推进马克思主义理论的创新

近年来，马克思主义文本研究在我国学术界越来越受到重视，大有成为马克思主义研究新的热点的趋势。2007 年 4 月 10 日，《光明日报》理论周刊以“建立中国马克思主义研究的文本学派”为通栏大标题，刊登了北京几位学者的一组文章。他们对马克思主义文本研究提出了一些看法、建议和主张，笔者读后深有感触。特别是该刊的编者按强调指出“建立中国马克思主义研究的‘文本学派’的主张，旨在对过去研究中存在的无视文本基础寻章摘句、断章取义的做法进行反省，以提升中国马克思主义研究的学术水准”，笔者认为讲得太好了，简直是一针见血！中国再不加快进行马克思主义的文本研究，不仅无法提高马克思主义研究的学术水准，而且还可能贻笑大方。

我国学术界从 20 世纪 90 年代以来，不断有人提出“回到马克思”“与马克思同行”，其意思很明显，就是要科学地理解马克思，把马克思的学说当作科学来对待。科学地对待马克思，其前提必须是，马克思的学说要有一个正确的、符合马克思原意的文本。但现存刊行传世的马克思文本未必都是正确的、符合马克思原意的，这就需要开展马克思主义的文本研究。所谓马克思主义的文本研究，依笔者之见，就是指通过对马克思主义经典作家的著作、手稿、笔记、书信、版本、译本等文献的考证，弄清楚其思想的原貌和脉络，纠正编译者和学术界的一些不正确的理解，还其科学的

本来面目，为后人对马克思主义经典作家思想的研究提供一个科学、正确的前提。

文本研究在国外已有近百年的历史了。无论是西方马克思主义者还是资产阶级思想家，都很重视马克思主义文本研究，尽管其目的不同，结论也未必正确，甚至还有存心加以歪曲、诬蔑的。苏联和东德联合出版的《马克思恩格斯全集》历史考证版（又称原文版）对开展文本研究提供了很好的便利条件，因为它不仅刊载了马克思恩格斯已经正式出版的著作，而且刊载了经过整理和未经整理的马克思恩格斯的一系列手稿、笔记。马克思主义文本研究在我国引起重视的时间不长，关注的人也不多。笔者从20世纪80年代初因为研究马克思《资本论》辩证法的关系，涉及马克思一些著作的文本研究，在这里不揣浅陋，谈一些想法。

一、开展马克思主义文本研究的重要意义

一百多年来，马克思的学说经过几代人的传播和诠释，形成了许多互有差异的文本，这些文本构成了马克思主义学说的各种衍生形态。在笔者看来，当前应该大力开展马克思主义的文本研究，纠正以往在编排翻译、解读马克思主义文本中出现的误读、误解、误用，还马克思主义以本来的面目，这对于提升马克思主义理论研究的学术含量，推进马克思主义理论的创新具有极为重要的意义。

首先，开展文本研究有助于准确地理解马克思的学说，有助于我们认识真正的马克思。

马克思在其一生中，写下了大量的著作，其中一部分在其在世时就已出版，一部分是在他去世后由他人整理出版的。由他人整理出版的这部分著作是否符合马克思的原意的确令人生疑，即使是马克思生前的忠实战友恩格斯整理的也不例外，因为毕竟他们两人的思想还是有些细微差异的，

就如同一棵树上没有完全相同的两片叶子一样。何况有些著作还不是经过恩格斯整理出版的，这就更需要通过文本研究来加以甄别、鉴定。即使是经过马克思整理出版的著作，也存在如何翻译和诠释的问题。比如《资本论》第一卷的法译本，马克思就做了许多修改，并且进行了全面的校订，直到他认为法译本“在原本之外有独立的科学价值”①。对照德文本，马克思究竟对法译本做了哪些修改？为什么要进行这些修改？法译本的“独立的科学价值”体现在什么地方？这些都要通过文本研究来解决。关于马克思著作的诠释，如果不通过文本研究，也是很难得到正确答案的。例如：马克思在《资本论》第一卷第一版序言中所提到的：“分析经济形式，既不能用显微镜，也不能用化学试剂，二者都必须用抽象力来代替。”② 究竟什么是抽象力？一百多年来有关的诠释多如牛毛，但始终不得要领。通过一系列文本研究，笔者认为这里的“抽象力”指的是“抽象的辩证思维的能力”，即辩证法。同样，马克思在《资本论》第一卷法文版序言中提到，“我所使用的分析方法至今还没有人在经济理论上运用过，这就使前几章读起来相当困难”③，这里所说的“分析方法”就是指“辩证的分析方法”。这些都同马克思在《资本论》第一卷第二版跋中所多次点明的他所运用的方法是“辩证方法”，是完全一致的。

其次，开展文本研究有助于我们追踪马克思主义经典作家的思想发展进程，使我们能动态地、历史地和完整地把握其思想。

在这方面一个著名的例子是1948年2月出版的《共产党宣言》。这是国际共产主义政党的第一个纲领性文献，是标志着科学社会主义产生的主要著作，但是马克思恩格斯生前曾多次对它进行了修改。马克思恩格斯在《〈共产党宣言〉1872年德文版序言》中指出：“由于最近25年来大工业有

---

①《马克思恩格斯全集》第23卷，北京：人民出版社，1972年，第29页。

②《马克思恩格斯全集》第23卷，北京：人民出版社，1972年，第8页。

③《马克思恩格斯全集》第23卷，北京：人民出版社，1972年，第26页。

了更大发展而工人阶级的政党组织也跟着发展起来，由于首先有了二月革命的实际经验而后来尤其是有了无产阶级第一次掌握政权达两月之久的巴黎公社的实际经验，所以这个纲领有些地方已经过时了……其次，很明显，对于社会主义文献所做的批判只包括到1847年为止；同样也很明显，关于共产党人对待各种反对党派的态度的论述（第四章）虽然在原则上今天还是正确的，但是就其实际运用来说今天毕竟已经过时，因为政治形势已经完全改变，当时所列举的那些党派大部分已被历史的发展彻底扫除了。”①仅这段话，就提出了许多重大问题。其一，到1872年为止，《共产党宣言》中所阐述的结论究竟哪些方面已经过时？其二，在这25年中，马克思、恩格斯在哲学、政治经济学、科学社会主义等方面的研究在哪些方面有重大的突破和进展？这些突破和进展体现在哪些著作中？其三，这些突破和进展与《共产党宣言》有什么关系？其四，在这25年中马克思、恩格斯的思想是怎样一步步发展的？所有这些问题，如果不通过大量的文本分析，就有可能对马克思、恩格斯的上述那段话不甚了解，知其然而不知其所以然，甚至有可能视而不见，把前后25年的马克思、恩格斯混为一谈，这样的例子我们见得还少吗？

再次，开展文本研究可以澄清和纠正后人对马克思主义经典作家著作的一些不正确甚至错误的理解，实现拨乱反正。

在当代中国，马克思、恩格斯著作的权威中译本是由中共中央马恩列斯著作编译局编译的《马克思恩格斯全集》（共50卷）和《马克思恩格斯选集》（共4卷）以及一些单行本。对这些中译本，过去人们从来没有怀疑过，认为它们是完全正确的，但事实上并非如此。马克思和恩格斯是人类历史上最著名的百科全书式的大思想家，对他们著作的诠释和翻译，如果缺乏对他们一生思想进程和思想来源的深入把握，仅凭单一学科的狭隘专业知识和单纯一门外国语的掌握，是很难准确地把它译成中文的。例如：

①《马克思恩格斯全集》第2卷，北京：人民出版社，1972年，第248—249页。

1972 年出版的《马克思恩格斯全集》第 23 卷中译本（即《资本论》第一卷）第 20 页有一段话："彼得堡的《欧洲通报》在专谈《资本论》的方法一文……中，认为我的研究方法是严格的现实主义的，而叙述方法不幸是德国辩证法的。"① 这里的"现实主义"一词德语是 realistisch，在中文中它既可以译为"现实主义的"，也可以译为"实在论的"，且前者属于文学范畴，后者属于哲学范畴。联系上下文，显然这里只能译为"实在论的"，其意思是俄国经济学家亨利·考夫曼认为《资本论》的研究方法是严格的实在论，即唯物论，而叙述方法则不幸是德国的黑格尔唯心主义辩证法。再如，该书第 12 页有一段话："但这表明，甚至在统治阶级中间也已经透露出一种模糊的感觉：现在的社会不是坚实的结晶体，而是一个能够变化并且经常处于变化过程中的机体。"② 这里的"机体"究竟是有机体还是无机体？不明确。按马克思的本意，应译为"有机体"。像这一类的误译，中国社会科学院经济研究所的沈佩林先生早在 1980 年的一篇文章中就已指出了，但当时并没引起人们注意。幸运的是，在 2004 年出版的马克思《资本论》第二版中，编译者对上述误译做了更正。

最后，开展文本研究，有助于我们与国外同行进行交流和合作，并回击某些别有用心的资产阶级学者对马克思主义的歪曲和诬蔑。

国外对马克思主义的文本研究已经开展很多年了。早在 20 世纪 20 年代，被称为"西方马克思主义"开山鼻祖的格奥尔格·卢卡奇，就出版了《历史与阶级意识》一书，提出了物化与异化、总体性和辩证法等一系列重大理论问题，在西方理论界引起了很大的震动，即使在今天，仍可感受到这部著作的影响。格奥尔格·卢卡奇之所以能写出《历史与阶级意识》一书，一个重要原因就在于他对马克思的一系列著作《黑格尔法哲学批判》、《神圣家族》、《共产党宣言》、《哲学的贫困》、《〈政治经济学批判〉导论和

①《马克思恩格斯全集》第 23 卷，北京：人民出版社，1972 年，第 20 页。

②《马克思恩格斯全集》第 23 卷，北京：人民出版社，1972 年，第 12 页。

序言》、《政治经济学批判》第一分册、《资本论》、《剩余价值学说史》等进行了深入的研究和创造性的解读。尽管今天人们对格奥尔格·卢卡奇的思想可能褒贬不一，但却不得不承认它的学术价值，因为它是建立在充分而深入的文本研究的基础上的。西方马克思主义者的著作或多或少都有这一特点。如果我们不开展文本研究，又如何同西方马克思主义者进行交流和合作呢？过去受教条主义的影响，凡是对马克思、恩格斯著作有异议的我们都全盘否定，一概打倒，现在还能采取这种做法吗？根据韩立新先生最近所提供的材料，日本学者通过浩繁的文本比较分析，发现恩格斯在编辑出版《资本论》第二卷时，"对马克思原始手稿的变更，主要指删减和增补、定式和术语以及序列变更等超过 5000 多处"。这不只是形式上的改动，也涉及对内容的理解。① 我们对日本学者所做的结论未必苟同，但对他们所做的工作，应该表示赞赏。我们不是常说"没有调查就没有发言权"吗，如果不做文本研究，又如何与日本学者进行《资本论》研究的交流呢？我国学术界对《资本论》的研究已有很多年，有谁提出过这一问题？又有谁在这方面进行了较有成效的研究？以上所说的也还是拥护马克思的，至少是打着马克思旗号进行文本研究的。而一些恶毒攻击、歪曲和诬蔑马克思的资产阶级学者，他们采用实用主义的卑劣手法，虽然多少也搞一点文本研究，却得出一些耸人听闻的结论，胡说什么马克思主义的理论体系是自相矛盾的，马克思主义已经"过时"了、"破产"了。如果我们不深入开展文本研究，就无法对这些说法进行有据有理有力的反击，就有可能在这场意识形态的斗争中处于不利地位。这难道不应该引起我们的警惕和重视吗？

二、 对马克思 1844 年巴黎手稿进行文本研究的初次尝试

马克思 1844 年巴黎手稿（以下简称《手稿》）即通行的马克思《1844

① 韩立新：《〈资本论〉编辑中的"马克思恩格斯问题"》，《光明日报》，2007 年 4 月 10 日。

年经济学哲学手稿》，但笔者不用后面这个书名，因为笔者认为这一书名有错，名不副实。这是笔者通过文本研究得出来的，不是主观臆断。《手稿》在马克思、恩格斯生前都没有发表，直到20世纪20年代末30年代初才问世。然而它一经问世，就引起了国际学术界的广泛关注和强烈反响。70多年来，围绕着这部《手稿》，出版了成千上万种论著。这些论著从各种不同的立场、观点和方法，进行了多角度的研究，并由于人们理解的殊异，引起了尖锐的论争，这种情况在马克思主义研究史上是罕见的。

在我国，从20世纪70年代末起，出现了刘丕坤的单行本中译本和中央编译局的中译本这两个版本。比较起来，这两个译本大同小异。国内很多学者都对这两个译本深信不疑，并据此做了许多相关方面的研究。笔者当时也没有怀疑，不觉得有什么问题，直到1988年底到波恩大学进行学术访问后，才有了新的发现。在波恩大学的图书馆里，笔者发现了已经出版的《马克思恩格斯全集》历史考证版。在《马克思恩格斯全集》历史考证版中收进了未经后人整理过的原生态的《手稿》的全文。获得这个文本后，笔者十分高兴，随之对它进行了一番研究。通过研究，发现它与中译本对内容的编排处理不一样，而中译本是从俄文版那里译过来的。笔者又找来了俄文版的《手稿》进行比照分析。随着分析的深入，觉得问题越来越多，越来越大。俄文版的编者不仅在形式上，而且在很多关键内容上都做了改动，这些改动不仅违背了马克思的原意，而且有相当多的曲解。通过深入地比照分析后，笔者得出了三个重要的结论：

第一，关于《手稿》的构成。

关于《手稿》的组成部分问题，国内外主要有两种代表性的说法。一种说法是《手稿》由三个手稿组成。《马克思恩格斯全集》第42卷的编者认为，《手稿》“由三个未完成的手稿组成，这些手稿反映了当时马克思在经济学和哲学方面的研究成果”（见该书“说明”第Ⅱ页）。“这些手稿”编者分别称之为“第一手稿”“第二手稿”“第三手稿”（见该书第486页，

“注释”第9条）。笔者认为，“三个手稿”的说法是不科学、不恰切的，其毛病在于：首先，它容易使人产生误解，以为《手稿》是由三个并列的相对独立的手稿构成的；其次，“三个手稿”的提法也不符合马克思其他手稿出版的体例。例如，马克思在1867年《资本论》第一卷出版以前，写作了三个篇幅浩大的政治经济学手稿，它们分别是：1857—1858年经济学手稿、1861—1863年经济学手稿、1863—1867年经济学手稿，一般称之为《资本论》的第一个手稿、第二个手稿、第三个手稿。这三个手稿虽然是密切联系的，但又相互独立，分别代表马克思的政治经济学研究和《资本论》创作的三个不同的阶段，这已为学术界所公认。因此，如果把《手稿》的组成部分也称为“三个手稿”，就破坏了马克思手稿出版体例的统一，容易产生混淆。

另一种说法是法国的奥古斯特·科尔纽提出的，他认为《手稿》“总起来说共有四篇手稿”（《马克思恩格斯传》Ⅱ，上海：三联书店，1980年，第132页）。笔者认为也不合适，理由同上。例如，《马克思恩格斯全集》第46卷的“编者说明”中写道：“本卷收入了伟大革命导师马克思的七篇经济学手稿：①《巴师夏和凯里》；②《导言》；③《〈政治经济学批判〉（1857—1858年草稿）》……”（见该卷上册“编者说明”第1页）。很显然，这里所说的“篇”，无论在形式上还是在内容上都是相对独立的，而巴黎手稿的构成部分则不具有这种独立性。

那么，应该如何看待巴黎手稿的构成部分才算正确呢？笔者赞同《马克思恩格斯全集》历史考证版编者的提法。在历史考证版的第一部分第二卷中收集了马克思的1844年巴黎手稿。在“编者说明”中这样写到，《手稿》的“三个部分按照笔记本Ⅰ、笔记本Ⅱ、笔记本Ⅲ编排，其根据是马克思在第一个笔记本上亲笔写上‘笔记本Ⅰ’（Heft Ⅰ）”（《马克思恩格斯全集》原文版第一部分第2卷，柏林：狄茨出版社，1982年，第1页）。这种提法就不易产生混淆，并且和马克思其他手稿出版的体例统一起来了。

例如，马克思的《〈政治经济学批判〉（1857—1858 年草稿）》就是由 7 个笔记本构成，《经济学手稿（1861—1863 年）》就是由 23 个笔记本构成，等等。

在对《手稿》中有关黑格尔的《精神现象学》的两页摘要也做了分析后，笔者的结论是：《手稿》是由 3 个笔记本和两张插页组成的；3 个笔记本可分别称之为“笔记本Ⅰ”“笔记本Ⅱ”“笔记本Ⅲ”或“第一个笔记本”“第二个笔记本”“第三个笔记本”；两张插页是马克思对黑格尔著作的摘要，可作为《手稿》的附录。

第二，关于《手稿》的结构。

《手稿》笔记本Ⅲ的特点是内容比较繁杂，既有对笔记本Ⅱ的补充，也有马克思进一步研究的成果；既有相对独立的章节、片断，如“国民经济学中反映的私有财产的本质”、序言、“货币”等，也有几个部分穿插交叉在一起，如“对黑格尔的辩证法和整个哲学的批判”和“需要、生产和分工”这两部分在原稿中就是互相交织的。《手稿》现行版本的编者在编辑笔记本Ⅲ时，做了较大的变动，他们除了把序言移到《手稿》的开头外，把笔记本Ⅲ的内容分为五部分，其顺序是：“国民经济学中反映的私有财产的本质”“共产主义”“需要、生产和分工”“货币”“对黑格尔的辩证法和整个哲学的批判”。这种编排当然有其理由和好处，但也存在很大的缺陷。

首先，它把应该补入笔记本Ⅱ第 39 页的内容腰斩了。马克思从笔记本Ⅲ的第 3 页开始，写作对笔记本Ⅱ的补充部分，主要内容是关于私有财产的扬弃和共产主义问题。马克思为此连续写了 7 个方面，分别用顺序号（1）—（7）表示。应该说，这 7 个方面都是对笔记本Ⅱ的补充，是不可分割的。但是现行版本中，被题为“共产主义”的这一补充部分只包括前面 5 点，似乎第六点对黑格尔思辨哲学的批判和第七点关于需要、生产和分工的论述不再是对笔记本Ⅱ的补充，而是两个独立的部分。这有悖于马克思的原意，是没有根据的。

其次，它把批判黑格尔哲学的一章从“共产主义”的论述中抽取出来，放在《手稿》最后，这就破坏了马克思当时关于共产主义理论的整体构想。诚然，马克思在“序言”中提到要把对黑格尔的辩证法和整个哲学的剖析作为“本著作的最后一章”①，但笔者认为，不能因为简单机械地理解这句话而弃笔记本Ⅲ的整个逻辑联系而不顾。实际上，马克思写作的关于“共产主义”的论述的7个方面是一个有机的整体。第（1）点和第（2）点是对以往的粗陋的平均主义的共产主义学说的批判，第（3）点马克思提出了一个系统而精辟的共产主义理论纲要，第（4）点马克思重点论证了他的理论的核心问题，即在共产主义社会，人将作为一个完整的人占有自己的全面的本质，以及实现这种人性全面解放和发展的物质及精神基础。第（5）点是对宗教创世说的批判，指出共产主义是对宗教观念的彻底扬弃，进一步说明共产主义是向真正的社会的人的复归。《手稿》的研究者一般都不大注意这一点和共产主义的联系，其实马克思是很重视这一点的。早在《论犹太人问题》中，他就指出“政治解放和宗教的关系问题已经成了政治解放和人类解放的关系问题”②；在《黑格尔法哲学批判导言》中则进一步指出，“德国理论的彻底性及其实践能力的明证就是：德国理论是从坚决彻底废除宗教出发的。对宗教的批判最后归结为人是人的最高本质这样一个学说，从而也归结为这样一条绝对命令：必须推翻那些使人成为受屈辱、被奴役、被遗弃和被蔑视的东西的一切关系”③。这说明，对宗教的彻底批判，既是共产主义理论彻底性的表现，也是实现人类彻底解放的重要前提，因此和前面两点是直接相承的。第（6）点是对黑格尔思辨哲学的批判，它和第（5）点是紧密联系在一起的。如果说第（5）点批判的是天国的宗教，第（6）点则是把黑格尔哲学作为世俗的宗教来批判。

---

①《马克思恩格斯全集》第42卷，北京：人民出版社，1972年，第46页。

②《马克思恩格斯全集》第1卷，北京：人民出版社，1972年，第425页。

③《马克思恩格斯全集》第1卷，北京：人民出版社，1972年，第460—461页。

最后，把论述人的需要、生产和分工的第（7）点成为脱离前后联系的相对独立的一章，不仅使笔记本Ⅲ的内在逻辑联系更加模糊不清，也冲淡和掩盖了马克思正在酝酿探索中的历史观的重大突破。《手稿》的原始资料表明，第（6）点和第（7）点是交叉进行写作的。怎样理解这种现象呢？笔者认为，马克思在论述共产主义理论、批判黑格尔哲学时，已考虑到要建立一种新的哲学，这一方面大概是受到费尔巴哈的影响，另一方面也的确是当时政治斗争和思想斗争的需要。马克思当时把这种新哲学视为自然主义和人本主义的完美结合，或者说是“真正的人本主义”。那么，这种新哲学应该从哪里寻求突破口呢？在第（4）点中马克思已经注意到“感性”这一范畴的重要性，认为“感性（见费尔巴哈）必须是一切科学的基础。科学只有从感性意识和感性需要这两种形式的感性出发，因而，只有从自然界出发，才是现实的（宜译为‘真正的’——引者）科学。全部历史是为了使‘人’成为感性意识的对象和使‘人作为人’的需要成为（自然的、感性的）需要而做准备的发展史”①。但这里的论述还过于简略。两年之后，马克思在与恩格斯合著的《德意志意识形态》中创立了一种崭新的科学历史观，而这种历史观赖以出发的第一个前提就是人的感性需要。马克思指出：“人们为了能够‘创造历史’，必须能够生活。但是为了生活，首先就需要吃喝住穿以及其他一些东西。因此第一个历史活动就是满足这些需要的资料，即生产物质生活本身，而且这是这样的历史活动，一切历史的一种基本条件，人们单是为了能够生活就必须每日每时去完成它，现在和几千年前都是这样。即使感性在圣布鲁诺那里被归结为像一根棍子那样微不足道的东西，它仍须以生产这根棍子的活动为前提。……第二个事实是，已经得到满足的第一个需要本身、满足需要的活动和已经获得的为满足需要的工具又引起新的需要，这种新的需要的产生是第一个历史活动。”② 在

①《马克思恩格斯全集》第42卷，北京：人民出版社，1972年，第128页。

②《马克思恩格斯全集》第1卷，北京：人民出版社，1972年，第23页。

尔后的论述中，马克思还详细分析了分工在历史发展中的作用。和《手稿》中的第（7）点相比，我们会发现在思想进程和逻辑线索上，它们之间存在着惊人的相似之处，当然相对于后者来说，前者只是个雏形，是个胚胎罢了。

这里还需要探讨一个问题：既然马克思写了阐述他的新哲学的第（7）点，为什么在序言中又把批判黑格尔思辨哲学的第（6）点作为《手稿》的最后一章呢？笔者的理解是，马克思虽然考虑到要建立一种新的哲学作为共产主义学说的理论基础，但在写作过程中，可能觉得还不够成熟，还需要进一步收集材料，做更深入的研究。他曾提出“考察分工和交换是很有意思的”①，但在《手稿》中这方面基本上只做一些摘录和简单的评述。在写作“序言”时（序言写于第（6）点和第（7）点结束之后），马克思可能决定，这一部分可暂不发表，等以后研究成熟了再说，这止如对青年黑格尔派的批判，“将在另一个地方加以详细地论证”② 一样。如果按这样的解释，我们就容易理解，为什么马克思在写作《神圣家族》后，就草拟了《关于费尔巴哈的提纲》，接着就和恩格斯合作撰写阐明他们科学历史观的《德意志意识形态》这一皇皇巨著了。

第三，关于《手稿》的书名。

《手稿》的书名该如何定呢？俄文版定为《1844 年经济学哲学手稿》，中文版沿袭下来了。在历史考证版中，把“1844 年”去掉，改为《经济学哲学手稿》。笔者认为，用《经济学哲学手稿》作为书名是不合适的，因为名实不太相符。其理由如下：

首先，它没有体现《手稿》的政治批判这一重要特征。笔者认为，《手稿》的主要内容不仅仅是政治经济学批判，而是政治经济学批判和建立在这个批判基础上的政治批判。大家知道，在《手稿》的三个笔记本中，笔

①《马克思恩格斯全集》第 42 卷，北京：人民出版社，1972 年，第 148 页。

②《马克思恩格斯全集》第 42 卷，北京：人民出版社，1972 年，第 48 页。

记本Ⅰ的大部分篇幅是马克思有关政治经济学的摘录，只有一小部分（如现在版本题为“异化劳动”的一章）是马克思的批判性独立研究；笔记本Ⅲ的内容大部分是对笔记本Ⅱ的补充和发挥。因此，笔记本Ⅱ应是《手稿》的核心部分，但偏偏是这一笔记本的大部分佚失了，这给全面把握和评定《手稿》带来了很大困难。国内外的许多研究者如德国的弗兰茨·梅林、约·赫普纳和我国的杨适等，根据残存的四页和前后联系，推断笔记本Ⅱ的佚失部分的内容主要是研究政治经济学问题。笔者则认为，政治经济学研究固然是笔记本Ⅱ的重要内容，但不是唯一的内容，另一项同样重要的内容是政治批判方面的。这可以从四个方面得到佐证。一是从马克思准备出版的以这部《手稿》为基础的一部论著的书名——两卷本的《政治和政治经济学批判》来看。二是从马克思为《手稿》写的序言来看。序言中有两个地方谈到了《手稿》的内容规定，大多具有政治批判性质。例如在序言第四段末尾提到了“在《德法年鉴》上，我也十分概括地提到过本著作的要点”[①]。马克思所说的“在《德法年鉴》上”，指的是发表在《德法年鉴》上的他的两篇文章（《论犹太人问题》和《黑格尔法哲学批判导言》）和他写给卢格的信，其内容要点多为政治批判。[②] 三是从马克思写于1844年7月31日的《评“普鲁士人”的“普鲁士国王和社会改革”一文》来看，这篇文章是在《手稿》结束之前写的，旨在驳斥卢格污蔑和攻击西里西亚工人起义是缺乏“政治精神”等的谰言，高度评价工人阶级的革命精神，提出了一些重要的政治结论，如实现社会主义的首要前提是推翻旧政权和摧毁旧关系等。显然，这是利用了正在写作中的《手稿》的研究成果。四是从紧接着《手稿》的《神圣家族》一书中马克思所承担的章节来看，马克思也用了较多的篇幅论述政治批判问题。在《神圣家族》一书的序言（写于1844年9月）中马克思指出：“批判的批判使我们不得不用现在所达

① 《马克思恩格斯全集》第42卷，北京：人民出版社，1972年，第46页。

② 《马克思恩格斯全集》第42卷，北京：人民出版社，1972年，第488页。

到的成果本身来同它做一个简单的类比。”① 这清楚表明，马克思写作《神圣家族》也充分利用了《手稿》“所达到的成果”，这些成果当然包括政治批判的成果，而它的主要体现应该是在笔记本Ⅱ的佚失部分内。

综上所述可以断定，作为《手稿》核心部分的笔记本Ⅱ中包含着丰富的政治批判内容，考虑《手稿》的书名时不能忽略这一点。

其次，它没有正确理解《手稿》中有关哲学论述的地位和性质。虽然《手稿》中有相当的篇幅谈到哲学问题，但如前所述，这都是围绕着天国宗教和世俗宗教的批判，并且是从属于政治经济学批判和政治批判的。因此，把《手稿》定名为《经济学哲学手稿》，只是从形式上看到《手稿》包括政治经济学和哲学两部分，而没有从内容实质上去理解，因而不能体现《手稿》的根本特点，不能正确反映《德法年鉴》后马克思思想发展的实际过程。

笔者认为，在定《手稿》的名称时，应考虑到三个因素。一是《手稿》的实际内容，如前所述，是政治经济学批判和政治批判。二是马克思本人的意见。马克思虽然没有给《手稿》直接命名，但他在1845年初和出版商签订了两卷本《政治和政治经济学批判》的合同，《手稿》显然就是为出版这部著作做准备的。也可以说，马克思间接为这部《手稿》定了名。三是和马克思其他手稿的出版命名在体例上保持一致。基于以上考虑，可把《手稿》定名为《政治和政治经济学批判手稿（1844年）》。1846年底，马克思终于完成了两卷本的《政治和政治经济学批判》，但由于出版商毁约，此书未获出版，手稿也佚失了。如果这份手稿以后被发现，可定名为《政治和政治经济学批判手稿（1846年）》。这样，既与1844年的巴黎手稿保持内在的联系，又显示出历史的区别。

在笔者看来，这三个结论的重要意义是不言而喻的：

第一，它说明了现有的中译本不符合马克思的原意，要做大的修改，

①《马克思恩格斯全集》第2卷，北京：人民出版社，1972年，第8页。

要有一个符合马克思本意的正确的中文译本。多年来，人们深信不疑的《手稿》俄文版和其他外文版也要加以修改，以恢复《手稿》的本来面貌。

第二，依据《手稿》原来译本所做的诠释、提要和发挥，也要做相应的修改，因为其所依据的是一个不正确的，甚至包含许多错误的文本。

第三，有关马克思思想理论发展过程的传记、思想史（包括科学社会主义、经济学、哲学）等方面的书籍也要相应地加以修改。

可以说，对《手稿》的文本研究是牵一发而动全身的，笔者这里还仅仅以《手稿》为例。通过继续开展文本研究并涉及马克思的其他著作，就会大大拓展和深化对马克思思想的理解。

三、关于大力开展文本研究，推进马克思主义理论创新的若干建议

开展文本研究但不能止步于文本研究，大力加强对马克思主义基础理论的研究，力求在基本理论上有所创新，这是我们深化马克思主义理论研究的重点所在。因此，在新的历史条件下，进行马克思主义文本研究，应从思想认识、方法选择以及人力物力等方面切实予以加强，以全面提升中国马克思主义研究的学术水准。

（一）要进一步认识开展马克思主义文本研究的重要性

思想理论建设是党的建设的根本。一个政党，只有坚持以科学的理论为指导，才能制定正确的路线、方针、政策，才能带领全党、全国人民为崇高的理想和目标而奋斗。马克思主义就是我们党必须坚持，并用以指导的“科学理论”。我们党历来强调，对马克思主义一要坚持，二要发展。但坚持和发展马克思主义都要以正确的、科学的马克思主义文本为前提。党中央开始实施的马克思主义理论研究与建设工程，是加强党的理论建设的重大举措，具有重大的现实意义和深远的历史意义。在这一过程中，理论

界适时地提出开展马克思主义文本研究问题，不仅要引起马克思主义理论工作者的高度重视，更要引起各级领导的高度重视，切实把这一项工作抓紧抓实抓好。

（二）想方设法尽一切力量，收集开展马克思主义文本研究所需的各种资料

苏联和东欧一些国家，特别是东德，为了深入研究马克思主义，曾收集了大量有关马克思主义创始人的资料。一些发达资本主义国家的大学图书馆和科学研究机构，为了研究马克思主义，也不惜重金从国外购买有关资料。我国在马克思主义有关资料的收集上，也下了不少功夫，但与国外的一些研究机构相比，与国内的现实需求相比还是有很大差距的。如果没有第一手的资料，我们就很难深入开展马克思主义的文本研究。因此，建议党中央和有关部门应该重视马克思主义有关资料的购买、复制，以方便读者借阅。比如：《马克思恩格斯全集》历史考证版的德文本，不仅中央编译局要购买，国家图书馆、一些大城市和大学的图书馆、一些重要研究机构也应该购买。这是开展文本研究的第一手资料，可在国内几乎看不到。还有马克思散落在世界各地的手稿、笔记、书信、便条，刊登他文章的报刊以及同时代人和后人所写的回忆录、有关的评述、著译，等等，要尽可能地收集起来。当然，这需要大量经费支持，有关部门应该舍得花这笔钱。

（三）加强翻译队伍建设，加快对《马克思恩格斯全集》历史考证版和其他有关资料的翻译速度

目前，《马克思恩格斯全集》中文版是按照俄文第 2 版翻译出版的。中文版从 1956 年到 1974 年陆续出版，共 39 卷（41 册）。1979 年至 1985 年，又翻译出版了俄文版补卷 11 卷（12 册），即第 40 至 50 卷。至此，中文版《全集》全部出齐，共 50 卷（53 册）。1986 年 7 月，经中共中央书记处批准，中央编译局已着手准备《马克思恩格斯全集》中文第 2 版的翻译出版工作。第 2 版拟编 60 卷左右，分 4 个部分：第 1 部分为论著（《资本论》

除外），第 2 部分为《资本论》及其手稿，第 3 部分为书信，第 4 部分为笔记。预计 20 世纪 90 年代初开始出书，用 20 多年时间全部出齐。但从目前的翻译出版情况来看，显然太慢，无法适应国内外马克思主义研究的需要。在笔者看来，一方面要加强中央编译局翻译人员的力量，不断培养和输送更多合格的翻译人才参与到对《马克思恩格斯全集》历史考证版的翻译中来，另一方面，也要切实改善中央编译局翻译人员的工作和生活条件，让他们能够全身心地投入到加快马克思文本资料的翻译进程当中。同时，还要组织有关的专业人员对国外研究马克思主义的著作，特别是西方马克思主义者的研究成果，如格奥尔格·卢卡奇、安东尼奥·葛兰西等人的著作进行翻译和介绍。

（四）经常召开马克思文本问题研究的学术会议，加大国内外交流的力度

虽然现在大家都认识到开展马克思主义文本研究的必要性和重要性，但毕竟国内从事这方面研究的人不多，成果也屈指可数。为了加强马克思主义文本研究，要把分散的研究人员通过一定的形式集中起来，经常召开学术会议，加强相互之间的交流。有关媒体要关注这一类的学术会议，并予以报道。有关报刊要刊登马克思主义文本研究的文章，对重要问题可开展讨论，鼓励探索和争鸣。各种科研项目，包括国家社科基金和教育部哲学社会科学研究项目，在马克思主义理论这一部分都要设置“马克思主义文本研究”的项目，以吸引更多的有志有才之士去从事这方面的研究。学术交流不仅包括国内的，也包括国际上的。我们应该有信心有决心，在马克思主义文本研究上与国外的同行一比高低。

（五）在北京尽快筹建马克思恩格斯博物院

在北京有故宫博物院、军事博物馆、历史博物馆、自然科学博物馆以及巴金先生倡导建立的中国现代文学馆，为什么就没有一个马克思恩格斯的博物院呢？这与我们这样一个以马克思主义作为指导思想和理论基础的

共产党执政大国的地位是很不相称的。外国人来中国，不仅要看古董，看山水，看中国改革开放近30年所取得的成就，其中一部分人还要看我们是如何坚持和发展马克思主义的，如何对待马克思主义的，如何研究马克思主义的。因此，在祖国的首都北京建立马克思恩格斯的博物院，势在必行，而且要尽快。可以设想，这个博物院的功能是多方面的。一是收藏迄今为止尽可能详尽的有关马克思恩格斯的资料，包括他们的著作、手稿、笔记、书信以及相应的各种版本、译本；一百多年来马克思主义的传播和世界各国研究马克思恩格斯的论著，学术交流会议文集等。这部分主要是供研究马克思主义使用的。二是收藏有关马克思恩格斯一生的各种活动的照片、图片，用过的器具，刊登他们活动的报纸，一百多年来各国媒体对他们的评价等，这部分主要是供参观用的。建成后的马克思恩格斯博物院可以成为对青少年进行共产主义思想和革命传统教育的重要基地。三是各种规格的学术报告厅和会议室，主要是用于召开学术会议和开设有关讲座用的。笔者相信，经过努力，该博物院一定能成为全国乃至全世界马克思主义研究的一个重要中心，成为马克思主义者心中的一块“圣地”。

马克思主义是一个发展着的学说，大力开展马克思主义文本研究是深化马克思主义研究的客观需要。在21世纪，马克思主义文本研究将越来越受到学者们的重视。特别是随着《马克思恩格斯全集》历史考证版全卷的陆续出版，可以大大拓展和深化对马克思恩格斯思想的理解，推动马克思主义的理论创新和方法创新，加快中国马克思主义研究的繁荣和发展。

［原载于《福建师范大学学报》（哲学社会科学版）2007年第4期］

马克思主义经济学方法论的理论演进与变革趋向

一、 马克思主义经济学方法论的理论演进

诞生于100多年前的马克思主义经济学，对世界历史进程产生了深远影响，是人类文明宝库中的珍贵遗产。马克思主义经济学中的许多理论对指引我国社会主义现代化建设仍然具有指导意义。诚然，马克思主义经济学在时代和实践的变革进程中，也有个与时俱进的问题。正如恩格斯所指出的："马克思的整个世界观不是教义，而是方法。"① 因此，我们在研究马克思主义经济学理论的过程中，注意研究马克思主义经济学方法论就显得十分重要。

（一）马克思主义经济学方法论的历史演变

1. 萌芽与形成阶段。这一阶段大体可追溯到19世纪40年代，从马克思撰写《1844年经济学哲学手稿》和《关于费尔巴哈的提纲》，到1910年《资本论》第四卷的问世。1843年10月，马克思移居巴黎后，开始潜心研究政治经济学，陆续写成了《巴黎笔记》和《1844年经济学哲学手稿》，这一研究促进了马克思唯物辩证主义和历史唯物主义世界观的形成和发展。

①《马克思恩格斯全集》第39卷，北京：人民出版社，1972年，第406页。

之后，马克思与恩格斯合著《德意志意识形态》。在这部著作里，他们全面地批判了德国古典哲学，并系统地阐述了历史唯物主义，形成了自己的唯物史观，并把唯物史观运用于政治经济学研究，形成了马克思主义经济学方法论的基本原则。1857 年《〈政治经济学批判〉导言》的发表，被认为是马克思主义经济学理论发展的重大贡献之一。在《导言》中，马克思详细地制定了经济学的方法论，全面系统地阐述了经济学的研究方法与叙述方法以及逻辑与历史相一致的方法。1867 年《资本论》第一卷问世，马克思主义经济学方法论体系就基本形成了。马克思逝世后，恩格斯继续整理、出版《资本论》第二、三卷，并为第四卷的出版做准备。在这个时期，马克思主义经济学方法论经历了形成、发展和成熟的阶段，在创立马克思主义政治经济学理论体系的同时，也创建了科学的经济学方法论体系。

2. 逐步发展与曲折前进阶段。该阶段主要从 1917 年俄国十月革命胜利到苏联解体、东欧剧变。1917 年俄国十月革命胜利后，建立了世界上第一个社会主义国家。在苏联社会主义革命和建设实践中，也逐渐形成了以列宁和斯大林为代表的经济学方法论。从 1895 年开始，列宁写了大量哲学笔记，为进一步运用和发展经济学方法论提供了深厚的理论基础。

列宁通过对古希腊哲学和黑格尔哲学的深入研究，明确提出辩证法是关于联系和运动的科学的结论。列宁用这种科学方法广泛而深刻地研究了 19 世纪末和 20 世纪初的世界经济和政治，从而科学地创立了他的“帝国主义论”的理论体系，创造性地运用和发展了马克思的科学抽象法，把马克思主义经济学方法论发展到一个新的阶段。

1936 年，在斯大林的主持下，联共（布）中央做出了“关于开展政治经济学讲授”的决定，突破了以论证经济政策为主的方法论，开始系统研究社会主义经济学方法论。1952 年，斯大林写出了他的后期经济学代表作《苏联社会主义经济问题》，从方法论的角度看，这在当时对研究社会主义经济学确实有着巨大的影响和作用。

20 世纪 60 年代以后，随着社会主义国家经济建设的不断发展，不少国家开始注意到传统经济体制的缺陷，相继开始进行经济体制改革，在理论上提出了反对把马克思主义经济学理论教条化的看法。因此，不少学者提出要重新研究马克思主义经济学方法论，用科学的方法论来指导社会主义经济体制改革。他们中以卡哈尔·卡莱斯基、斯卡·理沙德·兰格、雅诺什·科尔奈等人为代表，形成了东欧学派经济学方法论，主要包括：经济增长模型的分析方法、系统综合方法以及实证研究方法。在社会主义经济理论与经济研究方法论的发展史上，他们的经济学方法论仍占有重要地位。但由于社会主义经济体制改革是艰难、曲折的，再加上苏联解体、东欧剧变后，马克思主义经济学方法论曾一度遭受巨大的挫折。

3. 重构与深化阶段。该阶段主要是指改革开放以来邓小平经济学方法论体系的形成阶段。1978 年党的十一届三中全会以后，通过拨乱反正，重新确立了马克思主义的思想路线，把全党的工作重心转移到社会主义经济建设上来。1987 年召开的党的十三大，在理论上对社会主义初级阶段理论做了系统阐述，形成了邓小平理论。至此，邓小平经济学方法论的科学体系形成并建构起来。

1992 年邓小平南方谈话，进一步丰富和发展了邓小平理论；党的十四大、十五大以及十六大创造性地运用邓小平理论来解决我国社会主义现代化建设中的一系列经济社会问题，形成了一系列重大理论成果，把邓小平经济学方法论的科学体系发展到一个新的高度。

（二）马克思主义经济学方法论的研究成果

在《资本论》的创作阶段，马克思对以往的经济学方法进行了深入系统的研究、批判和总结，并明确提出了自己的方法论主张。如前所述，《资本论》第一卷的问世标志着马克思主义经济学方法论体系的基本形成，而《资本论》的方法则主要体现了马克思主义经济学的研究方法。作为一个辩证法体系，它包含以下四个层次：

第一层次是唯物史观。唯物史观和剩余价值学说是马克思一生中的两个伟大发现。马克思把唯物史观看作是用于“指导”他们的“研究工作的总结果”①，是《资本论》所应用的方法的唯物主义基础。马克思在《〈政治经济学批判〉序言》中，专门论述了唯物史观的基本原理，占了序言的相当篇幅，这是意味深长的。恩格斯在评论马克思《政治经济学批判》第一分册时，也强调马克思所创立的政治经济学“本质上是建立在唯物主义历史观的基础上”，认为唯物史观的原理“不仅对于经济学，而且对于一切历史科学”都“具有革命意义”。② 唯物史观是《资本论》方法论的核心和基石，是《资本论》方法论区别于黑格尔唯心辩证法和其他资产阶级经济学方法论的根本所在。

第二层次是辩证方法，由客观辩证法和主观辩证法两大部分组成。列宁曾指出“黑格尔逻辑学的总结和概要、最高成就和实质，就是辩证的方法”③。《逻辑学》包括存在论、本质论、概念论三大篇，黑格尔把前两篇叫作客观逻辑，后一篇叫作主观逻辑。客观逻辑意思是揭示客观世界运动的规律和范畴，主观逻辑是揭示主观世界运动的规律和范畴。当然，黑格尔的逻辑学是建立在绝对精神主宰一切的唯心主义基础上的，不过这一分法是有其可取之处的。恩格斯在《自然辩证法》一书中写道：“所谓客观的辩证法是支配着整个自然界的。而所谓主观的辩证法，即辩证的思维，不过是自然界中到处盛行的对立中的运动的反映而已。”④ 后者主要指“辩证逻辑和认识论”⑤。这一层次的辩证方法是马克思批判地改造黑格尔唯心辩证法的结果。马克思在1858年1月14日给恩格斯的信中明确写到，他在开始写作《资本论》第一稿时，“又把黑格尔的《逻辑学》浏览了一遍，这在材

---

①《马克思恩格斯全集》第23卷，北京：人民出版社，1972年，第20页。
②《马克思恩格斯全集》第13卷，北京：人民出版社，1972年，第26页。
③《列宁全集》第38卷，北京：人民出版社，1957年，第253页。
④《马克思恩格斯选集》第3卷，北京：人民出版社，1972年，第534页。
⑤《马克思恩格斯选集》第3卷，北京：人民出版社，1972年，第544页。

料加工的方法上帮了我很大的忙”[①]。恩格斯在关于马克思《政治经济学批判》的书评中也明确指出，黑格尔的逻辑学“是一切现有的逻辑材料中至少可以加以利用的唯一材料”，但是应当“做一番透彻的批判”，而“马克思过去和现在都是唯一能够担当起这样一件工作的人，这就是从黑格尔逻辑学中把包含着黑格尔在这方面的真正发现的内核剥出来，使辩证方法摆脱它的唯心主义的外壳并把辩证方法在使它成为唯一正确的思想发展方式的简单形式上建立起来”[②]。这一层次的辩证方法是相当丰富的，它既包含客观辩证法的一系列规律和范畴（远远不止现行哲学教科书上所列举的那些规律和范畴），也包含主观辩证法的一系列规律和范畴，如从抽象上升到具体、逻辑和历史的一致等。这一层次的辩证方法是《资本论》方法的主体，我们迄今为止对它的认识还仅仅是初步的，还有待于进一步的发掘。

第三层次是形式逻辑方法和数学方法。《资本论》是从动态上把握资本主义生产方式和发展的历史过程，揭示它的内在规律性，因此它主要运用的是“对每一种既成的形式都是从不断的运动中，因而也是从它的暂时性方面去理解”[③] 的辩证法，但这并不排除在《资本论》的叙述过程中，也要遵守一定的思维规则，应用形式逻辑的基本原理。例如：马克思在《资本论》第一卷第六篇中为了论证劳动没有价值，劳动不是商品，就应用了形式逻辑的方法，指出论战对方犯了循环论证、偷换论题等逻辑错误。[④]

马克思十分重视数学方法在政治经济学研究中的应用。他曾说过：“一种科学只有在成功地运用数学时，才算达到真正完善的地步。”[⑤] 从 19 世纪 50 年代开始，他在研究政治经济学的同时，也努力钻研数学。在此后的几十年间写下了许多读书笔记和研究手稿，其中对微积分，特别是对微分学

---

①《马克思恩格斯〈资本论〉书信集》，北京：人民出版社，1976 年，第 121 页。

②《马克思恩格斯全集》第 13 卷，北京：人民出版社，1972 年，第 531—532 页。

③ 李建平：《〈资本论〉辩证法探索》（上册），福州：福建人民出版社，1986 年，第 268—274 页。

④《马克思恩格斯全集》第 23 卷，北京：人民出版社，1972 年，第 24 页。

⑤［法］保尔·拉法格等：《回忆马克思和恩格斯》，北京：人民出版社，1973 年，第 7 页。

的发展过程、微分运算的辩证本质等都有独到的发现。在《资本论》中，马克思对各个经济范畴既注意定性分析，又注意定量分析。在定量分析中，运用了各种数学方法，如模型法、图表法、公式法等，还进行了大量的数学计算。长期以来，人们忽视《资本论》中数学方法的应用，于是有人认为《资本论》中只有定性分析，没有定量分析，这实在是一个误解。但使我们感到欣喜的是，著名的《资本论》研究专家，复旦大学张薰华教授于1993 年出版了专著《〈资本论〉中的数量分析》，这是研究数学方法在《资本论》中应用的一部力作，不仅填补了国内研究的空白，而且有力地驳斥了那种《资本论》中只有定性分析没有定量分析的错误见解。

第四层次是马克思把具体科学，特别是自然科学中的研究方法移植到政治经济学中来。例如：自然科学研究中经常采用的理想化方法。这一方法要求在科学思维中，做到完全排除次要因素的干扰，使研究条件达到理想化的程度，以便抓住事物的本质及其变化的规律。马克思在《资本论》第一卷和第一版序言中指出："物理学家是在自然过程表现得最确实、最少受干扰的地方考察自然过程的，或者，如有可能，是在保证过程以其纯粹形态进行的条件下从事实验的。"① 马克思把这一方法移植到政治经济学研究中，表现之一就是选择英国作为他研究资本主义生产方式的"典型地点"，在理论阐述上主要用英国作为例证，从而英国成了资产阶级生产方式的"理想国家"。此外，《资本论》中还把商品的价值形式比喻为资本主义社会经济的细胞形式，也就是把生物学中细胞分析的方法移植到政治经济学中，把资产阶级社会看成是一个有机体，对这个社会的解剖应该从它的经济细胞形式开始。由于马克思密切地注视各门具体科学，特别是自然科学的最新研究进展，并把它们所创造出来的最新研究方法及时地"引进"到政治经济学中来，这就是使得《资本论》的方法更加丰富，更加富有时代气息。

①《马克思恩格斯全集》第 23 卷，北京：人民出版社，1972 年，第 8 页。

在以上四个层次的方法中，唯物史观是核心和灵魂，辩证方法是主体，它们和第三、四层次的方法一起构成了《资本论》方法的有机整体。完整地说，这一方法整体上称作以唯物史观为核心的辩证法体系，简要地说，叫作唯物辩证法体系。这里所说的“唯物”，就是指作为整个方法论基础的唯物史观；这里所说的“体系”，就是指《资本论》方法具有多个层次，包含以辩证法为主体的十分丰富的内容。在明确了以上两种含义后，也可以简要地把《资本论》方法称为辩证法。马克思和恩格斯多次提到《资本论》方法是辩证方法或辩证法，我们认为就是潜在地包含了以上两层意思。因此，对《资本论》方法乃至对马克思主义经济学方法论的整体理解要力求深入、全面和正确。

二、 我国经济学的发展与马克思主义经济学方法论的变革

随着经济发展与社会的变革，特别是改革开放以来，我国经济理论界对西方经济学著作进行了大量的翻译和介绍，事实上西方经济学在高校教学与研究中已成为主流经济学，马克思主义经济学面临着严峻的挑战。当前，我国应当在正确运用马克思主义经济学方法论上多下功夫，创造性地运用、发展和变革马克思主义经济学方法，以适应指导我国社会主义市场经济与现代化建设的需要。

（一）我国经济理论界在方法论研究中存在的问题

1. 片面倚重抽象法。马克思的科学抽象法是从具体到抽象再到具体的方法。如果舍弃从具体到抽象的过程，而一味地用一些抽象范畴来演绎未知事物，进行所谓的规范研究，是不可能得出符合实际情况的理论结论的。由于社会主义的发展历程不长，我们在研究社会主义经济理论过程中，抽象分析无法说明对象本身，片面地、单一地运用抽象法，并据此进行规范研究，也很难得出正确“结论”，反而会导致我国社会主义建设实践过程中

许多具体的问题难以得到正确的理论疏导，使理论脱离现实。实践已经证明，任何方法都有一定的适用范围和研究对象，如果只运用其中的某一两种方法，难免使所得出的结论不完整，造成理论不能回答和解决实际问题的窘境。

2. 没有合理地采用实证法。实证法又称实证分析方法。毋庸置疑，实证法已经成为西方经济学研究方法中的主体方法。我国的社会主义经济实践只有 50 多年的历史，如果仅仅以此来对我国经济进行演绎，就难免失当。所以，就必须对我国社会主义现实经济运动过程进行实证研究，才能在复杂多变的环境下，揭示社会主义经济"是什么"。然而，近年来，我国理论界出现了对实证法的种种误解和偏差，导致了没能合理、有效地运用实证法来分析中国的具体问题。有些人认为所谓实证法就是搞实际调查研究，从而否定必要的理论指导，更有甚者，忽视和否定价值判断，片面强调"操作性"，这种方法论上的偏差，是与我国长期不合理地使用和轻视实证法分不开的。

3. 轻视或者滥用数学方法。在现代经济学的研究过程中，数学方法已成为不可或缺的研究工具。运用数学方法，可以考察经济活动的数量特征和变化，进而可以更加直观地分析经济现象。但由于种种原因，在经济学研究过程中，却出现了轻视和滥用数学方法的两种偏颇。前者主要是缘于在经济研究中基本将数学工具拒之门外；后者主要是由于片面追求西方经济学中的分析范式，把数学公式、模型作为"装点门面"的花瓶，没有揭示数学分析背后的本质的东西，把简单的问题复杂化了。轻视或者滥用数学方法是对待数学方法的两种极端态度，但二者殊途同归，都不利于我国经济学研究的进一步深化和发展。

（二）马克思主义经济学方法论变革的必然性

1. 发展马克思主义经济学的必然要求。马克思主义经济学是马克思在总结前人的经验、成果以及在严肃地批判和自我批判中创立的经济学体系。

因此，可以说，马克思的学说是开放的、发展的。只有主动适应不断变化发展的客观实际，马克思主义经济学才能存在，也只有运用其立场、观点和方法认识并解决问题，才能真正发展马克思主义经济学。马克思主义经济学方法论作为马克思主义经济学的重要组成部分，也应该主动适应时代的变革要求。只有在方法论上不断推陈出新，兼收并蓄，才能进一步充实和发展马克思主义经济学。

2. 符合当今世界经济学分析范式的必然趋势。从 16 世纪到 20 世纪，人类的思维范式几乎被笛卡尔和培根所开创的分析范式所统治。20 世纪以来，特别是随着相对论、系统论和控制论等系统科学理论的发展，一场全新的系统范式开始逐渐取代分析范式。经济学作为人类社会科学“皇冠上的明珠”，要有所重大突破，也必须向系统范式过渡，必须在东西方两种范式的综合中加以创新。传统的社会主义经济学范式则主要追求生产关系的最优，这不符合系统范式的价值取向。因此，马克思主义经济学方法论要符合系统范式的要求，在系统思维的基础上，实现马克思主义经济学方法论在东西方范式的大综合中得到创新发展。

3. 中国经济学发展的迫切需要。我们要清醒地看到，经济学理论的发展始终处在急剧的变革过程中。一方面新的分支学科不断产生，新的学派层出不穷；另一方面，经济学发展的内在趋势在不断分化与改组中走向新的综合。中国经济学发展应在科学哲学和科学的“马克思范式”指导下，以系统思维和唯物辩证法为基础，比较世界上各种经济学方法论，大胆吸收、大胆扬弃，在综合人类一切优秀成果的基础上，构建中国特色经济学方法论体系。只有这样，中国经济学研究才能结合中国的实际而展开，才能植根于当前中国的现实经济发展的沃土，从而最终促成符合中国国情的理论与实践相统一的中国经济学理论和方法的产生。

三、西方经济学方法论中可供借鉴的科学因素

同任何其他的经济学理论一样，西方经济学方法论也具有科学性和非科学性的两面。在深化与研究马克思主义经济学方法论的过程中，我们应当有分析地借鉴、参考西方经济学方法论，通过合理吸收西方经济学方法论中的科学因素，力图对马克思主义经典著作中所体现的经济学方法论赋予新的解释。

（一）经济分析中的数学化方法

数学化是现代西方经济学最为明显，也最富有成果的基本趋势和特征。进入20世纪后，经济学的数学化取得了极大的进展，也由此出现了数理方法与计量方法。数学方法不断被运用到经济学的概念、命题、定理、原理和体系之中。严格定量、可计算、可模型化、可计量、可逻辑证明，这无疑是经济学方法论的一次巨大的飞跃和发展，也表明了现代经济学日趋成熟和完善的特征。同时，借助数学的分析范式，可以准确地计算不同变量之间的精确的规律性关系，可以对具有典型意义的经济状态做出严格的不可辩驳的证明，体现经济学的数学解的有效性、合理性和现实性。正如马克思所说：“一门科学只有当它发展到可以应用数学时才算是真正发展了。”① 这无疑是对现代经济学科学方法论的一种判断。

（二）实证分析法与规范分析法的相互结合

现代西方经济学对实证分析与规范分析法的划分是在19世纪20年代以后。实证分析法与规范分析法的界限是相对的，而非绝对的。实证分析法旨在解决“实际是什么就是什么”的问题，不掺入研究者的主观评价，它侧重于研究经济体系如何运行，分析经济活动的过程和后果以及朝着什么方向发展。这种方法可以用来描述、解释或说明已观察到的事实，并可以对相关现象将来会出现的情况做出适当的预测。规范分析法则属于定性方

①《马克思恩格斯全集》第20卷，北京：人民出版社，1972年，第35页。

法，研究经济运行“应该是什么”，强调逻辑分析。这种方法可用来探讨实现某种价值判断或社会目标的步骤。从一定意义上说，实证分析法与规范分析法的有机结合，将赋予马克思主义经济学方法论丰富的“营养”，并进而推动我国经济学研究更上一层楼。

（三）制度分析与创新的方法

制度分析方法研究经济问题偏重于从社会制度、文化背景等出发，个人行为决定于社会制度，强调解释，这种方法将制度作为变量，并用正统经济学的研究方法来分析制度的构成和运用，采取了结构分析法、历史分析法和社会文化分析法来研究经济问题，揭示制度对社会经济发展的影响的经济学方法论。制度分析方法不是西方经济学的独创。其实马克思也是一位大制度经济学家，他的生产关系分析其实质就是制度分析，与西方制度经济学家不同的是，马克思从本质上进行制度分析，而西方经济学家则是从现象上进行分析。这种注重从现象和形式上进行的制度分析方法，具有客观的实用性，能够解决传统经济理论所无法解释的外部性经济问题，这对处于转型期的中国经济问题的研究，具有一定的方法论意义。

（四）逻辑经验主义与证伪主义的方法

逻辑经验主义与证伪主义是19世纪中叶以后西方主流经济学的理论和研究方法。逻辑经验主义对科学理论构成的要求集中表现在理论公理化方面，这种对理论构成的公理化要求指导着经济理论的形式化进程。伊姆雷·拉卡托斯补救了卡尔·波普的朴素证伪主义，提出了精致证伪主义，即“科学研究纲领理论”。西方主流经济学普遍接受了“科学研究纲领理论”。一方面，他们运用证伪原则逐步修正自己的理论框架，并开始用经验数据的证伪原则取代对理论的证实；另一方面，通过对辅助假设的调整来应付目前的危机。这种分析方法保护了西方主流经济学建立在“理性人”假设基础上的关于自由竞争市场机制有效性的基本假设，因此，被视为“框架的进步”。可以预见，这种哲学科学的非理性主义的研究方法必将进一步影响主流经济学今后的发展，也必将为马克思主义经济学研究方法提供有益的参考。

四、 在新的历史条件下发展马克思主义经济学方法论的基本构想

“工欲善其事，必先利其器”。马克思主义经济学的进步相当程度上取决于方法论上的进步，运用各种传统的和最新的经济学方法对经济实践进行理论概括，是建构当代中国经济学的题中应有之义。

（一）一以贯之地坚持马克思主义经济学的根本方法

马克思在深刻理解亚当·斯密经济学理论体系的同时，认识到黑格尔哲学中的科学因素——辩证法，认识到费尔巴哈哲学中的科学因素——唯物论，从而形成了马克思主义经济学的方法论基础。以唯物史观为基础，运用唯物辩证法的研究和叙述方法，探求现代社会对立与冲突的经济根源，从而建立了科学的马克思主义经济学方法论体系。

建立和形成中国经济学理论体系，必须坚持马克思主义经济学的基本原理和理论，同样要坚持以这一方法论为指导，才能进一步从事物的相互联系、对立统一、质量互变、否定之否定、原因与结果、必然性和偶然性、可能性和现实性、形式与内容、现象与本质、一般性与特殊性等方面来全面剖析中国的经济问题。因此，我们在探讨建构新的马克思主义政治经济学理论体系的同时，必须考虑其方法论的复归与创新问题，否则，中国经济学的建立就是无源之水，无本之木。

（二）正确对待和积极借鉴西方经济学方法论中的科学因素，推动方法论创新

自1836年纳索·西尼尔的《政治经济学大纲》和约翰·穆勒的《论政治经济学的定义及其适当的研究方法》首倡经济学方法论探讨以来，西方经济学家几乎从未中断过对经济学方法论方面的探索和争论。在经济学理论的创新中，方法论要先行，因为理论的建构必须接受方法论的指导，否则，我们的理论思考就可能陷入盲目之中。因此，在面对中国经济转型实

践而进行的理论创新中，方法论方面的探索与创新是一个必要的环节；而正确对待和积极借鉴西方经济学方法论方面的新观点和新趋势，可以直接促进经济学的健康发展并服务于经济学研究。

经济学发展的历史表明，任何经济理论的革命首先是方法论的革命，而经济学的发展也首先取决于方法论的创新。在我国近年来经济学的研究与教学实践中，学术界也越来越关注经济学方法论问题。当然，在方法论方面也必须兼收并蓄，与时俱进。基于这种理解，我们要在坚持马克思主义基本经济学方法论的前提下，大胆吸收和借鉴经验的、实证的方法，从而把握正在发展和变化的经济现实；运用理论和规范的方法，可以认识和预见事物发展的趋势；运用历史归纳的方法，可以克服照搬照抄来解决中国现实窘境问题的弊病；运用逻辑的、数理的和统计的方法，可以探求经济发展的真实面目。只有通过经济学方法论的创新，我们才能不断丰富与发展马克思主义经济学的研究。

（三）探索符合当代中国实际和经济规律的科学方法论体系

立足当代中国的实际来把握经济规律，这一原则无论在一般意义上还是在特殊意义上都适用于对中国经济学的研究。进行经济学研究，它依靠的是一系列经济学的范畴、原理、规律和理论体系来反映经济活动，以及各种关系变动的客观规律。上述经济学的范畴、原理和规律的揭示，不是借助于科学实验，而是通过人类的思维活动，进行理论的抽象。首先，要结合中国实际进行科学抽象。马克思创立的科学抽象法，是研究经济学的科学方法，对中国理论和经济研究具有重大的指导意义。马克思指出："研究必须详细地占有材料，分析它的不同的发展状态，并探寻出各种形态的内部联系。"① 这说明，研究中国的经济问题必须详细占有材料作为科学抽象的依据，从现象到本质，从而再从本质上把握现实的经济运动。其次，

①《马克思恩格斯全集》第23卷，北京：人民出版社，1972年，第112页。

坚持逻辑与历史的统一。现实的经济矛盾是历史的发展和继续，对中国经济史的研究，有利于正确理解现实的经济矛盾。针对现实经济矛盾的研究，可以进一步丰富中国经济史所揭示的规律和对历史的系统认识。最后，引入和正确地使用数学分析方法。马克思十分重视数学方法在经济学研究中的应用。对中国的经济现象的分析，应采用各种定量的数学方法和工具，设计出各种经济模型，借助于精确的数学语言，来揭示经济运行的规律。这种研究方法可以填补传统的政治经济学在研究方法上的缺陷，把理论分析和数量分析相结合的方法具体地运用到中国的经济现实中去。

（四）不断充实经济学方法论的研究队伍，提高研究者的方法论素养

从世界范围来看，自20世纪80年代以来，关于经济学方法论的文章、书籍的数量迅速增长，到80年代末，经济学方法论已成为经济学的一个分支学科。同时，我们还欣喜地看到，我国经济理论界已逐渐从不同角度关注和探索经济学方法论问题，并陆续出版了一些专著和论文。然而，我国经济学方法论的研究现状离我国经济发展水平的要求还相去甚远，就总体而言，还缺乏明确的逻辑主线和必要的广度和深度。从发展和完善我国经济学学科建设的目标来看，在今后的一个相当长的时间里，我国还必须不断扩大并充实经济学方法论的研究队伍，鼓励更多的专家、学者，特别是年轻的经济学人致力于马克思主义经济学方法论的研究，把经济学方法论研究工作扎扎实实地开展下去。

（原载于《当代经济研究》2007年第5期）

中卷

《资本论》研究

《资本论》方法论的历史演变

迄今为止，国内学术界对马克思在《资本论》中所应用的方法发表了各种见解，有的认为是科学抽象法，有的认为是从抽象上升到具体的方法，有的认为是唯物辩证法，有的认为是系统分析的方法，等等。这些见解都可以从马克思的著作中找到一定的依据，并对《资本论》的分析做出一定程度的方法论的说明，因此，它们都包含着正确的成分，轻易地以其中一种观点否定另一种观点是不妥当的。但是，为什么这些观点又是如此不同，甚至相左呢？为什么学术界对此争论了多年，至今没有什么结果呢？笔者认为，要解决这一难题，关键在于不能形而上学地看待马克思在不同时期做出的关于《资本论》方法的论述，承认《资本论》的方法论和《资本论》中所阐述的各种原理一样，有一个历史形成的过程。我们应该从动态方面考察其历史的演变，只有这样，上述争论才能得到比较合理的解决，并为《资本论》方法论的研究开辟一条新的途径。

大体说来，《资本论》方法论的形成和发展经过了四个阶段：1844 年的巴黎手稿阶段；1847 年的《哲学的贫困》阶段；1857 年的《〈政治经济学批判〉导言》阶段；1858 年以后马克思写作和出版《资本论》的阶段。下面我们依次考察各个阶段。

一

1843 年 10 月，马克思到达巴黎后，开始系统地研究政治经济学。他曾计划出版一部两卷本的题为《政治和政治经济学批判》的专著来阐述自己的研究成果。此书未获出版，手稿大部分也佚失了，至今保留下来的一部分被命名为《1844 年经济学哲学手稿》（以下简称为《手稿》），从中我们可以看到《资本论》方法论的雏形。

在《手稿》中，马克思已初步区分了研究方法和叙述方法。

在研究方法上，马克思批评了资产阶级经济学家所惯用的唯心主义的先验方法。他说："我们不像国民经济学家那样，当他想说明什么的时候，总是让自己处于虚构的原始状态。这样的原始状态什么问题也说明不了。国民经济学家只是使问题堕入云里雾中。他把应当加以推论的东西……假定为事实、事件。"① 与之相反，马克思推崇实证的研究方法，在这方面他受费尔巴哈的影响比较大。在《手稿》序言中，他就指出："整个实证的批判，从而德国人对国民经济学的实证的批判，全靠费尔巴哈的发现给它打下真正的基础。"② 马克思在自己的政治经济学研究中贯彻了唯物主义的实证方法，强调要"从当前的经济事实出发"③ 来研究资本主义社会的经济，如资本、利润、工资、地租等，力图揭示其内在的矛盾和规律。

因此，马克思在序言中自信地宣称："我用不着向熟悉国民经济学的读者保证，我的结论是通过完全经验的以对国民经济学进行认真的批判研究为基础的分析得出的。"④

---

①《马克思恩格斯全集》第 42 卷，北京：人民出版社，1979 年，第 90 页。

②《马克思恩格斯全集》第 42 卷，北京：人民出版社，1979 年，第 46 页。

③《马克思恩格斯全集》第 42 卷，北京：人民出版社，1979 年，第 90 页。

④《马克思恩格斯全集》第 42 卷，北京：人民出版社，1979 年，第 45 页。

值得重视的是，在《手稿》中马克思对资产阶级政治经济学的批判，对资本主义社会经济事实的分析，已尝试运用他正在酝酿中的唯物主义历史观，从而形成了他的一种独特的研究方法。例如：他在分析经济学说史时，不是把由重商学派到重农学派再到英国古典经济学派的发展看成是纯思维过程，而是看作社会本身发展在经济理论上的反映。在分析资本主义的货币拜物教时，马克思把它和古希腊的自然拜物教区分开来，其原因在于资本主义“拜物教徒的感性意识不同于希腊人的感性意识，因为他的感性存在还是不同于希腊人的感性存在”①。这里马克思使用的虽然是“感性存在”和“感性意识”的提法，但实际上已接近于社会存在决定社会意识这一历史唯物主义的基本原则。类似的分析在《手稿》中比比皆是。正是由于马克思在政治经济学研究中采用了这种尽管还不够成熟但却是崭新的历史观和研究方法，所以他不仅超越了资产阶级经济学家的视野，也超越了其深受影响的费尔巴哈。

马克思写作《手稿》是为了出版《政治和政治经济学批判》这样一部专著，所以不能不考虑体系的构造即“整体的联系、各部分的关系”② 问题，这就涉及叙述的方法。笔者认为《手稿》所采用的叙述方法是以异化劳动范畴为核心和出发点的演绎推理方法，这一方法是德国古典思辨哲学同马克思刚刚起步的经济学研究相结合的产物。马克思首先分析了资本主义制度下工人同自己的产品的关系。他写道，“我们已经从经济事实即工人及其产品的异化出发。我们表述了这一事实的概念：异化的、外化的劳动”③。马克思从劳动产品同劳动者的异化，进而考察了劳动的异化，并从“异化劳动的已有的两个规定中推出它的第三个规定”④，即人类本质同人相异化，接着又用同样方法推出了第四个规定——人与人相异化。马克思在

①《马克思恩格斯全集》第42卷，北京：人民出版社，1979年，第139页。
②《马克思恩格斯全集》第42卷，北京：人民出版社，1979年，第45页。
③《马克思恩格斯全集》第42卷，北京：人民出版社，1979年，第98页。
④《马克思恩格斯全集》第42卷，北京：人民出版社，1979年，第95页。

设想他的体系构造时写道："正如我们通过分析从异化的、外化的劳动的概念得出私有财产的概念一样，我们也可以借助这两个因素来阐明国民经济学的一切范畴，而且我们将发现其中每一个范畴，例如商业、竞争、资本、货币，不过是这两个基本因素的特定的、展开了的表现而已。"① 显然，《手稿》这一叙述方法是很不科学的，其原因在于：第一，这时马克思的经济学研究刚开始不久，他的经济理论还不成熟，例如对大卫·李嘉图的劳动价值论还持否定态度；第二，他的唯物主义历史观还处在形成过程中，因此在异化劳动理论中还存在一定程度的人本主义痕迹；第三，他批判了黑格尔的唯心主义辩证法，但如何从中汲取合理的内核，还需要一个探索的过程。

二

马克思于 1847 年 7 月出版的《哲学的贫困》一书在其政治经济学的创立过程中具有极为重要的地位和作用。1880 年马克思在谈到这本书时曾写道："在该书中还处于萌芽状态的东西，经过 20 年的研究之后，变成了理论。在《资本论》中得到了发挥。"② 从《资本论》方法论形成史的角度看，这本书的地位和作用也是不容忽视的。

在《哲学的贫困》序言中，马克思指出蒲鲁东实际上是一个拙劣的经济学家和哲学家，但是他又以杰出的经济学家和卓越的哲学家自诩。为了反对和纠正这一双重错误，马克思一方面要揭露蒲鲁东在政治经济学上的荒谬，另一方面则对蒲鲁东所应用的政治经济学方法进行批判。该书分为两章，题为"科学的发现"的第一章属于前一方面，题为"政治经济学的形而上学"的第二章属于后一方面。下面我们着重分析的是第二章。

①《马克思恩格斯全集》第 42 卷，北京：人民出版社，1979 年，第 101 页。
②《马克思恩格斯全集》第 19 卷，北京：人民出版社，1979 年，第 248 页。

“政治经济学的形而上学”中的“形而上学”是什么意思呢？马克思说：“在黑格尔看来，形而上学同整个哲学一样，可以概括在方法里面。所以我们必须设法弄清楚蒲鲁东先生那套至少同‘经济表’一样含糊不清的方法。”① 从马克思所做的七个说明中可以看出，他既批判了蒲鲁东的研究方法，也批判了其叙述方法。

关于研究方法，马克思首先指出蒲鲁东的错误在于其研究的出发点不是“人的生动活泼的生活”、现实的生产关系及其历史发展，而是“经济学家的教条”“不依赖于实际关系而自生的思想”和逻辑范畴。蒲鲁东甚至还“把逻辑范畴看作一切事物的实体”，现实世界不过是“逻辑范畴这种底布上的花彩”②，这实际上是把黑格尔的唯心主义哲学直接搬到政治经济学上罢了，因此30多年后马克思还把蒲鲁东称为“唯心主义政治经济学的最新的体现者”③。此外，《哲学的贫困》比起《手稿》有一个非常明显的变化，那就是马克思运用他已经创立的历史唯物主义观点去研究社会经济问题，去批判各种错误观点。例如：他指出“经济范畴只不过是生产方面社会关系的理论表现，即其抽象”④，而蒲鲁东对它的理解却是颠倒的；他还指出“生产力的增长、社会关系的破坏、思想的产生都是不断变动的”，而蒲鲁东的“运动的抽象”却是“停滞不动”的。⑤ 由于有唯物史观作指导，马克思对蒲鲁东的批判就不仅仅停留在一般唯物主义的水平，而是更深刻、更彻底了，这表明马克思在政治经济学的研究方法上出现了一个新的飞跃。

关于叙述方法，马克思从三个方面批判了蒲鲁东：

首先，是矛盾分析的方法。蒲鲁东所写著作的主标题是“经济矛盾的体系”，可见他重视经济矛盾的分析。这种矛盾分析法来源于黑格尔，可是

---

①《马克思恩格斯全集》第4卷，北京：人民出版社，1979年，第139页。
②《马克思恩格斯全集》第4卷，北京：人民出版社，1979年，第141页。
③《马克思恩格斯全集》第19卷，北京：人民出版社，1979年，第248页。
④《马克思恩格斯全集》第4卷，北京：人民出版社，1979年，第143页。
⑤《马克思恩格斯全集》第4卷，北京：人民出版社，1979年，第144页。

“蒲鲁东先生从黑格尔的辩证法那里只学得了术语”，而不了解这一辩证方法的实质。这表现在：他机械地把每个经济范畴划分为好的和坏的两个方面，认为“好的方面和坏的方面、益处和坏处加在一起就构成每个经济范畴所固有的矛盾”，而解决这一矛盾的办法就是“保存好的方面，消除坏的方面”。[①] 马克思指出其错误，一是“自以为有了神秘的公式就用不着深入纯经济的细节”[②]。二是蒲鲁东不了解“两个矛盾方面的共存、斗争以及融合成一个新范畴”这一“辩证运动的实质”。他给自己提出消除经济范畴坏的方面的任务，实际上“就是立即使辩证运动终结”。三是随心所欲地把一个经济范畴当作另一个经济范畴的消毒剂，如用捐税来消除垄断的缺陷，用贸易差额来消除捐税的缺陷，用土地所有权来消除信用的缺陷，等等。马克思嘲笑蒲鲁东“用矛盾和矛盾的消毒剂的混合物写成两卷矛盾，并且恰当地称为‘经济矛盾的体系’”[③]。可见蒲鲁东所用的矛盾分析法只是徒有虚名，是一种虚假的、冒牌的辩证法。那么，真正的科学的矛盾分析法又是什么呢？在此马克思没有做出正面的说明，但他对辩证运动实质的概括，对事物矛盾本性的强调，已为他后来在《资本论》中出色地运用这一辩证方法埋下了伏笔。

其次，是建构经济学体系的方法。由于蒲鲁东经济学研究的出发点是主观自生的观念的东西，所以他所要建立的经济学体系也只能和黑格尔一样，“只是根据自己的绝对方法把所有人们头脑中的思想加以系统的改组和排列而已”[④]。这里所说的“绝对方法”指的是“运动的纯粹逻辑公式或者纯理性的运动”。马克思说，“对于不懂得黑格尔语言的读者，我们将告诉他们一个神圣的公式：肯定、否定、否定的否定”[⑤]。按照这一公式，简单

①《马克思恩格斯全集》第4卷，北京：人民出版社，1979年，第145页。

②《马克思恩格斯全集》第4卷，北京：人民出版社，1979年，第146页。

③《马克思恩格斯全集》第4卷，北京：人民出版社，1979年，第147页。

④《马克思恩格斯全集》第4卷，北京：人民出版社，1979年，第143页。

⑤《马克思恩格斯全集》第4卷，北京：人民出版社，1979年，第140页。

范畴增殖为范畴群，范畴群增殖为范畴系列，范畴系列增殖为整个体系。马克思一针见血地指出："把这个方法运用到政治经济学的范畴上面，就会得出政治经济学的逻辑学和形而上学，换句话说，就会把人所共知的经济范畴翻译成人们不大知道的语言，这种语言使人觉得这些范畴似乎是刚从充满纯粹理性的头脑中产生的，好像这些范畴单凭辩证运动才互相产生、互相联系、互相交织。"① 从马克思的这一段评论来看，他对蒲鲁东建构经济学体系的方法是持否定态度的；对黑格尔的范畴的辩证运动着重的是批判其唯心主义性质，而对其合理的方面似乎还正在考虑，因此"从抽象上升到具体"这一逻辑原则还没有明确提出来。

最后，是逻辑的和历史的方法。马克思批评蒲鲁东把经济范畴的逻辑顺序和适应时间次序的历史截然分开，使得一切都在理性的纯粹以太中进行，因此，"他既没有给我们范畴的世俗历史，也没有给我们范畴的神圣历史！那么，到底他给了我们什么历史呢？是他本身矛盾的历史"②。在这里，马克思已较为明确地提出：历史的东西决定逻辑的东西，逻辑应与历史相一致。例如：与权威原理相适应的11世纪，与个人主义原理相适应的18世纪，从表面上看，似乎是原理创造了历史，但是如果深入历史的本质做进一步的研究，就会发现是历史创造了原理，而不是相反。马克思讥讽蒲鲁东"一直还在思想家所走的这条迂回曲折的道路上缓慢前进，离开历史的康庄大道还有一大段路程"③。

和《手稿》比较起来，《哲学的贫困》在马克思政治经济学方法论的发展上前进了一大步。这表现在：在研究方法上除了继续坚持和强调唯物主义的实证性外，已开始运用已经创立的唯物史观作为指导；已包含了叙述方法要以研究方法为前提的思想，并正确解决了逻辑和历史的关系；提出矛盾分析的方法、建构经济学体系的方法，虽然对它们的理论界定和实际

①《马克思恩格斯全集》第4卷，北京：人民出版社，1979年，第143页。

②《马克思恩格斯全集》第4卷，北京：人民出版社，1979年，第148页。

③《马克思恩格斯全集》第4卷，北京：人民出版社，1979年，第149页。

应用还在继续探索之中。

三

马克思写于1857年8月底的《〈政治经济学批判〉导言》（以下简称《导言》）是《资本论》方法论形成史上的又一个重要阶段。在《导言》的第三部分中，马克思第一次从正面集中而又详细地阐明了“政治经济学的方法”。国内外《资本论》的研究者都把它看成有关方法论的一篇经典文献，但是对它的理解却多有分歧。

例如：有的同志认为《导言》“全面系统地阐述了政治经济学的研究方法和叙述方法”[①]，对此我不敢苟同。我认为在《导言》中，马克思主要解决的是叙述方法问题。因为从1849年他迁居伦敦后，经过多年的潜心研究，在政治经济学上已经做出了一系列重大的科学发现。现在的问题是用什么样的方法把这些发现整理、总结、叙述出来，既要“使公众认清事物的实质”[②]，又要使写出来的著作自成体系，在形式上尽可能完美。虽然《导言》中也涉及研究方法，但并不是主要的，因为这个问题他在实践中已经解决了（否则他的科学发现就无从谈起），在这里只是作为叙述方法的一个潜在的前提而已。

马克思在《导言》中着重阐明了两种叙述方法：

一是明确提出了从抽象上升到具体的方法。马克思比较了17世纪和18世纪资产阶级经济学家论著中所使用的两种方法，前者总是从生动的整体如人口、民族、国家等出发，从中分析出一些有决定意义的抽象的一般关系，如分工、货币、价值等；后者则是从劳动、分工、需要、交换价值这些抽象简单的东西上升到具体复杂的东西，如国家、国际交换和世界市场

① 马健行，郭继严：《〈资本论〉创作史》，济南：山东人民出版社，1983年，第105页。

②《马克思恩格斯全集》第29卷，北京：人民出版社，1979年，第226页。

等，从而形成各种经济学体系。马克思认为“后一种方法显然是科学上正确的方法”，它“是思维用来掌握具体并把它当作一个精神上的具体再现出来的方式”。[①] 马克思还区分了在运用这一方法时唯物主义和唯心主义的界限。从抽象上升到具体的方法是黑格尔首先在哲学上加以概括出来的，但其失足在于“陷入幻觉，把实在理解为自我综合、自我深化和自我运动的思维的结果”，看成是现实“具体本身的产生过程”[②]。而唯物主义地运用这一方法，就必须做到：第一，具体总体虽然是思维理解的产物，但却不是主观自生的思维的产物，而是“把直观和表象加工成概念这一过程的产物”[③]；第二，社会这一实在主体“仍然是在头脑之外保持着它的独立性……始终作为前提浮现在表象面前”[④]。

二是对逻辑和历史的关系提出了全新的见解。按照黑格尔的观点，历史从哪里开始，逻辑也就从哪里开始，因此，逻辑的叙述和历史的发展是相一致的。黑格尔《逻辑学》的范畴运动基本上与哲学发展史相合拍，当然，这是建立在唯心主义基础上的。在《哲学的贫困》中，马克思站在唯物主义的立场上，强调逻辑要与历史相一致。在《导言》中，马克思对这一原则做了重要的修正和补充，指出：“把经济范畴按它们在历史上起决定作用的先后次序来安排是不行的，错误的。它们的次序倒是由它们在现代资产阶级社会中的相互关系决定的，这种关系同表现出来的它们的自然次序或者符合历史发展的次序恰好相反。问题不在于各种经济关系在不同社会形式的相继更替的序列中在历史上占有什么地位，更不在于它们在‘观念上’（在历史运动的一个模糊表象中）的次序。而在于它们在现代资产阶级社会内部的结构。”[⑤] 以资本和地租的关系为例。虽然在历史上地租先于

①《马克思恩格斯全集》第46卷上册，北京：人民出版社，1979年，第38页。
②《马克思恩格斯全集》第46卷上册，北京：人民出版社，1979年，第38页。
③《马克思恩格斯全集》第46卷上册，北京：人民出版社，1979年，第39页。
④《马克思恩格斯全集》第46卷上册，北京：人民出版社，1979年，第39页。
⑤《马克思恩格斯全集》第46卷上册，北京：人民出版社，1979年，第45页。

资本，但由于在所研究的资本主义社会中，资本是支配一切的经济权力，所以必须把它放在地租之前来说明。马克思这一重要方法论思想直接决定了他正在酝酿中的政治经济学著作的分篇结构。

《导言》提出的这两个方法是对《哲学的贫困》的突破性进展，但是马克思的方法论思想并非到此就止步不前了，在短短的几个月后它又发生了惊人的变化。

四

1858 年 1 月 14 日，马克思在给恩格斯的信中透露了他写作政治经济学的情况："由于偶然的机会……我又把黑格尔的《逻辑学》浏览了一遍，这在材料加工的方法上帮了我很大的忙。如果以后再有工夫做这类工作的话，我很愿意用两三个印张把黑格尔所发现、但同时又加以神秘化的方法中所存在的合理的东西阐述一番，使一般人都能够理解。"① 这封信虽短，但它在《资本论》方法论形成史上却有非常重要的意义，它是一个新的也是最后的阶段到来的标志。从这封信以及马克思后来的有关论述中，我们可以得出以下几点结论：

第一，在马克思加工政治经济学的材料上，黑格尔所发现的辩证方法起了很大的作用。从此以后，马克思总是把他的政治经济学方法径直称为辩证方法，再也没有什么变更了。例如：1867 年 11 月 7 日，马克思致函恩格斯，再次确认《资本论》是"把辩证方法应用于政治经济学的第一次尝试"②。在 1873 年《资本论》第一卷第二版跋（以下简称《跋》）中，马克思在摘引了考夫曼对《资本论》应用方法的长篇评论后写到"他所描述的

①《马克思恩格斯〈资本论〉书信集》，北京：人民出版社，1976 年，第 121 页。
②《马克思恩格斯〈资本论〉书信集》，北京：人民出版社，1976 年，第 239 页。

不正是辩证方法吗”[①]，又一次确认了辩证方法。由此我们可以有把握地说，《资本论》的方法不是这一种或那一种具体方法，而是建立在唯物史观基础上的辩证方法。

第二，辩证方法具有丰富的内容，以至于马克思打算以后有时间的话，准备用两三个印张对它单独加以阐述。过了十年，即 1868 年 5 月 9 日马克思在给约瑟夫·狄慈根的信中又旧事重提，表示他要写一部题为《辩证法》的著作。[②] 马克思逝世后，恩格斯在翻阅他的遗稿时特别感兴趣的也“是他早就想写成的辩证法大纲”[③]。既然马克思在《资本论》中所应用的辩证方法可以写成一个“大纲”、一部著作，它本身不是也自成一个体系吗？深入探讨这一体系的内容，正是摆在我们面前的艰巨任务。

第三，马克思承认，他在政治经济学中所应用的方法主要得益于黑格尔。在此以前，马克思对黑格尔的辩证法还是批判多于肯定，但是从这封信开始，马克思在指出黑格尔辩证法唯心主义、神秘主义的同时，充分肯定其中“所存在的合理的东西”。在 1858 年 5 月 31 日致斐迪南·拉萨尔的信中，马克思进一步指出，黑格尔的“辩证法无疑是整个哲学的最新成就”[④]。十五年后，在著名的《跋》中，马克思又公开承认他是黑格尔“这位大思想家的学生”，认为尽管“辩证法在黑格尔手中神秘化了，但这决不妨碍他第一个全面地有意识地叙述了辩证法的一般运动公式”[⑤]。这就给了我们一个重要启示：要弄清《资本论》所应用的方法，必须首先对黑格尔的辩证法有透彻的研究和了解，实际上这也是列宁后来所一再强调的。

在 1858 年以后，马克思在一些不同的场合也曾对《资本论》的方法发表过一些意见，虽然提法不同，但我认为总的精神是一致的，即《资本论》

①《马克思恩格斯全集》第 23 卷，北京：人民出版社，1979 年，第 23 页。
②《马克思恩格斯全集》第 32 卷，北京：人民出版社，1979 年，第 535 页。
③《马克思恩格斯全集》第 36 卷，北京：人民出版社，1979 年，第 3 页。
④《马克思恩格斯全集》第 29 卷，北京：人民出版社，1979 年，第 540 页。
⑤《马克思恩格斯全集》第 23 卷，北京：人民出版社，1979 年，第 24 页。

的方法是辩证的方法。例如，在《资本论》第一卷序言中，马克思写道："分析经济形式，既不能用显微镜，也不能用化学试剂。二者都必须用抽象力来代替。"① 许多论者由此认为《资本论》所应用的主要方法是科学抽象法，我认为这一理解是值得商榷的。大家知道，马克思在这里主要谈的是《资本论》第一卷的第一章，即分析商品的部分。这一部分特别"难懂"，为什么呢？就是因为这一章充满了辩证法，特别是有些地方马克思还故意"卖弄起黑格尔特有的表达方式"②，这对于不懂黑格尔辩证法的读者来说是非常头痛的。恩格斯对这一点非常清楚，他在1867年6月16日读了《资本论》第一卷这一章的清样时，致信马克思："庸人确实不习惯于这种抽象思维，而且一定不会为价值形式去伤脑筋。至多可以把这里用辩证法获得的东西，从历史上稍微详细地加以证实……和以前的论述比较起来，在辩证发展的明确性上，前进了一大步……谁能辩证地思维，谁就能理解它。"③ 可见，序言中的"抽象力"除了理解为抽象思维的能力或辩证思维的能力即辩证法外不可能有其他的理解，这一理解也同马克思的前后论述的口径相一致。

又如，马克思《资本论》第一卷法文版序言中写道："我所使用的分析方法至今还没有人在经济问题上运用过，这就使前几章读起来相当困难。"④ 这里所说的"分析方法"并非与综合方法相对立的分析方式，同样应理解为辩证分析方法即辩证方法。

再如，马克思于1873年写的《跋》也是一篇极为重要的《资本论》方法论文献。这篇跋有四点值得注意：一是突出说明了唯物史观是辩证方法的唯物主义基础；二是指出研究方法和叙述方法在形式上不同，但在实质上仍然都要运用辩证方法；三是再次明确他的辩证方法与黑格尔辩证方法

①《马克思恩格斯全集》第23卷，北京：人民出版社，1979年，第8页。

②《马克思恩格斯全集》第23卷，北京：人民出版社，1979年，第24页。

③《马克思恩格斯〈资本论〉书信集》，北京：人民出版社，1976年，第213—214页。

④《马克思恩格斯全集》第23卷，北京：人民出版社，1979年，第26页。

的区别与联系；四是概括了辩证法的精髓和本质。

把《跋》和马克思 1858 年 1 月 14 日给恩格斯的信相比较，可以看出，尽管前者在具体说明和细节上有很大发展，但总的提法和框架还是不变的，所以它们属于《资本论》方法论形成史的同一阶段。

从以上粗线条的勾画中，我们可以清楚地看到，《资本论》的方法论有一个从不成熟到成熟、从简单到系统的发展过程，其最终形态是以唯物史观为基础的辩证法范畴和规律的体系。这一方法论体系和《资本论》本身一样，也是博大精深的，到目前为止，人们对它的研究还远远不够。因此，那种固执地把一二种具体方法宣布为《资本论》的基本方法或主要方法的做法不仅不符合马克思的原意，而且在客观上起了一种阻碍自己深入探究的作用。所以，要把《资本论》方法论的研究不断推向前进，首先要破除那种孤立静止片面地看待《资本论》方法论的成见，从纵的（《资本论》方法论的历史演变）和横的（马克思在《资本论》各卷、篇、章中对辩证方法的实际应用）两个方面全面加以考察。当然，这需要我们付出非常艰苦的努力。

（原载于《当代经济学研究》1992 年第 21 期）

《资本论》方法之我见

自从1867年《资本论》第一卷出版以后，人们就很关注《资本论》中所应用的方法，短短几年，就已发表了“各种互相矛盾的评论”。马克思在《资本论》第一卷第二版跋中对此做了详细的评析。100多年来，关于《资本论》方法的争论绵延不绝，我国学术界也存在多种歧见。下面笔者扼要介绍国内学术界关于《资本论》方法论的若干观点，并谈谈自己的一些不成熟看法，以就教于学术界方家。

究竟什么是《资本论》的方法？我国学术界大体上有以下几种观点：

一是认为《资本论》的方法是唯物辩证法。中山大学的刘景泉教授早在20世纪60年代初就提出：“如果要概括《资本论》方法的全部内容的话，应当说是唯物辩证法，不能用其他提法来代替它。”[①] 在80年代中期他又继续坚持这一观点：“马克思研究政治经济学的方法，或者说《资本论》的方法，总的来说就是唯物辩证法。《资本论》的辩证法表现是多方面的，是以对立统一规律为核心的异常丰富的方法。”在他看来，把某种具体方法看作“马克思研究政治经济学的方法，明显地犯了以偏概全的错误”[②]。赞同这一观点的还有侯征等人。侯征进一步指出“《资本论》的方法是唯物辩证法，而研究的方法、叙述的方法或从抽象上升到具体的方法和逻辑与历史一致的方法等，不是同唯物辩证法并列的方法或独立的方法，而是唯物

① 刘景泉：《也谈关于〈资本论〉的方法》，《光明日报》，1963年5月31日。

② 刘景泉：《马克思的〈资本论〉与黑格尔的逻辑学》，沈阳：辽宁人民出版社，1986年，第305页。

辩证法在不同方面的贯彻和具体化”。因此，“应该把颠倒了的局部和整体的关系颠倒过来”①。

二是认为《资本论》的方法是辩证唯物主义和历史唯物主义。谢翔不同意把《资本论》的方法说成是唯物辩证法。他指出，“说《资本论》方法是唯物辩证法并不全面，应该把唯物主义历史观的方法包括进去，它的概念才算完整”；《资本论》的方法“应该是历史唯物主义和辩证唯物主义”“这两个方面的统一”，“这两个方面作为马克思方法论体系中两个不同组成部分具有各自不同的特点和作用”。②

三是承认《资本论》方法总体上说是唯物辩证法（或加上唯物史观）的前提下，认为还存在一种主干方法、根本方法、基本方法，或者叫体现政治经济学这一学科特殊性的方法。例如，仇启华就认为“《资本论》的方法包含两个含义：一个是《资本论》的一般方法，即辩证唯物主义和历史唯物主义及其在政治经济学方面的应用——抽象法或逻辑和历史相一致的方法；另一个是《资本论》的特殊方法，即具体体现在《资本论》的理论体系和逻辑结构中的特殊方法。拿列宁的《帝国主义论》与《资本论》方法进行比较，就一般方法来说，两者是一致的；但就其特殊方法来说，两者是不一致的”③。那什么是《资本论》的特殊方法呢？看法也各不相同。大体上分两类：一类是承认只有一种特殊方法。如西南财经大学刘诗白教授指出：“对于以研究资本主义生产关系为对象的《资本论》来说，有其特殊的科学抽象方法。”④ 从60年代初开始，就有人主张《资本论》的基本方法是从抽象上升到具体，在80年代继续强调这一观点的也不乏其人。如：周其仁就认为《资本论》“方法论的灵魂，却是对在思维上再现资本主义生

---

① 侯征：《唯物辩证法是〈资本论〉的根本方法》，《学术月刊》，1981年第5期。

② 谢翔：《〈资本论〉方法形成史初探》，《纪念马克思逝世一百周年论文集》，江西省哲学社会科学研究所，1983年，第199、201页。

③ 仇启华：《用〈资本论〉的方法深入研究现代资本主义经济》，《中州学刊》，1983年第2期。

④ 刘诗白：《论〈资本论〉中的科学抽象法》，《学术月刊》，1983年第2期。

产方式的追求”[1]。马家驹则另辟蹊径，提出《资本论》的基本方法是内在观察的结构分析法。所谓“内在的观察，也就是分析事物的内部结构”，“探索各种经济范畴的内在联系，或者说，资产阶级制度的隐蔽结构”。[2] 他认为正是借助于这一方法，《资本论》才能把资本主义经济作为“辩证地分解了的整体”来认识，从而成为这种经济制度的最完整、最深刻的理论表现。另一类是认为有若干种特殊方法。如田光先生就明确提出：“马克思1857年8月在《〈政治经济学批判〉导言》第三节“政治经济学的方法”中论述了从抽象到具体的方法，同年11月在《政治经济学批判》（1857—1858年草稿）中提出了从一般到特殊、再到个别的方法，1872年在《资本论》第一卷德文第二版第一章中阐明了从形式到内容、又从内容到形式的方法。这三个方法是马克思用来建立《资本论》结构的基本方法……是马克思留给世界无产阶级和人民群众的一项宝贵遗产。”[3]

四是认为《资本论》方法是一个方法系统。这是郑道传和张晓金的观点。《资本论》方法系统的概念包括两方面的含义：“第一，《资本论》的方法不是单独的、独立的一个方法，而是有一个方法群”；“第二，《资本论》中的各个方法不是互相独立或孤立、互不相关、互相割裂，而是互相联系、相互依赖，为了完成共同目标而组成的有机整体”。《资本论》方法系统分为三个层次：第一层次是哲学方法，它包括唯物辩证法的方法和历史唯物论的方法；第二层次是一般科学方法，如数学方法、系统方法、逻辑方法等；第三层次是专属于经济学的特殊方法。总之，“《资本论》的方法是一个系统，是一个包括三个大层次的若干个方法子系统的方法大系统，在这种新的广阔的视野里考察《资本论》方法，将开拓这一专门研究的新的广阔的领域”。[4]

---

① 周其仁：《从抽象到具体的方法及其在〈资本论〉中的应用》，《经济科学》，1980年第2期。
② 马家驹：《论〈资本论〉的方法》，《〈资本论〉研究》第1集，北京：中国社会科学出版社，第139页。
③ 田光：《马克思建立〈资本论〉结构的三个基本方法》，《学术月刊》，1981年第10期。
④ 郑道传，张晓金：《〈资本论〉方法论研究》，厦门：厦门大学出版社，1988年，第26—44页。

以上所述的四种观点，我们认为都有一定的道理，有其可取之处，但又有某些不足。第一种观点认为《资本论》方法是唯物辩证法，立论无疑是正确的，也有充分的根据，因为马克思多次说过他所应用的方法是辩证的方法，即唯物辩证法。缺点在于过于笼统，不够具体。第二种观点考虑到历史唯物主义，这是对的，但把它与辩证唯物主义并列，显然是受到了现行哲学教科书的影响。马克思本人并没有这样提过，在恩格斯著作中也找不到有力的佐证。第三种观点力图克服前述两种观点的缺陷，除了肯定唯物辩证法（或加上历史唯物主义）这个总的一般方法外，还提出一种或几种专属于政治经济学的特殊方法、主干方法、基本方法等。这种探索是很有价值的，但也存在如下问题：其一，对什么是特殊方法、主干方法、基本方法各执一词，各种看法相互矛盾。其二，有舍本逐末的倾向。在实际的研究中，由于过分强调所谓主干方法或基本方法，这就使作为前提的唯物辩证法没有受到足够的重视。沿着这条道路走下去，《资本论》方法论的研究只能是越走越窄。在相当长的一段时间里，学术界有关《资本论》方法的争论大多集中在为数不多的几种方法上，是与这一观点有关的。其三，这一观点也不符合马克思的原意。例如：内在观察的结构分析方法，马克思就没有提过。有的方法马克思虽然也有提到，但应该看到，马克思的看法也不是一成不变的，也是在变化发展中，我们应该用动态的、历史的观点去理解和把握。这一点恰恰被有的研究者忽视了，结果造成了前一个马克思和后一个马克思的不同与对立。比如从抽象上升到具体的方法，这是马克思在1857年8月下旬写的《〈政治经济学批判〉导言》中提出来的，他认为这一方法“显然是科学上正确的方法”。但过了2个月，他在重新浏览了黑格尔的《逻辑学》后，在创作《资本论》第一稿时，看法有了改变，即不再把政治经济学的方法单纯局限于从抽象上升到具体的方法，而是径直称为“辩证方法”。恩格斯对《资本论》方法的评价，也从不概括为从抽象上升到具体的方法，而是和马克思一样称为“辩证法”。当然，这并不是说从抽象上升到具体的方法有什么不对，只是说，它仅仅是《资本论》方法论的一个组成部分，不能以它来取代辩证法。

第四种观点把《资本论》的方法看作一个系统，并且区分了层次，这在《资本论》方法论的研究上大大前进了一步。《资本论》方法论是一座宝库，是马克思留给后人的十分丰富而又极为珍贵的思想遗产。因此，用一种或者几种特殊的方法是无法概括或包容尽它的。把《资本论》方法作为一个系统来看待，就会大大拓宽人们的研究空间；而层次的区分又使《资本论》的诸多方法不像一团乱麻一样，而是有主有从，联系有序。但是，我们认为，这一观点又存在如下缺陷：其一，把唯物辩证法作为《资本论》方法系统的一个层次，而不是作为总的系统来看待，根据是不足的。其二，对方法层次的区分不够严密。比如第二层次中的逻辑方法，难道不也是哲学方法吗？至于把系统方法作为一般科学方法，实际上这是现代的提法，在马克思时代是不可能有这种提法的。又比如第三层次界定为具体的经济学方法，究竟是哪一些，语焉不详。总之，这一观点会给人一种错觉，那就是似乎《资本论》方法是一个大筐，什么东西都可以往里装。

我们的观点是：《资本论》方法是一个以唯物史观为核心的辩证法体系。这一观点是笔者多年来深入研究的结果，但也从学术界的前辈和同行的研究中得到了许多启示和帮助。例如，著名的《资本论》研究专家王亚南先生早在60年代初就说过："所有在经济学研究上分别处理不同问题对象所应用的这些方式方法，其中也还包括形式逻辑上的归纳法与演绎法，都是从属于辩证方法，而构成马克思主义经济学的辩证方法论体系……马克思批判了资产阶级经济学，成功地建立起他自己的经济学，就是因为他一开始就掌握并运用了这个辩证的方法论体系。"① 当时，王亚南先生的这一真知灼见并未引起人们的注意。到了80年代初，系统方法作为一种一般科学研究的方法介绍到我国理论界，人们开始认识到，不能孤立片面地理

① 王亚南：《〈资本论〉研究》，上海：上海人民出版社，1973年，第32—33页。

解《资本论》的方法，而应该把它看成一个系统；以前研究者所提出的诸种方法都是马克思为分析纷繁复杂的资本主义社会生产方式所必须运用的辩证方法，都是《资本论》中的辩证法的具体表现。笔者认为，这种认识标志着《资本论》方法论研究跃升到一个新的、更高的阶段，为进一步研究指明了前进的方向。

我们认为，《资本论》方法作为一个辩证法体系，包含以下四个层次：

第一层次是唯物史观。唯物史观和剩余价值学说是马克思一生中两项最重大的发现。马克思把唯物史观看作是用于指导他的“研究工作的总的结果”①，是《资本论》所应用“方法的唯物主义基础”②。马克思在为出版他的主要经济学著作《政治经济学批判》所定的序言中，用相当篇幅专门论述了唯物史观的基本原理，这是意味深长的。恩格斯在评论马克思《政治经济学批判》第一分册时，也强调马克思所创立的政治经济学“本质上是建立在唯物主义历史观的基础上”，认为唯物史观的原理“不仅对于经济学，而且对于一切历史科学”都“具有革命意义”。③ 唯物史观是《资本论》方法论的核心和基石，是《资本论》方法区别于黑格尔唯心辩证法和其他资产阶级经济学方法论的根本所在。

第二层次是辩证方法，由客观辩证法和主观辩证法两大部分组成。列宁曾指出“黑格尔逻辑学的总结和概要、最高成就和实质，就是辩证的方法”④。《逻辑学》包括有（存在）论、本质论、概念论三大篇，黑格尔把前两篇叫作客观逻辑，后一篇叫作主观逻辑。客观逻辑是揭示客观世界运动的规律和范畴，主观逻辑是揭示主观世界运动的规律和范畴。当然，黑格尔的逻辑学是建立在绝对精神主宰一切的唯心主义基础上的，不过这一分法是有其可取之处的。恩格斯接受了黑格尔对逻辑学即辩证法的这一划

①《马克思恩格斯全集》第23卷，北京：人民出版社，1972年，第20页。

②《马克思恩格斯全集》第13卷，北京：人民出版社，1965年，第8页。

③《马克思恩格斯全集》第13卷，北京：人民出版社，1965年，第26页。

④《列宁全集》第38卷，北京：人民出版社，1959年，第253页。

分法，但做了唯物主义的改造。他在《自然辩证法》一书中写道："所谓客观的辩证法是支配整个自然界的。而所谓主观的辩证法即辩证的思维，不过是自然界中到处盛行的对立中的运动的反映而已。"① 后者主要指"辩证逻辑和认识论"②。这一层次的辩证方法是马克思批判地改造黑格尔唯心辩证法的结果。马克思在1858年1月14日写给恩格斯的信中明确指出，他在开始写作《资本论》第一稿时，"又把黑格尔的《逻辑学》浏览了一遍，这在材料加工的方法上帮了我很大的忙"③。恩格斯在关于马克思《政治经济学批判》的书评中，也明确指出，黑格尔的逻辑学"是一切现有的逻辑材料中至少可以加以利用的唯一材料"，但是应当"做一番透彻的批判"，而"马克思过去和现在都是唯一能够担当起这样一件工作的人，这就是从黑格尔逻辑学中把包含着黑格尔在这方面的真正发现的内核剥出来，使辩证方法摆脱它的唯心主义的外壳并把辩证方法在使它成为唯一正确的思想发展方式的简单形式上建立起来"。④ 这一层次的辩证方法是相当丰富的，它既包含客观辩证法的一系列规律和范畴（远远不止于现行哲学教科书上所列举的那些规律和范畴），也包含主观辩证法的一系列规律和范畴，如从抽象上升到具体、逻辑和历史的一致等。这一层次的辩证方法是《资本论》方法的主体，我们迄今为止对它的认识还仅仅是初步的，还有待于进一步的发掘。

第三层次是形式逻辑方法和数学方法。《资本论》是从动态上把握资本主义生产方式产生和发展的历史过程，揭示它的内在规律性，因此它主要运用的是"对每一种既成的形式都是从不断的运动中，因而也是从它的暂时性方面去理解"⑤ 的辩证法，但这并不排除在《资本论》的叙述过程中，

---

①《马克思恩格斯选集》第3卷，北京：人民出版社，1972年，第354页。
②《马克思恩格斯选集》第3卷，北京：人民出版社，1972年，第544页。
③《马克思恩格斯〈资本论〉书信集》，北京：人民出版社，1976年，第121页。
④《马克思恩格斯全集》第13卷，北京：人民出版社，1965年，第531—532页。
⑤《马克思恩格斯全集》第23卷，北京：人民出版社，1972年，第24页。

也要遵守一定的思维规则，应用形式逻辑的基本原理。例如：马克思在《资本论》第一卷第六篇为了论证劳动没有价值，劳动不是商品，就应用了形式逻辑的方法，指出论战对方犯了循环论证、偷换论题等逻辑错误。①

马克思十分重视数学方法在政治经济学研究中的应用。他曾说过："一种科学只有在成功地运用数学时，才算达到了真正完善的地步。"从19世纪50年代开始，他在研究政治经济学的同时，也努力钻研数学，在此后的几十年间写下了许多读书笔记和研究手稿，其中对微积分，特别是对微分学的发展过程、微分运算的辩证本质等都有独到的发现。在《资本论》中，马克思对各个经济范畴既注意定性分析，又注意定量分析。在定量分析中，他运用了各种数学方法，如模型法、图表法、公式法等，还进行了大量的数学计算。恩格斯在整理《资本论》第三卷的手稿时，因为数学计算太多，又很复杂，就特别邀请《资本论》英译本译者、数学家赛米尔·穆尔来协助整理这一部分笔记。长期以来人们忽视《资本论》中数学方法的应用，于是有人认为《资本论》中只有定性分析，没有定量分析。这实在是一个误解。令我们感到欣喜的是，著名的《资本论》研究专家张薰华教授于1993年出版了专著《〈资本论〉中的数量分析》，这是研究数学方法在《资本论》中应用的一部力作，不仅填补了国内研究的空白，而且有力地驳斥了那种《资本论》中只有定性分析没有定量分析的错误见解。

第四层次是具体科学，特别是自然科学中的研究方法，马克思把它们移植到政治经济学中来了。例如：自然科学研究中经常采用理想化方法，这一方法要求在科学思维中，做到完全排除次要因素的干扰，使研究条件达到理想化的程度，以便抓住事物及其变化的规律和本质。如物理学研究中只有一定质量而没有任何形状与大小的"质点"，在地球大气层中不考虑空气阻力的"自由落体运动"、化学研究中溶质与溶剂混合时既不吸热也不放热的"理想溶液"等。马克思在《资本论》第一卷第一版序言中指出：

① 李建平：《〈资本论〉辩证法探索》上册，福州：福建人民出版社，1986年，第268—274页。

“物理学家是在自然过程表现得最确实、最少受干扰的地方考察自然过程的，或者，如有可能，是在保证过程以其纯粹形态进行的条件下从事实验的。”① 马克思把这一方法移植到政治经济学研究中，表现之一就是选择英国作为他研究资本主义生产方式的“典型地点”，“在理论阐述上主要用英国作为例证”，从而英国成了资产阶级生产方式的“理想国家”。此外，《资本论》中广泛应用的抽象法，实际上就是一种理想化方法。马克思在《资本论》中还把商品的价值形式比喻为资本主义社会经济的“细胞形式”，也就是把生物学中细胞分析的方法移植到政治经济学中，把资产阶级社会看成是一个有机体，对这个社会的解剖应该从它的经济细胞形式开始。由于马克思密切注视各门具体科学，特别是自然科学的最新研究进展，并把它们所创造出来的最新研究方法及时“引进”到政治经济学中来，这就使《资本论》的方法更加丰富，更加富有时代气息。

以上所述四个层次的方法中，唯物史观是核心、是灵魂，辩证方法是主体，它们和第三、四层次的方法一起构成了《资本论》方法的有机整体。完整地说，这一方法整体叫作以唯物史观为核心的辩证法体系；简要地说，叫作唯物辩证法体系。这里所说的“唯物”，就是指作为整个方法论基础的唯物史观；这里所说的“体系”，就是指《资本论》方法具有多个层次，包含以辩证法为主体的十分丰富的内容。在明确了以上两种含义后，也可以更简要地把《资本论》方法称为“辩证法”。马克思和恩格斯多次提到《资本论》方法是“辩证方法”或“辩证法”，我们认为就是潜在地包含了以上两层意思。因此，对《资本论》方法的理解要力求深入、全面和正确。

（原载于《东南学术》1998 年第 6 期，另外三位作者为张华荣、黄瑾、王知桂）

①《马克思恩格斯全集》第 23 卷，北京：人民出版社，1972 年，第 8 页。

掌握《资本论》方法，正确理解劳动价值论

深化对劳动和劳动价值论的研究和认识，应该做好两个方面的工作：一个方面是要像邓小平在讲到研究毛泽东思想时所多次强调的那样，要“完整地准确地理解”，不能断章取义，更不能随意曲解；另一个方面则要结合新的实际，对劳动价值论加以发展。在这两个方面工作中，前一方面工作是前提，前提没有搞好，不仅会损害马克思主义“政治经济学的整个基础”①，而且也使后一方面工作失去了依据和方向。笔者认为，在近年来出版的关于马克思劳动价值论的论著中，有一些与“完整地准确地理解”尚有很大的距离。下面对一些观点试作粗浅分析。有一本著名大学出版社出版的著作在批评劳动价值论的偏颇时，认为马克思未能正确理解价值和价格这两个范畴在历史上和理论上的关系。按照作者的观点，在商品经济和市场经济条件下，价格始终是一个本质的事实和唯一的存在，而价值不过是价格中的一种形式，即长期价格水准；只有从价格的存在和变动去探求和说明价值，而不是相反；价格决定比价值决定层次更高，更带普遍性，价值决定原理理应从属于价格的决定法则。笔者认为，从中可以看出，作者在对《资本论》方法的理解上存在三个偏差：

一是不了解现象与本质的辩证关系。唯物辩证法认为，世界上任何一

①《马克思恩格斯全集》第26卷（Ⅱ），北京：人民出版社，1973年，第264页。

个事物，都具有本质和现象两个方面。事物的本质是由本身所固有的特殊矛盾所决定的，而现象则是事物的外部联系和表面特征，是事物的外在表现。尽管事物的本质隐藏于事物的内部，是看不见摸不着的东西，只有靠理性思维才能把握，但却是客观存在的东西。马克思明确指出，价值是价格的本质，价格是价值的货币表现。他说："价格是物化在商品内的劳动的货币名称。""物的名称对物的本性来说完全是外在的。即使我知道一个人的名字叫雅各，我对他还是一点不了解。同样，在镑、塔勒、法郎、杜卡特等货币名称上，价值关系的任何痕迹都消失了。"① 尽管在价格表面上找不到价值关系的任何痕迹，但是科学研究的任务，就在于透过纷繁复杂的表面现象，揭示其内在本质。马克思说过："如果事物的表现形式和事物的本质会直接合而为一，一切科学就都成为多余的了。"② 如果把价格作为本质的事实和唯一的存在，那么：第一，不懂得本质这一概念的含义，价格作为一种看得见摸得着的外在形态，只能是现象，不可能是本质；第二，把价值合并到价格，这一唯一的存在也就从根本上取消了价值这一本质，这不仅是对劳动价值论进行釜底抽薪，也违背了唯物辩证法的基本常识；第三，经济科学研究的任务就成为多余的了。

二是不了解研究方法和叙述方法的关系。在《资本论》中，马克思虽然先论述价值，以后才论述价格，但这并不表明，马克思在研究价值前，没有进行过价格研究。恰恰相反，马克思在写作《资本论》之前和过程中，收集了大量有关货币和商品价格的历史和现实的材料，做了深入的研究："从表象中的具体达到越来越稀薄的抽象，直到我达到一些最简单的规定。于是行程又得从那里回过头来……" 从抽象的简单的价值规定，再逐步达到价格这一"具有许多规定和关系的丰富的总体"③。前一行程属于研究过

①《马克思恩格斯全集》第 23 卷，北京：人民出版社，1972 年，第 119 页。

②《马克思恩格斯全集》第 25 卷，北京：人民出版社，1974 年，第 923 页。

③《马克思恩格斯全集》第 46 卷上册，北京：人民出版社，1979 年，第 38 页。

程，后一行程属于叙述过程，它们所采用的方法是有区别的。马克思说："在形式上，叙述方法与研究方法不同。研究必须充分地占有材料，分析它的各种发展形式，探寻这些形式的内在联系。只有这项工作完成以后，现实的运动才能适当地叙述出来。这点一旦做到，材料的生命一旦观念地反映出来，呈现在我们面前的就好像是一个先验的结构了。"① 上述观点作者指责马克思没有从价格的存在和变动去探求和说明价值，说明他对马克思在"价格的存在和变动"方面做过的大量研究视而不见，并且把《资本论》研究方法和叙述方法混为一谈了。

三是不了解抽象上升到具体的辩证方法。马克思在《〈政治经济学批判〉导言》第三节"政治经济学方法"中明确指出，作为构建政治经济学理论体系的方法，"抽象的规定在思维行程中导致具体的再现"，"显然是科学上正确的方法"。② 商品及其价值作为《资本论》的逻辑起点，是一个很抽象的范畴，但"正是由于它们的抽象而适用于一切时代"③，即不仅适用于前资本主义社会的简单商品生产，而且也适用于资本主义社会的发达商品生产，因此具有很大的普遍性。马克思在《资本论》第三卷中提到的生产价格，是一个较价值具体得多的经济范畴，它的适用性和普遍性比起价值就窄多了，只能在资本主义商品生产发展到一定的阶段才出现。因此，马克思指出："商品按照它们的价值或接近于它们的价值进行的交换，比那种按照它们的生产价格进行的交换，所要求的发展阶段要低得多。而按照它们的生产价格进行的交换，则需要资本主义的发展达到一定的高度。"④ 如果不了解由抽象上升到具体的方法，就会得出价格到处都存在，与人们的生产和生活关系很密切，因而比起价值更具有普遍性和决定性的肤浅结论。

---

①《马克思恩格斯全集》第 23 卷，北京：人民出版社，1972 年，第 23—24 页。

②《马克思恩格斯全集》第 46 卷上册，北京：人民出版社，1979 年，第 38 页。

③《马克思恩格斯全集》第 46 卷上册，北京：人民出版社，1979 年，第 43 页。

④ 马克思：《资本论》第 3 卷，北京：人民出版社，1975 年，第 197—198 页。

在前面提到的那本著作中，作者认为马克思的劳动价值论之所以存在“局限性”，就是因为它的“适用范围仅限于实物交换的场合”。笔者认为，该作者之所以做此断言，是因为他不了解马克思在《资本论》第一卷开篇分析商品时所应用的逻辑与历史相一致的辩证方法所造成的。

逻辑与历史相一致是马克思取之于黑格尔又加以批判改造，并应用于《资本论》的一种辩证方法。1859 年当马克思的《政治经济学批判》第一分册（马克思称该书是《资本论》第一卷的初篇）出版后，恩格斯写了一篇著名的书评。在书评中，恩格斯针对马克思“从商品开始”的分析，写道：“历史从哪里开始，思想进程也应当从哪里开始……我们采用这种方法，是从历史上和实际上摆在我们面前的、最初的和最简单的经济关系出发，因而在这里是从我们所遇到的最初的经济关系出发。我们就来分析这种关系。……因为我们这里考察的不是只在我们头脑中发生的抽象的思想过程，而是在某个时期确实发生过或者还在发生的现实过程，因此这些矛盾也是在实际中发展着的，并且可能已经得到了解决。”① 恩格斯的这段话包含两层意思：第一层意思是，作为《资本论》逻辑分析起点的商品是同商品生产历史的起点相一致的；后者决定前者，前者是后者的理论抽象。这样就同黑格尔的历史无非是绝对的规定和理念的实现的唯心主义观点彻底区别开来了。第二层意思是，作为《资本论》逻辑分析起点的商品，不仅同人类社会商品生产的历史起点相一致，而且还同资本主义社会商品生产的历史起点相一致。恩格斯所说的“从历史上……最初的和最简单的关系出发以及在某个时候确实发生过”的过程，指的就是人类社会商品生产史；而“从实际上摆在我们面前的、最初的和最简单的关系出发”以及“还在发生的现实过程”，指的就是资本主义商品生产史。

正因为作为《资本论》逻辑起点的商品同两种商品生产的历史起点相一致，所以在《资本论》第一卷的开篇中，就同时存在有关两种商品生产

①《马克思恩格斯选集》第 2 卷，北京：人民出版社，1995 年，第 122—123 页。

的论述。关于人类商品生产的历史起点，马克思在第一章谈到商品的最简单价值形式时指出：“很明显，这种形式实际上只是在最初交换阶段，也就是劳动产品通过偶然的、间或的交换而转化为商品的阶段才出现。”① 在第二章“交换过程”中，又进一步指出，商品交换关系在原始共同体的成员之间并不存在，“商品交换是在共同体的尽头，在它仍与别的共同体或其成员接触的地方开始的。但是，物一旦对外成为商品，由于反作用，它们在共同体内部也成为商品。”② 关于资本主义社会商品生产的历史起点，马克思的论述就更多了。《资本论》第一卷第一章第一节第一段就是：“资本主义生产方式占统治地位的社会的财富，表现为‘庞大的商品堆积’，单个的商品表现为这种财富的元素形式。因此，我们的研究就从分析商品开始。”③ 马克思曾明确指出：“我们现在从作为资本主义生产的基础和前提的商品——产品的这个特殊的社会形式出发。”④ “货币和商品是我们考察资产阶级经济时必须作为出发点的前提。对资本的进一步考察将表明，事实上只有在资本主义生产的表面上，商品才表现为财富的元素形式。”⑤ 限于篇幅，这里就不一一列举了。

作为《资本论》逻辑起点的商品与两种商品生产的历史起点相一致，会不会自相矛盾呢？不会的。因为其中后一个一致是主要的、基本的。虽然在开篇中马克思暂时舍象资本的关系，从商品的纯粹形态上来考察，但这不意味着它不是资本主义的商品。马克思说，“在研究经济范畴的发展时……应当时刻把握住：无论在现实中或在头脑中，主体——这里是现代资产阶级社会——都是既定的；因而范畴表现为这个一定社会即这个主体

①《马克思恩格斯全集》第23卷，北京：人民出版社，1972年，第82页。

② 马克思：《资本论》第1卷，北京：人民出版社，1975年，第106页。

③《马克思恩格斯全集》第23卷，北京：人民出版社，1972年，第47页。

④《马克思恩格斯全集》第26卷（Ⅲ），北京：人民出版社，1974年，第119页。

⑤《马克思恩格斯全集》第32卷，北京：人民出版社，2001年，第76页。

的存在形式、存在规定、常常只是个别的侧面”①。《资本论》开篇的商品也就是资产阶级社会这个主体的“存在形式、存在规定”和“个别的侧面”，这是我们“应当时刻把握住”的。但是，资本主义商品生产的产生和发展也以浓缩的形式再现了人类社会商品生产的产生和发展，正如现代社会个人意识的产生和发展是人类意识的产生和发展的缩影一样。因此，作为《资本论》逻辑起点的商品在与资本主义商品生产的历史起点相一致的同时，自然也与人类社会商品生产历史的起点相一致了。认为劳动价值论适用范围仅限于实物交换场合的作者，只看到《资本论》开篇有一些关于人类社会商品生产历史起点的论述，未能把握马克思所应用的科学方法，就轻率地做出了不符合《资本论》原意的结论。这进一步说明，在理解马克思的劳动价值论时，掌握《资本论》所应用的辩证方法，是多么重要。正如列宁所指出的：“不钻研和不理解黑格尔的全部逻辑学，就不能完全理解马克思的《资本论》，特别是它的第一章。”②

有一种流行的观点认为，马克思的劳动价值论主要体现在《资本论》第一卷第一章中。上面提到的那本书的作者，也认为马克思对其劳动价值论的最完整最系统的论述是在《资本论》第一卷第一篇第一章做出的，为此他将劳动价值论的内容概括为三点，即商品二重性学说、劳动二重性学说、价值形式学说。笔者认为，对劳动价值论的这种界定，显得太简单、太片面了些，这里也涉及对《资本论》在阐述劳动价值论时所应用方法的理解问题。依笔者拙见，马克思的“最完整最系统的”劳动价值理论应该包含以下三个方面或三个层次的内容。一是马克思对资产阶级古典政治经济学劳动价值理论的肯定、继承和批判、改造。以亚当·斯密和大卫·李嘉图为代表的资产阶级古典政治经济学“奠定了劳动价值论的基础”，并以此为武器阐明了资本主义社会的一些重大经济问题，但由于时代和阶级的

①《马克思恩格斯全集》第46卷上册，北京：人民出版社，1979年，第44页。

② 列宁：《哲学笔记》，北京：人民出版社，1993年，第151页。

局限，他们不能“从这个基础出发……去揭示这个基础本身的发展”①，最终导致理论体系的破产。马克思在从事政治经济学的研究中，非常重视采用批判的方法，摒弃前人研究成果中的非科学成分，吸取其中的合理内核，并结合新的实际，发展和超越前人的理论。这种批判的方法，在哲学上称之为“扬弃”。马克思认为，在黑格尔哲学中，“把否定和保存即肯定结合起来的扬弃起着一种独特的作用”②。同样我们也可以说，在马克思经济学著作中，“批判”起着一种独特的作用。马克思1857—1858年创作的经济学手稿（后人称为《资本论》第一稿），名称就是政治经济学批判。1867年正式出版经济学巨著第一卷时虽然改用《资本论》这一书名，但副标题仍然是“政治经济学批判”。这说明，马克思包括劳动价值论在内的许多重大经济理论，都是在批判资产阶级古典政治经济学的过程中创立起来的，不了解这一点，就无从区分马克思的劳动价值论和资产阶级古典政治经济学劳动价值论的联系和区别，就不能真正了解马克思创立科学的劳动价值论的伟大意义。以生产商品的劳动二重性为例。马克思指出：“古典政治经济学在任何地方也没有明确地和十分有意识地把体现为价值的劳动同体现为产品使用价值的劳动区分开。当然，古典政治经济学事实上是这样区分的，因为它有时从量的方面，有时从质的方面来考察劳动。但是，它从来没有意识到，劳动的纯粹的量的差别是以它们的质的统一或等同为前提的，因而是以它们化为抽象人类劳动为前提的。”③“商品中包含的劳动的这种二重性，是首先由我批判地证明了的。”④ 马克思对资产阶级古典政治经济学劳动价值论所做的“批判地证明”，应理所当然地成为马克思劳动价值论的重要组成部分。

二是关于劳动价值论最简单、最抽象、最一般的规定。马克思在《资

---

①《马克思恩格斯全集》第26卷（Ⅱ），北京：人民出版社，1973年，第164页。

② 马克思：《1844年经济学哲学手稿》，北京：人民出版社，2000年，第140页。

③《马克思恩格斯全集》第23卷，北京：人民出版社，1972年，第97页。

④ 马克思：《资本论》第1卷，北京：人民出版社，1972年，第55页。

本论》中是采用由抽象上升到具体的叙述方法，因此，在《资本论》第一卷的开篇所论述的劳动价值论都是一些“最简单的规定”“稀薄的抽象”和“最一般的形式”，[①] 正因为简单，所以它所研究的“劳动产品的商品形式，或商品的价值形式”，对资本主义社会来说，“就是经济的细胞形式”。[②]“最简单的经济范畴，如交换价值”，就是“作为一个既定的、具体的、生动的整体的抽象的单方面的关系而存在”[③]。正因为它抽象，所以马克思的论证附有若干假设和前提，一些比较复杂的因素如市场竞争、供求关系等都被暂时舍象了，仅仅从它的“纯粹形态”方面进行考察。正因为它一般，因此似乎可以“适用于一切时代”。但是，这种一般不是普通的一般，而是如同黑格尔所说的“本质的一般”，它是反映资本主义生产关系本质，即“资本处于支配地位的社会形式”[④] 的一般。有的论者把《资本论》开篇的商品交换理解为原始社会末期的实物交换或者前资本主义社会的简单商品交换，就是因为不了解它实际上已是成熟的资本主义商品经济的“本质的一般”。

三是劳动价值论的进一步具体化。这里所说的具体，是“一个具有许多规定和关系的丰富的总体”，“是多样性的统一”。[⑤] 也就是说，随着马克思在《资本论》中论述的一步步深入，劳动价值论也愈益由抽象上升为具体，由简单的一般的规定转化为完整的系统的理论体系。这里举一个例子。新中国成立以来经济学界曾多次讨论“两种含义的社会必要劳动时间”的关系：所谓“第一种含义”的社会必要劳动时间，是指单个商品生产上所耗费的社会必要劳动时间，是马克思在《资本论》第一卷第一章中提出的；所谓“第二种含义”的社会必要劳动时间，是指生产某种符合社会需要的

①《马克思恩格斯全集》第46卷上册，北京：人民出版社，1979年，第38页。
②《马克思恩格斯全集》第23卷，北京：人民出版社，1972年，第8页。
③《马克思恩格斯全集》第46卷上册，北京：人民出版社，1979年，第38页。
④《马克思恩格斯全集》第46卷上册，北京：人民出版社，1979年，第45页。
⑤《马克思恩格斯全集》第46卷上册，北京：人民出版社，1979年，第38页。

商品总量所耗费的社会必要劳动时间，是马克思在《资本论》第三卷第六篇中提出的。有的论者不了解《资本论》所应用的由抽象上升到具体的辩证方法，把这“两种含义的社会必要劳动时间”生硬地对立起来，从而得出马克思劳动价值论缺乏一贯性和彻底性的错误结论。有的文章这样写道：马克思“在建立劳动价值论时，坚决地排斥‘需求决定价值’的观点，而当需要将‘需求’引入理论来解释‘社会生产的比例关系’问题的时候，他实际上已在通过‘第二种含义的社会必要劳动’的概念，又回到‘需求也决定价值’（而不是决定价格）”，由此造成了马克思理论体系内部“一个严重的逻辑上的矛盾”①。笔者认为，只要了解马克思所应用的方法，这里存在的所谓“困惑”就可以得到澄清，所谓“严重的逻辑上的矛盾”也就不复存在。其实，所谓“第一种含义”的社会必要劳动时间属于劳动价值论第二层次的内容，它确实是把供求关系暂时舍象了，但是这并不影响其结论的正确性，就像伽利略在研究自由落体定律时暂时不考虑空气的阻力并不影响其结论的正确性一样。而“第二种含义”的社会必要劳动时间属于劳动价值论第三层次的内容，劳动价值论在由抽象上升到具体的过程中，马克思逐步引入原先被舍象掉的“许多规定和关系”，包括市场竞争、供求关系等，使得由劳动价值论决定的各种经济关系、经济变化与人们每天耳闻目睹的经济现象大体相符合。上述“两种含义的社会必要劳动时间”是后人概括出来的，马克思本人并没有明确提出过。因此，依据从抽象上升到具体的行程，社会必要劳动时间并不一定局限于“两种含义”，还可以有更多种含义。例如，最近有一篇论文，按照马克思的方法，把社会必要劳动时间分为四种：第一种为生产同种商品的同行所要求的社会必要劳动时间；第二种为从社会效益上要求一种行业所耗费的劳动时间，必须符合由社会总劳动分配给该行业的社会必要劳动时间；第三种是从产业结构动态平衡角度要求各行业耗费的社会必要劳动时间，必须是耗费在社会需求总

① 樊纲：《“苏联模式”批判》，《经济研究》，1995 年第 10 期。

量上的社会必要劳动时间；第四种是“世界市场”要求的世界（人类）社会必要劳动时间。[①] 这一看法是很有见地的。它给我们的启发是：不仅社会必要劳动时间可以由抽象到具体逐步展开，劳动价值论的其他方面的抽象规定，如作为逻辑起点的商品、商品的二因素、劳动二重性、价值形式、商品拜物教等也都有一个逐步展开的过程，伴随这一过程，其所包含的内容也不断丰富和趋于具体。

上述劳动价值论三个方面或三个层次的内容是相对独立、有所区别但又相互联系、相互渗透的一个有机整体，第一方面或第一层次的内容是劳动价值论的来源和前提，第二方面或第二层次的内容是劳动价值论的核心和基础，第三方面或第三层次的内容则是劳动价值论的展开和具体化。按照这种理解，劳动价值论的内容就不能仅仅局限在《资本论》第一卷第一章或第一篇中，应该包括《资本论》全四卷和马克思的一系列经济学手稿。只有掌握了马克思的整个政治经济学理论体系，才能真正了解劳动价值论。

（原载于《当代经济研究》2002 年第 1 期）

① 胡培兆：《马克思的劳动价值理论今解》，《经济学动态》，2001 年第 7 期。

论劳动价值理论的两种形态

一、 什么是劳动价值理论的两种形态

长期以来，人们对马克思的劳动价值理论的理解，仅限于《资本论》第一卷第一章的内容，如有的论者就把劳动价值论的内容概括为三点，即商品二因素学说、劳动二重性学说、价值形式学说。笔者认为，这是一种简单化的、片面的、错误的理解。用这种观点来解读《资本论》，就会感到《资本论》存在诸多逻辑矛盾；用它来说明现实，就会觉得解决不了什么问题。

笔者认为，要深化对劳动价值理论的研究，首要的前提是要准确地完整地理解，不能断章取义，更不能随意曲解。根据笔者理解，马克思的劳动价值理论的内容不能仅仅局限在《资本论》第一卷第一章中，应该包括马克思的《政治经济学批判》第一分册（它是《资本论》的初篇）、《资本论》全四卷和一系列的经济学手稿。劳动价值理论的“庐山真面目”，就在于它具有两种形态：第一种形态是劳动价值理论的抽象形态，它的内容主要体现在《政治经济学批判》第一分册和《资本论》第一卷第一篇中，其特点就是所论述的内容都是一些“最简单的规定”“稀薄的抽象”和“最一

般的形式”①。正是因为它“最简单”，所以它研究的“劳动产品的商品形式，或商品的价值形式”，对资本主义社会来说，“就是经济的细胞形式”。②“最简单的经济范畴，如交换价值”，就是“作为一个既定的、具体的、生动的整体的抽象的单方面的关系而存在”③。正因为它“抽象”，所以马克思的论证附有若干假设和前提，一些比较复杂的因素如市场竞争、供求关系等都被暂时舍象了，仅仅从它的“纯粹形态”方面进行考察。正因为它“一般”，因此似乎可以“适用于一切时代”④。它不仅适用于前资本主义简单商品生产，而且适用于资本主义的商品生产，当然也适用于社会主义的商品生产。虽然这一形态的劳动价值理论是抽象的、简单的、一般的，不可能用它来直接解决现实中的经济问题，但它却是马克思整个经济科学大厦的基础，是进一步研究的出发点。马克思在评价大卫·李嘉图时指出：“资产阶级制度的生理学——对这个制度的内在有机联系和生活过程的理解——的基础、出发点，是价值决定于劳动时间这一规定。李嘉图从这一点出发……李嘉图在科学上的巨大历史意义也就在这里。”⑤ 这一段话用来评价马克思第一种形态的劳动价值理论，也是完全适用的。

马克思劳动价值理论的第二种形态为具体形态，它是第一种形态的逐步具体化，其内容主要体现在《资本论》第一卷第二篇至第三卷的第七篇中，也就是通常所说的剩余价值学说。其特点：一是不再从“纯粹形态”方面进行考察，一些原来被舍象的因素如市场竞争、供求关系等逐步进入了研究的视野；二是贴近了资本主义社会的现实的经济生活。马克思在《资本论》第三卷一开头就指出：“在本卷中将要阐明的资本的各种形式，同资本在社会表面上，在各种资本的互相作用中，在竞争中，以及在生产

①《马克思恩格斯全集》第46卷上册，北京：人民出版社，1979年，第38页。

②《马克思恩格斯全集》第23卷，北京：人民出版社，1972年，第8页。

③《马克思恩格斯全集》第46卷上册，北京：人民出版社，1979年，第38页。

④《马克思恩格斯全集》第46卷上册，北京：人民出版社，1979年，第45页。

⑤《马克思恩格斯全集》第26卷（Ⅱ），北京：人民出版社，1973年，第183页。

当事人自己的通常意识中所表现出来的形式，是一步一步地接近了。”① 三是具有鲜明的阶级倾向性。马克思在1860年9月的一封信中指出：“希望在复活节以前能出版第二部分（指《政治经济学批判》第二分册《资本》——引者）……这绝不是出于我内心的要求，而是因为第二部分有直接的革命任务，而且，我在那里所叙述的关系比较具体。”② 马克思把《资本论》的出版看成是“向资产者（包括土地所有者在内）脑袋发射的最厉害的炮弹”③，主要是指劳动价值理论第二种形态的内容。

要准确地完整地理解马克思的劳动价值理论，就应该包括上述两种形态的内容。第一种形态是劳动价值理论的核心和基础，第二种形态是第一种形态的逻辑推演、逐步展开和具体化，两者构成相互联系、不可分割的劳动价值理论的“艺术的整体”④。

二、 劳动价值理论两种形态提出的依据

首先，这一划分符合资本主义商品生产发展的规律。资本主义商品生产经历了从产生、不发展到发展的过程，我们可以把资本主义商品生产的不发展阶段称为初级阶段，把比较发展的阶段称为高级阶段。马克思在《资本论》第一卷第一篇的研究中，“资本”这一概念还没有出现，市场竞争、供求关系等复杂因素也都暂时撇开了，这一“纯粹状态”是与资本主义商品生产的初级阶段大体相适应的。从《资本论》第一卷第二篇开始，货币开始转化为资本，资本成了社会经济生活的主角，与资本有关的各种复杂因素也依次进入马克思研究的视野，这一复杂状态是与资本主义商品生产的高级阶段大体相适应的。马克思在《资本论》及其经济学手稿中多

①《马克思恩格斯全集》第25卷，北京：人民出版社，1974年，第30页。
②《马克思恩格斯〈资本论〉书信集》，北京：人民出版社，1976年，第155页。
③《马克思恩格斯〈资本论〉书信集》，北京：人民出版社，1976年，第209页。
④《马克思恩格斯〈资本论〉书信集》，北京：人民出版社，1976年，第196页。

次讲到这一点，如他在《资本论》第三卷分析生产价格时指出："全部困难是由这样一个事实产生的：商品不只是当作商品来交换，而是当作资本的产品来交换。"① "因此，商品按照它们的价值或接近于它们的价值进行的交换，比那种按照它们的生产价格进行的交换，所要求的发展阶段要低得多。而按照它们的生产价格进行的交换，则需要资本主义的发展达到一定的高度。"② "因此，撇开价格和价格变动受价值规律支配不说，把商品价值看作不仅在理论上，而且在历史上先于生产价格，是完全恰当的。"③ 当时，有的学者对此持有疑问，甚至认为价值规律对资本主义商品生产来说是一种"假说"和"虚构"，对此恩格斯明确指出："这里所涉及的，不仅是纯粹的逻辑过程，而且是历史过程和对这个过程加以说明的思想反映，是对这个过程的内部联系的逻辑研究。"④ 因此，劳动价值论的抽象形态和具体形态，正是对资本主义商品生产历史发展过程的"思想反映"，逻辑和历史是相一致的。

其次，这一划分是马克思总结古典经济学派理论上失误的教训的结果。马克思对资产阶级古典政治经济学，特别是它的代表人物的历史功绩给予了高度的评价，认为他们力图透过竞争的表面现象，探索资本主义经济的内部联系，寻求资本主义的客观经济规律，研究并说明资本主义生产关系的矛盾，因此，他们的学说具有一定的科学性。但是由于时代的、阶级的和个人学识上的局限，他们未能把正确的理论贯彻到底，最终陷入了理论困境，使学派走向解体。以大卫·李嘉图为例。马克思指出："他十分清楚地做出了商品价值决定于劳动时间这一规定，并且指出，这个规律也支配着似乎同它矛盾最大的资产阶级生产关系。李嘉图的研究只限于价值量，在这方面他至少推测到这个规律的实现有赖于一定的历史前提……实际上，

---

①《马克思恩格斯全集》第25卷，北京：人民出版社，1974年，第196页。

②《马克思恩格斯全集》第25卷，北京：人民出版社，1974年，第197—198页。

③《马克思恩格斯全集》第25卷，北京：人民出版社，1974年，第198页。

④《马克思恩格斯全集》第25卷，北京：人民出版社，1974年，第1013页。

这不过是说，价值规律的充分发展，要以大工业生产和自由竞争的社会，即现代资产阶级社会为前提。"① 从阶级局限方面说，大卫·李嘉图"把劳动的资产阶级形式看成是社会劳动的永恒的自然形式。他让原始的渔夫和原始的猎人一下子就以商品所有者的身份，按照物化在鱼和野味的交换价值中的劳动时间的比例交换鱼和野味。"② 从大卫·李嘉图著作本身来看，在头两章中，大卫·李嘉图就"把发展了的资产阶级生产关系，因而也把被阐明的政治经济学范畴，同它们的原则即价值规定对质，查清它们同这个原则直接适合到什么程度，或者说，查清它们给商品的价值关系造成的表面偏差究竟是什么情况"③。这一方法具有它的"历史合理性"，"它在政治经济学史上的科学必然性，同时也可以看出它在科学上的不完备性，这种不完备性不仅表现在叙述的方式上（形式方面），而且导致错误的结论，因为这种方法跳过必要的中介环节，企图直接证明各种经济范畴相互一致"。④ 这样做的结果，只能使理论研究进入了死胡同。马克思指出："怎样单纯从商品的价值规定得出商品所包含的剩余价值、利润，甚至一般利润率——这一点对李嘉图来说仍然是一个秘密……他预先就把利润率当作规律来假定。我们看到，如果说人们责备李嘉图过于抽象，那么相反的责备倒是公正的，这就是：他缺乏抽象力，他在考察商品价值时无法忘掉利润这个从竞争领域来到他面前的事实。因为李嘉图不是从价值规定本身出发来阐述费用价格和价值的差别，而是承认那些与劳动时间无关的影响决定'价值'本身……并且有时使价值规律失效，所以他的反对者如马尔萨斯之流就抓住这一点攻击他的全部价值理论……认为价值决定于劳动时间这一规定不再适用于'文明'时代了。"⑤ 从马克思的论述中可以看出，大卫·

①《马克思恩格斯全集》第13卷，北京：人民出版社，1962年，第50页。

②《马克思恩格斯全集》第13卷，北京：人民出版社，1962年，第50页。

③《马克思恩格斯全集》第26卷（Ⅱ），北京：人民出版社，1973年，第186页。

④《马克思恩格斯全集》第26卷（Ⅱ），北京：人民出版社，1973年，第181页。

⑤《马克思恩格斯全集》第26卷（Ⅱ），北京：人民出版社，1973年，第211页。

李嘉图的理论失误在于运用抽象的价值规定原理分析资本主义经济时，没有分两步走，而是企图毕其功于一役，把劳动价值理论的抽象形态和具体形态搅和在一起，最终没办法走出困境。

最后，这一划分体现了马克思在《资本论》中所运用的由抽象上升到具体的辩证方法。早在1857年的《〈政治经济学批判〉导言》中，马克思就指出，政治经济学的叙述方法有两种可供选择：一种是从实在和具体开始，从现实的前提开始，如从人口、民族、国家等分析开始；另一种是从一些有决定意义的抽象的一般关系，如价值、货币等分析开始。马克思认为，第一种方法是资产阶级古典经济学在它产生时期在历史上走过的道路，事实证明这一方法有其历史合理性，但也存在明显缺陷。而从抽象上升到具体的方法，“显然是科学上正确的方法。具体之所以具体，因为它是许多规定的综合，因而是多样性的统一。因此它在思维中表现为综合的过程，表现为结果，而不是表现为起点，虽然它是实际的起点，因而也是直观和表象的起点……从抽象上升到具体的方法，只是思维用来掌握具体并把它当作一个精神上的具体再现出来的方法”①。在1859年出版的《政治经济学批判》第一分册中，马克思在详尽论述了劳动价值理论抽象形态的一系列规定后，遵循由抽象上升到具体的方法，把李嘉图学派遇到的四大难题，拟放在以后的具体分析中逐步加以解决。例如：已知劳动力时间是交换价值的内在尺度，试以此为基础论证工资。雇佣劳动学说将答复这个问题。为什么在纯粹由劳动时间决定的交换价值的基础上进行的生产，结果竟会使劳动的交换价值小于这个劳动的产品的交换价值？这个问题在研究资本时解决。一种与交换价值不同的市场价格是如何在交换价值的基础上发展起来的，或者更正确地说，交换价值规律如何只是在自己的对立物中实现的？这个问题在竞争学说中解决。如果交换价值不过是一个商品所包含的劳动时间，那么，不包含劳动时间的商品怎么会有交换价值呢？换句话说，

①《马克思恩格斯全集》第46卷上册，北京：人民出版社，1979年，第38页。

纯粹的自然力的交换价值是从哪里来的？这个问题将在地租学说中解决。[①] 在《资本论》中，马克思按照从抽象上升到具体的方法，以劳动价值理论的抽象形态为基础和出发点，在第一卷第二篇至第三卷的各篇章中，通过一系列中介环节，逐步解决了使李嘉图学派解体的若干难题，揭开了许多悬而未决的历史谜团，实现了政治经济学的根本变革。马克思曾批评庸人和庸俗经济学家看问题的错误方法，并说明《资本论》中运用由抽象上升到具体的辩证方法的好处。他在给恩格斯的一封信中写道："由于反映在他们头脑里的始终只是各种关系的直接的表现形式，而不是它们的内在联系。情况如果真像后面说的这样，那么，还要科学做什么呢？如果我想把所有这一类怀疑都预先打消，那我就会损害整个辩证的阐述方法。相反地，这种方法有一种好处，它可以到处给那些家伙设下陷阱，迫使他们过早地暴露出他们的愚蠢。"[②]

三、 劳动价值理论两种形态给我们的启示

启示之一：要以科学的态度对待马克思的劳动价值理论。一个最基本的要求，就是要准确地完整地理解劳动价值理论。所谓准确，就是要像恩格斯所说的那样，"一个人如想研究科学问题，首先要在利用著作的时候学会按照作者写的原样去阅读这些著作，首先要在阅读时，不把著作中原来没有的东西塞进去"[③]。例如：晏智杰先生认为，马克思的价值分析暗含了三个前提条件，其中之一是"物物交换，而且是人类历史上最初的原始的实物交换"[④]。请看马克思本人是怎么说的。在《经济学手稿（1861—1863年）》中，马克思指出："作为我们出发点的，是在资产阶级社会的表面上

①《马克思恩格斯全集》第13卷，北京：人民出版社，1962年，第51—53页。

②《马克思恩格斯〈资本论〉书信集》，北京：人民出版社，1976年，第219页。

③《马克思恩格斯全集》第25卷，北京：人民出版社，1974年，第26页。

④ 晏智杰：《重温马克思的劳动价值论》，《经济学动态》，2001年第7期。

出现的商品，它表现为最简单的经济关系，资产阶级财富的要素。……如果我们现在进一步研究，究竟在什么情况下产品才普遍作为商品来生产，或者说，究竟在什么条件下产品作为商品的存在才表现为一切产品的一般的、必然的形式，那么，我们就会发现，这只有在历史上特定的生产方式即资本主义生产方式的基础上才会发生。”① 在《资本论》中，马克思又重申了这一观点。马克思讲得如此明白，有的人却视而不见，这怎么能谈得上“准确地理解”呢？所谓完整，就是要从马克思的全部经济学著作中去理解劳动价值理论，而不仅仅限于《资本论》第一卷第一章。晏智杰先生断言：“马克思的劳动价值论，按照马克思的分析条件、理解和推论，应当只是一个说明简单实物交换比例决定的法则。如果马克思对这个原理的运用到此为止，或者，人们对劳动价值论的属性及其作用范围的理解也没有超出这个范围，那是没有异议的。然而如果越出了马克思（以及古典学派）建立劳动价值论时所设定的条件，这个理论本身以及它对其他领域的现象仍然保有说服力，这还没有得到证明，或者说还需要加以证明。”② 晏智杰先生把《资本论》第一卷第一章和货币转化为资本后马克思的一系列论述完全割裂开来了，把劳动价值理论的抽象形态和具体形态完全割裂开来，并对建立在价值规律基础上的剩余价值规律采取了怀疑和否定的态度。马克思说得好：“科学的任务正是在于阐明价值规律是如何实现的。”③ 以平均利润和生产价格学说为例，“如果我们不以价值规定为基础，那么，平均利润，从而费用价格（指生产价格——引者），就都成了纯粹想象的、没有依据的东西”④。晏智杰先生认为马克思不应该越出价值规定的范围去分析其他领域的现象，否则实际上等于取消了马克思的整个经济科学。

启示之二：发展抽象形态的劳动价值理论要十分谨严。笔者认为，深

---

①《马克思恩格斯全集》第47卷，北京：人民出版社，1979年，第37页。

② 晏智杰：《重温马克思的劳动价值论》，《经济学动态》，2001年第7期。

③《马克思恩格斯〈资本论〉书信集》，北京：人民出版社，1976年，第282页。

④《马克思恩格斯全集》第26卷（Ⅱ），北京：人民出版社，1973年，第210页。

化对劳动价值理论的认识，特别是要发展抽象形态的劳动价值理论，不能过于轻率，而应十分严肃、谨慎。这是因为以下几点。第一，这一部分是马克思长期以来对资产阶级古典政治经济学进行批判、扬弃和对历史和现实中的大量材料进行深入研究得出的结果，具有很强的科学性。恩格斯曾说，马克思之所以有时会拖延出版自己的经济学著作，“主要原因一直是……过于谨严”①。这种对待科学的“谨严”态度，是我们今天在深化劳动价值理论时应该学习和采取的。第二，这一部分是马克思“政治经济学的最抽象的部分”②，是资本主义经济的细胞形式，因此，它不仅适用于资本主义社会，也适用于其他存在商品生产的社会。它具有质的相对稳定性，不会随着某些历史条件的变化而发生较大的变化，这就像150年前人类的细胞同现代人的细胞不会有多大区别一样。第三，这一部分是马克思整个政治经济学的基础，如果基础发生动摇，整个大厦就有倾覆的危险。140多年来西方资产阶级经济学家极力攻击抽象的价值规定，秘密就在这里。

启示之三：结合新的历史条件，在深化劳动价值理论具体形态的研究上下功夫。从《资本论》第一卷第二篇“货币转化为资本”开始，马克思研究“比较具体的经济规定”③，如劳动力商品、不变资本和可变资本、绝对剩余价值生产和相对剩余价值生产、工资、资本积累、资本的循环和周转、社会再生产、平均利润和生产价格、商业利润、利息、地租等。从表面上看，这些“比较具体的经济规定”与价值规定是不相符合，甚至是完全相反的。马克思指出：“科学的任务正是在于阐明价值规律是如何实现的……当庸俗经济学家不去揭示事物的内部联系却傲慢地断言事物从现象上看不是这样的时候，他们自以为这是做出了伟大的发现。实际上，他们夸耀的是他们紧紧抓住了现象，并且把它当作最终的东西。这样，科学究

---

①《马克思恩格斯〈资本论〉书信集》，北京：人民出版社，1976年，第154页。

②《马克思恩格斯〈资本论〉书信集》，北京：人民出版社，1976年，第143页。

③《马克思恩格斯〈资本论〉书信集》，北京：人民出版社，1976年，第132页。

竟有什么用处呢?”[①] 马克思收集了大量英国和其他国家有关资本主义生产的历史和现实的材料，以劳动价值理论抽象形态的基本原理为基础，以唯物辩证法为指导，进行了多年的深入研究，终于解决了古典学派未能解决的难题，创立了剩余价值学说，揭示了当时资本主义生产方式的运行特点和基本矛盾，为无产阶级的解放斗争提供了强大的理论武装。今天，《资本论》出版已经过去了将近一个半世纪，世界的经济和政治形势发生了巨大变化，马克思劳动价值理论的抽象形态，应该说还是普遍适用的，但是它的具体形态，将随着社会实践的发展而发展，以便对当代经济生活实践中出现的新情况、新问题做出有说服力的回答。江泽民同志指出：“现在，我们发展社会主义市场经济，与马克思主义创始人当时所面对和研究的情况有很大不同。我们应该结合新的实际，深化对社会主义社会劳动和劳动价值理论的研究和认识。”[②] 这是时代的需要，也是实践的呼唤。作为经济理论工作者，我们肩负着光荣而又十分艰巨的任务。之所以十分艰巨，是因为以下几点。第一，从研究目的看，马克思的研究是为了论证资本主义生产方式的历史过渡性和被社会主义社会取代的必要性，而我们研究的目的则是为了说明社会主义市场经济的合理性，其能帮助我们实现国家的繁荣强盛和人民的富裕幸福的可能性。第二，从研究内容上看，呈现在人们面前的各种经济现象比马克思所处的时代要复杂得多。从国际上说，经济全球化趋势进一步加强，科学技术进步突飞猛进，跨国公司的地位和所起的作用前所未有，等等。从我国来说，当前正处在“两个根本性转变”的过程中，所有制形式和分配方式呈多样化格局；随着经济结构的调整，社会各阶层的利益和人们的相互关系也将发生很大的变化；等等。这些林林总总、形形色色的现实经济问题，如何在劳动价值理论抽象规定的基础上得到合理的说明，确实需要经过许多中介环节，需要花很大的工夫。第三，

① 《马克思恩格斯〈资本论〉书信集》，北京：人民出版社，1976 年，第 282—283 页。

② 江泽民：《在庆祝中国共产党成立八十周年大会上的讲话》，北京：人民出版社，2001 年，第 32 页。

从经济范畴看，按马克思的说法，经济范畴是生产的社会关系的理论表现："人们按照自己的物质生产的发展建立相应的社会关系，正是这些人又按照自己的社会关系创造了相应的原理、观点和范畴。所以，这些观念、范畴也同它们所表现的关系一样，不是永恒的。它们是历史的暂时的产物。"① 劳动价值理论抽象形态的经济范畴，本质上是商品生产的社会关系的理论反映，因此，在社会主义市场经济中还是适用的；而劳动价值理论具体形态的经济范畴，本质上是比较发达的资本主义商品生产的社会关系的理论反映，能否和如何把它们运用到社会主义市场经济中来，需要做好剥离（社会主义市场经济和资本主义市场经济既有其特殊、对立的一面，也有其普遍、统一的一面）、改造、充实和创新等一系列艰苦细致的理论研究工作。第四，从研究方法看，所运用的研究方法不同，结论就会大相径庭。近年来经济学界有的人怀疑甚至否定马克思的劳动价值理论，一个重要原因就是因为他们不了解马克思所应用的方法。恩格斯在谈到《资本论》时说："谁能辩证地思维，谁就能理解它。"② 今天，我们要深化对劳动价值理论的研究和认识，唯物辩证法是应当掌握的唯一正确的方法，舍此没有别的更好的认识工具。但是，要掌握好唯物辩证法，并运用它来分析和解决现实经济生活中的各种问题，也需要花费相当的气力。

（原载于《学术月刊》2002 年第 9 期）

①《马克思恩格斯全集》第 1 卷，北京：人民出版社，1956 年，第 108 页。

②《马克思恩格斯〈资本论〉书信集》，北京：人民出版社，1976 年，第 214 页。

《资本论》抽象形态劳动价值论的基本内容探索

长期以来，人们对马克思的劳动价值论内容涉及的《资本论》篇幅的理解很不一致，有的仅限于《资本论》第一卷第一篇第一章第一、二节，或者加上第三、四节；有的则认为应包括《资本论》全三卷。由此，对劳动价值理论内容要点的概括也五花八门，有的认为包括“价值实体、价值量和价值形式三个方面”①，有的认为“其基本内容包括：商品具有二因素，价值与使用价值一起共同构成商品的实体；劳动二重性决定商品的二因素；价值是人类劳动一般即抽象劳动的产物；商品价值量决定于生产商品的社会必要劳动时间；价值是一种经济关系与社会概念；价格是价值的表现形式；劳动力创造价值和剩余价值，剩余价值理论是以价值规律为基础而产生的”②。显然，如何准确地把握劳动价值论的内容，在理论上和现实上都具有重要意义。

十多年前，笔者根据马克思在《资本论》中所应用的抽象上升到具体的辩证方法，认为劳动价值论应划分为抽象和具体两种形态。抽象形态的劳动价值论，它的内容主要体现在《政治经济学批判》第一分册和《资本论》第一卷第一篇中，其特点就是所论述的内容都是一些最简单的规定和

① 胡世祯：《〈资本论〉研读》上卷，广州：暨南大学出版社，2012 年，第 93 页。

② 逄锦聚等：《马克思劳动价值论的继承与发展》，北京：经济科学出版社，2005 年，第 19 页。

最一般的形式。具体形态的劳动价值论是前者的逐步具体化，其内容主要体现在《资本论》第一卷第二篇至第三卷的第七篇中，也就是通常所说的剩余价值学说。这两种形态的劳动价值论的关系，前者是劳动价值论的核心和基础，后者是前者的逻辑推演、逐步展开和具体化，两者构成相互联系、不可分割的劳动价值论的整体。① 关于抽象形态的劳动价值论基本内容，当时未做深入研究。在后来的学习《资本论》过程中，笔者把它概括为五个理论：商品理论、劳动理论、价值理论、货币理论、拜物教理论。下面逐一论述，不妥之处，欢迎批评指正。

一、 商品理论

《资本论》的分析是从商品开始的。

（一）《资本论》开篇的商品是资本主义商品的抽象形态

关于《资本论》开篇商品的性质，是国内外《资本论》研究中长期争论的一个学术问题。苏联早在20世纪30年代，就有所谓理论意义上的简单商品同历史上的简单商品之争，日本30年代就有所谓“简单商品”和“资本主义商品”之争。② 我国在新中国成立后，特别是改革开放以来，曾对这个问题进行过热烈的讨论。尽管讨论的观点五花八门，但归结起来就是两种：一种认为是前资本主义的简单商品，另一种认为是资本主义性质的商品。争论双方都从《资本论》和有关文本中做了很多引证，以证明自己观点的合理性。笔者认为，如果不从《资本论》的研究对象和方法出发，这场笔墨官司是没有结果的。马克思在《〈政治经济学批判〉导言》中明确指出，“在研究经济范畴的发展时……应当时刻把握住：无论在现实中或在头

① 李建平：《划分和研究两种形态的劳动价值论》，《人民日报》，2002年8月8日；李建平：《论劳动价值理论的两种形态》，《学术月刊》，2002年第9期。

② 侯恒，顾士明：《〈资本论〉若干理论问题争议》，郑州：河南人民出版社，1986年，第69页。

脑中，主体——这里是现代资产阶级社会——都是既定的；因而范畴表现这个一定社会即这个主体的存在形式、存在规定，常常只是个别的侧面；因此，这个一定社会在科学上也绝不是在把它当作这样一个社会来谈论的时候才开始存在的。这必须时刻把握住……”[①]《资本论》开篇商品尽管是以“细胞形式”存在，但它毕竟是属于现代资产阶级社会这个“主体”的。

也许有人会问，讨论《资本论》开篇商品的性质有什么意义？从理论上讲，讨论所涉及的问题绝不是一个单纯研究的出发点问题，而是同整个《资本论》的研究对象、研究方法、逻辑结构和体系紧密联系在一起的。通过讨论，不仅对于深入理解《资本论》，而且对于探索政治经济学社会主义部分的逻辑起点、逻辑结构和理论体系都有重要指导意义。从现实上看，这场讨论也关系到如何正确理解马克思创立的劳动价值论的正确性问题。晏智杰先生在《古典经济学》一书中大谈马克思劳动价值论的局限性，其主要依据就是马克思的劳动价值论是建立在前资本主义的实物交换的分析基础上的。“事实上，马克思建立劳动价值论的分析前提，和亚当·斯密及大卫·李嘉图没有什么两样，都是实物交换，这就必然留下一个如何以它来分析非实物交换的法则的问题。……马克思的劳动价值论并没有摆脱古典派价值论的局限性，因而也就不能以之解释实物交换以后的商品生产和交换关系，如果确要坚持这样做，结果必然是理论的破产和对实际经济生活的曲解。”[②] 古人说，“差之毫厘，谬以千里”。晏智杰先生由于不了解马克思在《资本论》中所应用的方法，竟然得出否定马克思劳动价值论的结论，实在可悲！笔者曾撰文批驳晏智杰先生的这一错误观点，[③] 在此不再赘述。

（二）商品是使用价值和价值的矛盾统一体

关于商品的二因素即使用价值和价值的区分，资产阶级古典经济学家

---

①《马克思恩格斯全集》第46卷上册，北京：人民出版社，1979年，第44页。

② 晏智杰：《古典经济学》，北京：北京大学出版社，1999年，第382页。

③ 李建平：《掌握〈资本论〉方法，正确理解劳动价值论》，《当代经济研究》，2002年第1期。

亚当·斯密已经注意到了，但是，他缺乏辩证思维，不懂得它们之间的辩证关系。马克思认为，商品的使用价值和价值之间是一种既对立又统一的关系。其对立表现在以下几点。首先，使用价值是商品的自然属性，体现人和物之间的关系；而价值则是商品的社会属性，它体现人和人之间的社会生产关系。其次，使用价值既有质的区别，又有量的区别；而价值在本质是同一的，只有量的区别。再次，使用价值可以具有多种用途，随着社会实践的发展，商品有用性会不断被发现；而价值则是相对稳定的。最后，使用价值只是在使用或消费中得到实现；而价值则只能在交换中实现。

使用价值和价值除了对立的一面外，还有统一的一面，这表现在以下两点。首先，使用价值离不开价值。一个物只有使用价值而没有价值，那它只是一种劳动产品，不能用来交换，成不了商品。另外，价值也不能离开使用价值而独立存在，使用价值成了价值的物质承担者。其次，在商品交换中，卖者只有出让自己的商品的使用价值，才能使价值得以实现；买者则必须付出价值才能得到卖者的使用价值。因此，商品的二因素既互相排斥和对立，又互相联系和依赖，共居于商品这个统一体中。[①]

马克思在《资本论》第一卷第一版序言中指出："对资产阶级社会说来，劳动产品的商品形式，或者商品的价值形式，就是经济的细胞形式。在浅薄的人看来，分析这种形式好像是斤斤于一些琐事。这的确是琐事，但这是显微镜下的解剖所要做的那种琐事。"[②] 马克思通过在"显微镜下"对商品这一"经济细胞形式"的解剖，揭示了商品内部矛盾的奥秘，即使用价值和价值的对立统一关系，具有巨大的科学价值。这一分析为商品发展的进一步研究，即从商品过渡到货币和资本的研究，奠定了坚实的基础，开辟了广阔的道路。

---

① 李建平：《〈资本论〉第一卷辩证法探索》，北京：社会科学文献出版社，2006年，第27—29页。

②《马克思恩格斯全集》第23卷，北京：人民出版社，1972年，第8页。

（三）商品体现特定的社会生产关系，具有历史的性质

马克思在《资本论》第一卷第二版跋中在概括辩证法本质特征时指出："辩证法对每一种既成的形式都是从不断的运动中，因而也是从它的暂时性方面去理解。"① 这一辩证法特征，也体现在商品上。马克思认为，资本主义社会是人类社会发展过程中的一个特殊阶段，因此，反映这个社会经济关系的"经济范畴，也都有自己的历史痕迹"②。商品作为表现资产阶级财富的第一个范畴，自然也不例外。在《经济学手稿（1857—1858年）》中，马克思指出商品的使用价值即物质方面，在极不相同的生产时期可以是共同的，如小麦，不管是奴隶、农奴还是自由工人种植的，都具有同样的使用价值。但使用价值要成为商品，必须以历史上一定的经济关系为前提，"正是这种特定的关系给使用价值打上商品的印记"③。在《资本论》中，马克思进一步指出，要使"产品成为商品需要有一定的历史条件……。这种情况只有在一种十分特殊的生产方式即资本主义生产方式的基础上才会发生"④。马克思还设想，在未来"自由人联合体"的社会里，实现了生产资料公有制，产品不表现为价值，不采取商品的形式。

同马克思的看法相反，资产阶级经济学家所持的出发点是不变动的永远既成的东西。他们从超历史的"经济人"出发，这种"经济人"出于利己主义的本性，倾向于互通有无、物物交换、互相交易。"这种倾向，为人类所共有，亦为人类所特有，在其他各种动物中是找不到的。"⑤ 亚当·斯密正是从"经济人"利己主义本性演绎出商品交换和自己的整个经济理论体系。对此，马克思在《资本论》中做了深刻的批判："古典政治经济学的

①《马克思恩格斯全集》第23卷，北京：人民出版社，1972年，第24页。

②《马克思恩格斯全集》第23卷，北京：人民出版社，1972年，第192页。

③《马克思恩格斯全集》第46卷下册，北京：人民出版社，1980年，第411页。

④《马克思恩格斯全集》第23卷，北京：人民出版社，1972年，第192页。

⑤ 亚当·斯密：《国民财富的性质和原因的研究》上卷，郭大力，王亚南译，北京：商务印书馆，1972年，第13页。

根本缺点之一，就是它始终不能从商品的分析，而特别是商品的价值分析中，发现那种正是使价值成为交换价值的价值形式。恰恰是古典政治经济学的最优秀的代表人物，像亚当·斯密和大卫·李嘉图，把价值形式看成一种完全无关紧要的东西或在商品本性之外存在的东西……劳动产品的价值形式是资产阶级生产方式的最抽象的、但也是最一般的形式，这就使资产阶级生产方式成为一种特殊的社会生产类型，因而同时具有历史的特征。因此，如果把资产阶级生产方式误认为是社会生产的永恒的自然形式，那就必然会忽略价值形式的特殊性，从而忽略商品形式及其进一步发展——货币形式、资本形式等等的特殊性。”① 马克思的批判真是一针见血！

二、 劳动理论

（一）生产商品的劳动具有具体劳动和抽象劳动的二重性

马克思在分析了商品二因素后，进一步探究商品二因素产生的原因。商品作为劳动产品，它的使用价值是由特定种类的劳动所产生的，马克思称之为具体劳动，这种劳动是由它的目的、操作方式、对象、手段和结果决定的。具体劳动作为使用价值的创造者，“是不以一切社会形式为转移的人类生存条件，是人和自然之间的物质变换即人类生活得以实现的永恒的自然必然性”②。但是，两种不同的商品是由不同的具体劳动创造的，它们能够互相交换，就在于它们本质上都“是人类劳动力在生理学意义上的耗费；作为相同的或抽象的人类劳动，它形成商品价值”③。在马克思看来，作为生产商品的具体劳动和抽象劳动，并不是互相独立的两种劳动，而是同一种劳动的两个方面，它们也是既对立又统一的：抽象劳动只能存在于

①《马克思恩格斯全集》第23卷，北京：人民出版社，1972年，第98页。
②《马克思恩格斯全集》第23卷，北京：人民出版社，1972年，第56页。
③《马克思恩格斯全集》第23卷，北京：人民出版社，1972年，第50页。

具体劳动之中，而具体劳动要能够相互交换，就必须转化为它的对立面——抽象劳动。马克思非常重视劳动二重性，在给恩格斯的一封信中，视之为《资本论》“三个崭新的因素”① 之一。在《资本论》中则进一步指出：“商品中包含的劳动的这种二重性，是首先由我批判地证明了的。这一点是理解政治经济学的枢纽。”②

(二) 二重性劳动有质和量的规定

生产商品的劳动二重性即具体劳动和抽象劳动，各有质和量的规定。具体劳动的质比较好理解，因为“各种使用价值如果不包含不同质的有用劳动，就不能作为商品互相交换，在产品普遍采取商品形式的社会里，也就是在商品生产者的社会里，作为独立生产者的私事而各自独立进行的各种有用劳动的这种的质的区别，发展成一个多支的体系，发展成社会分工”③。具体劳动的量指的是劳动生产率。马克思说：“生产力当然始终是有用的具体的劳动的生产力，它事实上只决定有目的生产活动在一定时间内的效率。”④ 抽象劳动的质，就是指撇开具体劳动特定形态的一般的无差别的人类劳动。关于抽象劳动的量，马克思是从劳动的难易程度来考察的，并区分出简单劳动和复杂劳动。所谓简单劳动，“它是每个没有任何专长的普通人的有机体平均具有的简单劳动力的耗费。简单平均劳动本身虽然在不同的国家和不同的文化时代具有不同的性质，但在一定的社会里是一定的”⑤。所谓复杂劳动，指的是“自乘的或不如说是多倍的简单劳动，因此，少量的复杂劳动等于多量的简单劳动”⑥。在商品交换过程中，可以通过一定的倍数把复杂劳动转化为简单劳动。在存在私有制的社会里，这种折算

---

①《马克思恩格斯〈资本论〉书信集》，北京：人民出版社，1976 年，第 250 页。
②《马克思恩格斯全集》第 23 卷，北京：人民出版社，1972 年，第 55 页。
③《马克思恩格斯全集》第 23 卷，北京：人民出版社，1972 年，第 55—56 页。
④《马克思恩格斯全集》第 23 卷，北京：人民出版社，1972 年，第 59 页。
⑤《马克思恩格斯全集》第 23 卷，北京：人民出版社，1972 年，第 57—58 页。
⑥《马克思恩格斯全集》第 23 卷，北京：人民出版社，1972 年，第 58 页。

“是在生产者背后由社会过程决定的”①。

（三）私人劳动和社会劳动

马克思认为，在存在私有制的社会里，一方面，商品生产者用自己的生产资料进行劳动，产品归自己占有和支配，他们的劳动具有私人性，是私人劳动；另一方面，由于存在社会分工的不同，每个人的劳动都是社会总劳动的一个组成部分，相互为对方提供产品，这种劳动又具有社会性，是社会劳动。私人劳动的社会性质要得到实现，则必须通过商品交换。私人劳动和社会劳动的矛盾是商品生产的基本矛盾，它决定了商品经济其他矛盾的产生和发展。

三、价值理论

（一）作为《资本论》本体的价值实体

《资本论》第一卷第一篇第一章第一节的标题是：商品的两个因素：使用价值和价值（价值实体，价值量），显然，马克思这里的“价值实体”指的是价值的质。什么是价值实体呢？马克思说：“正是由于缝和织具有不同的质，它们才是形成作为使用价值的上衣和麻布的要素；而只是由于它们的特殊的质被抽去，由于它们具有相同的质，即人类劳动的质，它们才是上衣价值和麻布价值的实体。”② 为什么马克思要用“价值实体”这一概念呢？这就涉及对“实体”概念的理解。根据《辞海》的解释，实体“亦称‘本体’。在西方哲学史中，一般指一切属性的基础和本原的东西。对它有各种理解。唯物主义把它作为物质（如德谟克利特的原子）。唯心主义把它作为精神（如柏拉图的理念）”③。马克思一再强调劳动二重性的重要性，认

①《马克思恩格斯全集》第23卷，北京：人民出版社，1972年，第58页。

②《马克思恩格斯全集》第23卷，北京：人民出版社，1972年，第58页。

③《辞海》第3卷，上海：辞书出版社，2009年，第2061页。

为“这是对事实全部理解的基础”①，说明“价值实体”具有本原性，《资本论》的所有其他范畴都是在它基础上逐渐展开的，这是其一。其二，“价值实体”又具有客观性。价值实体虽然看不见摸不着，但它并非是一种精神性的东西，如同黑格尔的“绝对概念”。马克思说：“作为价值，上衣和麻布是具有实体的物，是同种劳动的客观表现。”② 其三，“价值实体”作为人类劳动力的耗费或者说人类劳动的结晶，具有能动性，它同巴鲁赫·德·斯宾诺莎哲学中的那个唯一不变的实体是有重大区别的。正因为价值实体具有能动性，所以它在外化为价值形式后仍不断地发展，直至货币的形成，成为《资本论》经济范畴转化的内在驱动力。其四，价值实体是可以感知的。康德认为，人们只能认识物自体（实体）的现象，其本质是不可知的。而马克思这里所讲的价值实体，尽管它“是被掩盖着的、未展开的、抽象的”，但却是人们可以“用抽象力来加以区别和把握的”。③ 了解价值实体的含义及其特征，对于进一步理解《资本论》所应用的辩证法、逻辑结构和理论体系，具有重要的作用。

（二）由社会必要劳动时间决定的价值量

商品价值的量是指商品中包含的劳动量，它反映劳动多少、劳动时间多长的问题。那么，价值量怎样计量？马克思指出：“是用它所包含的‘形成价值实体’即劳动的量来计量。”④ 劳动的自然尺度是劳动时间，所以价值量也就决定于劳动时间。生产同一种商品的不同生产者，由于生产的主客观条件的差别，生产同量的使用价值所耗费的个别劳动时间是不同的。但是，在正常条件下，一种商品只有一个价值。显然，决定商品价值量的不是个别劳动时间，而是社会必要劳动时间。“社会必要劳动时间是在现有

---

①《马克思恩格斯〈资本论〉书信集》，北京：人民出版社，1976 年，第 225 页。
②《马克思恩格斯全集》第 23 卷，北京：人民出版社，1972 年，第 57 页。
③ 马克思：《资本论》第 1 卷德文第 1 版，马克思编译局译，北京：经济科学出版社，1981 年，第 24 页。
④《马克思恩格斯全集》第 23 卷，北京：人民出版社，1972 年，第 51 页。

的社会正常的生产条件下，在社会平均的劳动熟练程度和劳动强度下制造某种使用价值所需要的劳动时间。”①

（三）价值的外化和价值形式的发展

商品价值是看不见摸不着的，因为在商品的价值对象性中连一个自然物质的原子也没有。“但是如果我们记住，商品只有作为同一的社会单位即人类劳动的表现才具有价值对象性，因为它们的价值对象性纯粹是社会的，那么不用说，价值对象性只能在商品同商品的社会关系中表现出来。”② 这里所说的“表现出来”也就是商品价值的外化。外化，又称外在化、对象化、客观化，是德国古典哲学特别是黑格尔哲学的一个重要概念。黑格尔把绝对精神当作世界的本体和发展的主体，认为绝对精神是唯一能动的创造性的力量。绝对精神先后外化为自然、社会，最后回复到了自身，达到了完全自觉、完全认识自己的阶段。对黑格尔的唯心主义外化观，马克思曾做过深刻的批判：黑格尔哲学的“全部外化历史和外化的整个复归，不过是抽象的、绝对的思维的生产史，即逻辑的思辨的思维的生产史”③。黑格尔哲学的外化观虽然是唯心的，但其中包含的合理因素，如由事物内部向外部的辩证转化、转化是一个过程等，都为马克思所吸收，并巧妙地应用于价值形式发展的分析。

价值形式的发展作为商品价值的逐步外化过程，经过了四个阶段，概括地说：第一阶段是“一个商品的价值性质通过该商品与另一个商品的关系而显露出来”④，商品的使用价值和价值开始发生空间上的分离，这种分离若即若离，还很不固定，这是简单的、个别的或偶然的价值形式；第二阶段是这种分离不再具有偶然性，而是逐渐趋向固定，这是总和的或扩大

①《马克思恩格斯全集》第23卷，北京：人民出版社，1972年，第52页。
②《马克思恩格斯全集》第23卷，北京：人民出版社，1972年，第61页。
③《马克思恩格斯全集》第42卷，北京：人民出版社，1979年，第161页。
④《马克思恩格斯全集》第23卷，北京：人民出版社，1972年，第64页。

的价值形式；第三阶段是这种分离基本固定下来，这是一般价值形式；第四阶段是这种分离最终固定下来，使“商品交换价值在货币上的独立化”①，货币形式成为商品价值可以看得见、摸得着的表现形式。

四、 货币理论

马克思在第一章第三节和第二章中论述了“商品怎样、为什么、通过什么成为货币”②，指明货币无非是固定充当一般等价物的特殊商品（金），它体现商品生产者的一定的社会关系。但是，在商品交换过程中，货币是怎样发挥一般等价物的作用？它本身还有哪些规定？马克思在第三章进而研究这些问题。不过，这里有一个前提，就是“我们所谈的只是从商品交换价值直接产生出来的那些货币形式，而不是属于生产过程较高阶段的那些货币形式，如信用货币”③。

从简单商品流通的纯粹形态下考察货币在商品交换中所起的社会作用，它具有以下三个规定：

（一）作为观念货币的价值尺度

马克思说：“货币的第一种规定，即货币作为价值尺度的规定。”④ 货币执行价值尺度的职能，是通过价格来实现的。所谓价格，就是商品价值的货币表现，这种表现是观念的。马克思说：“商品的价格或货币形式，同商品的所有价值形式一样，是一种与商品的可以捉摸的实在的物体形式不同的，因而只是观念的或想象的形式。”⑤ 在商品交换中，由于商品价格彼此作为不同的金量而进行比较，这样就结晶为一种符号，这种符号切合于想

①《马克思恩格斯全集》第26卷第3册，北京：人民出版社，1975年，第141页。

②《马克思恩格斯全集》第23卷，北京：人民出版社，1972年，第110页。

③《马克思恩格斯全集》第13卷，北京：人民出版社，1962年，第54页。

④《马克思恩格斯全集》第46卷上册，北京：人民出版社，1979年，第443页。

⑤《马克思恩格斯全集》第23卷，北京：人民出版社，1972年，第113页。

象的金量并把这个金量表现为等分的标准，这就是价格标准。金最初作为价格标准执行职能时，金属重量的货币名称和金属原来的重量名称是一致的，后来由于各种原因，使金属重量的货币名称和它通常的重量名称相分离，变成了民族习惯。但为了普遍使用，最后由国家通过法律来规定。这种由法律规定的价格标准，可以不必与实际重量标准相符，可以把一定重量的贵金属分成若干等分部分，以它作为货币单位并给以规定的名称。这时，一定的金属重量虽然还是金属货币的标准，但分法和名称已改变了。当一切商品都用金标准的货币名称来表现或计算自己的价值时，借助于价格标准执行价值尺度职能的金就成为一种计算货币了。出现计算货币后，商品价值和价格的矛盾也明显表现出来，这既见诸量的方面（价格偏离价值量的可能性），也见诸质的方面（如有些东西本身并不是商品，例如良心、名誉等，但也可以出卖以换取金钱）。所以，马克思说，“在这里，价格表现是虚幻的”，它“又能掩盖实在的价值关系或由此派生的关系”。[①]

（二）作为象征货币的流通手段

由于货币获得流通手段的规定，是它作为商品流通媒介的结果，所以，马克思在第三章第二节首先分析商品形态的变化，即商品流通。马克思指出，商品交换过程是通过“商品—货币—商品”，即“W—G—W”的形式变换完成的。马克思分别考察了 W—G 和 G—W 后，发现了各自的一些特点。例如：“商品价值从商品体跳到金体上……是商品的惊险的跳跃。这个跳跃如果不成功，摔坏的不是商品，但一定是商品所有者。”[②] 马克思把商品总形态变化“W—G—W”比作一个循环，各种商品总形态变化是互相交错的，这全部过程就表现为商品流通。在商品流通中，货币是流通的媒介，因而获得了流通手段规定。货币流通与商品流通不同，“商品在流通中的运动不过是瞬息间的要素，而在流通中不息奔走却成为货币的职能。货币在

---

①《马克思恩格斯全集》第 23 卷，北京：人民出版社，1972 年，第 120—121 页。

②《马克思恩格斯全集》第 23 卷，北京：人民出版社，1972 年，第 124 页。

流通中的这种特殊职能，使作为流通手段的货币具有新的形式规定性”①。在商品流通中，当商品从卖者手中转到买者手里后，就退出流通领域进入消费领域，而货币仍不断地留在流通领域中，因此，就产生了流通中需要多少货币量的问题。马克思通过科学的分析，指出流通的货币量决定于三个因素：商品总量、商品的价格水平、货币的流通速度。如果货币流通速度越快，则所需要的货币量越少；如果货币流通速度变慢，则所需的货币量就会增加，不仅如此，“在货币流通中由于速度代替数量而引起的流通手段的观念化”②，会使原先作为实在的货币发生质的变化。首先是铸币，在铸币流通最快因而磨损也最快的商品流通领域，可以用银记号和铜记号代替金铸币，这就是辅币。辅币在流通中比铸币磨损得还要快，因此，它们的流通手段的职能实际上完全不依赖于它们的重量。“因此，相对地说没有价值的东西，例如纸币，就能代替金来执行铸币的职能”③，这样，“货币的职能存在可以说吞掉了它的物质存在”④，因而作为流通手段的货币成了象征性的货币。

（三）作为实在货币的货币

马克思称之为“充分发展的货币的第三种规定”，它“以前两种规定为前提，并且是它们的统一”。⑤ 第三种规定的货币的特点是：第一，从存在形式上看，它必须以其金体（银体）出现，因而作为货币商品出现；第二，从量的规定来看，作为一定的物质的量的货币本身的数目是很重要的；第三，从职能方面看，除了兼含价值尺度、购买手段的职能外，还具有贮藏手段、支付手段、世界货币等新的职能。因此，它“成为交换价值的唯一

①《马克思恩格斯全集》第 13 卷，北京：人民出版社，1962 年，第 91—92 页。
②《马克思恩格斯全集》第 13 卷，北京：人民出版社，1962 年，第 98 页。
③《马克思恩格斯全集》第 23 卷，北京：人民出版社，1972 年，第 146 页。
④《马克思恩格斯全集》第 23 卷，北京：人民出版社，1972 年，第 149 页。
⑤《马克思恩格斯全集》第 46 卷上册，北京：人民出版社，1979 年，第 167 页。

适当的存在”①，“成为财富的物质代表，又成为财富的一般形式，而与只是作为财富的特殊实体的各种商品相对立”②。

在商品流通中，第三种规定的货币也有一个逐渐展开、逐渐充实的过程。货币贮藏是由充当流通手段的货币转化而来。在商品流通中，如果商品形态变化的系列发生了中断，卖了以后，不接着买，货币就停止流动，从而“硬化为贮藏货币”③。但贮藏货币中“实际上不过是暂歇的铸币”④，它或迟或早要进入流通，充当支付手段的货币。货币作为支付手段进入流通，但又不是充当流通手段，不再是流通过程的媒介了，“它作为交换价值的绝对存在，或作为一般商品，独立地结束这一过程”⑤。随着商品生产和商品交换的进一步发展，货币就会越出国内流通领域，在世界市场发挥作用，于是货币就成了世界货币。在世界货币上，货币原先的各项规定充分展开了，世界货币既是第三种规定货币发展的最后阶段，同时也是整个货币规定发展的完整形态。马克思说：“在世界贸易中，商品普遍地展开自己的价值。因此，在这里，商品独立的价值形态，也是作为世界货币与商品相对立。只有在世界市场上，货币才充分地作为这样一种商品起作用，这种商品的自然形式同时就是抽象人类劳动的直接的社会实现形式。货币的存在方式与货币的概念相适合了。”⑥

五、 拜物教理论

马克思在《资本论》第一卷第一章第四节和第二章先后分析了商品拜物教和货币拜物教，不过，“货币拜物教的谜就是商品拜物教的谜，只不过

①《马克思恩格斯全集》第23卷，北京：人民出版社，1972年，第149—150页。
②《马克思恩格斯全集》第46卷上册，北京：人民出版社，1979年，第180页。
③《马克思恩格斯全集》第23卷，北京：人民出版社，1972年，第150页。
④《马克思恩格斯全集》第23卷，北京：人民出版社，1972年，第116页。
⑤《马克思恩格斯全集》第23卷，北京：人民出版社，1972年，第156页。
⑥《马克思恩格斯全集》第23卷，北京：人民出版社，1972年，第163页。

变得明显了，耀眼了"①，所以这里着重分析商品拜物教。

（一）商品拜物教就是"物的人格化和人的物化"②

表面看起来，商品好像是一个很普通、很容易明白的东西，但进一步分析又表明，商品是很复杂的，充满着神秘性。这种神秘性既不是来自商品的使用价值，也不是被称作价值实体的一般人类劳动本身。那么，"劳动产品一采取商品形式就具有的谜一般的性质究竟是从哪里来的呢"？马克思指出："显然是从这种形式本身来的。人类劳动的等同性，取得了劳动产品的等同的价值对象性这种物的形式；用劳动的持续时间来计量的人类劳动的耗费，取得了劳动产品的价值量的形式；最后，劳动的那些社会规定借以实现的生产者的关系，取得了劳动产品的社会关系的形式。"③ 马克思用一种带有德国古典哲学色彩的语言概括商品拜物教的特点，那就是"物的人格化和人的物化"。这里所讲的"人的物化"，是指人的属性变成了物的属性。人的劳动是具有社会性的，物是不具有社会性的，可是物一旦成为商品，人们"本身劳动的社会性质"便转移到商品身上，成为商品这种"物的性质"。④ 这里所讲的"物的人格化"，则是指"人手的产物"本来是没有生命的，是随人任意摆布的，但一旦成为商品，就如同宗教世界中"人脑的产物"一样，"表现为赋有生命的、彼此发生关系并同人发生关系的独立存在的东西"，⑤ 不仅如此，还能反过来支配、控制、统治人，就像宗教中的神灵一样。拜物教在货币身上就更典型了，"货币从它表现为单纯流通手段这样一种奴仆成分，一跃而成为商品世界的统治者和上帝"⑥。

（二）商品拜物教是个人劳动和社会劳动分离的结果

为什么会产生商品拜物教这种奇特的社会现象呢？马克思指出："商品

---

①《马克思恩格斯全集》第23卷，北京：人民出版社，1972年，第111页。
②《马克思恩格斯全集》第26卷第1册，北京：人民出版社，1972年，第419页。
③《马克思恩格斯全集》第23卷，北京：人民出版社，1972年，第88页。
④《马克思恩格斯全集》第23卷，北京：人民出版社，1972年，第89页。
⑤《马克思恩格斯全集》第23卷，北京：人民出版社，1972年，第89页。
⑥《马克思恩格斯全集》第46卷上册，北京：人民出版社，1979年，第171页。

世界的这种拜物教性质……是来源于生产商品的劳动所特有的社会性质。”① 我认为这里指的是个人劳动和社会劳动的分离和对立。在商品生产的社会里，由于存在私有制和社会分工，劳动是分散进行的，表现为千差万别的个人劳动。但是个人劳动虽然各有特殊，却有一个共同点，即它们都是社会总劳动的一个组成部分，都是一般人类劳动的耗费，因此，个人劳动本质上也是社会劳动。不过在生产领域，个人劳动的社会性质不能直接地表现出来，它只是潜在地存在于个人劳动之中。可是在交换过程中，情况就不同了，为了使交换得以进行，包含在产品的各种特殊劳动必然转化为无差别的一般人类劳动，即社会劳动，这样，原来潜伏在个人劳动中的社会劳动便分离出来，成为独立存在的物质实体。由于这种分离出来的社会劳动不可能被人的感官所直接感觉到，如同马克思所说的具有“幽灵般的对象性”②，是不可捉摸的，因此就带有很大的神秘性，为常人所不能理解；又由于这种分离出来的社会劳动是整个交换的基础，个人劳动反而要受它支配，这就更使人不可思议了。此其一。其二，从个人劳动分离出来的社会劳动，虽然成为一种独立的存在，但正如马克思所指出的，这种独立的存在“只能象征性地存在”③，它“并不是作为一般的、与商品的自然特性相脱离和相分离（相隔绝）的交换对象而存在。正是劳动（从而交换价值中所包含的劳动时间）的一般性即社会性的物化，使劳动的产品成为交换价值，使商品具有货币的属性”④。这就是说，社会劳动必须以劳动产品作为它的物质外壳。由于社会劳动的物化，产品就转变成商品，因而一切真实的买卖都被掩盖了。总之，“由于这种转换，劳动产品成了商品，成了可感觉而又超感觉的物或社会的物”⑤，由此也就产生了商品拜物教。

---

①《马克思恩格斯全集》第 23 卷，北京：人民出版社，1972 年，第 89 页。
②《马克思恩格斯全集》第 23 卷，北京：人民出版社，1972 年，第 51 页。
③《马克思恩格斯全集》第 46 卷上册，北京：人民出版社，1979 年，第 115 页。
④《马克思恩格斯全集》第 46 卷上册，北京：人民出版社，1979 年，第 115 页。
⑤《马克思恩格斯全集》第 23 卷，北京：人民出版社，1972 年，第 89 页。

（三）商品拜物教将消失于自由人联合体社会

商品拜物教根源于个人劳动和社会劳动的分离，那么，这种分离是古来就有的，难道要永远存在下去吗？马克思的回答是否定的。马克思实际上把个人劳动和社会劳动的分离看作是“既不同于资本主义以前的各社会形态又不同于未来的共产主义社会的资产阶级社会的一般特征”①。为了说明这一点，马克思在《资本论》中详细考察了其他生产形式中个人劳动和社会劳动的关系。他说：“一旦我们逃到其他生产形式中去，商品世界的全部神秘性，在商品生产的基础上笼罩着劳动产品的一切魔法妖术，就立刻消失了。”② 马克思首先以鲁滨孙的故事为例，从最简单的形式开始分析，结果发现：“鲁滨孙和构成他自己创造的财富的物之间的全部关系在这里是如此简单明了”③，因此不存在个人劳动和社会劳动的分离。至于农村家长制生产和欧洲中世纪的封建社会，也不存在个人劳动和社会劳动的分离，人们在劳动中的社会关系并没有披上物的外衣。在自由人联合体即未来的共产主义社会中，生产资料是公有的，人们同他们的劳动和劳动产品的社会关系，无论在生产上还是在分配上，都是简单明了的，因此也就不存在个人劳动和社会劳动的分离，商品拜物教也就消失了。不过应当记住，扬弃个人劳动和社会劳动的分离所应具备的这些物质“条件本身又是长期的、痛苦的历史发展的自然产物”④。如果客观物质条件不成熟，那么一切消除它的尝试都是堂吉诃德式的行为。

［原载于《福建师范大学学报》（哲学社会科学版）2015 年第 5 期］

①《马克思恩格斯全集》第 46 卷上册，北京：人民出版社，1979 年，第 102 页。
②《马克思恩格斯全集》第 23 卷，北京：人民出版社，1972 年，第 93 页。
③《马克思恩格斯全集》第 23 卷，北京：人民出版社，1972 年，第 94 页。
④《马克思恩格斯全集》第 23 卷，北京：人民出版社，1972 年，第 97 页。

试解《资本论》第一卷第三章结构的奥秘

薛志贤同志在《学术月刊》1982年第6期发表的文章中，就《资本论》第一卷第三章的结构问题谈了自己的看法。笔者认为，他不仅没有使问题得到清楚的解决，而且产生了新的混乱。例如，他认为“价值尺度和流通手段在概念上和历史上，都先于货币”，笔者认为这里有两个错误：

第一，《资本论》第一卷第三章第一节的第一句话就是“假定金是货币商品”[①]。这就是说，马克思研究货币的各种职能是以货币，即固定充当一般等价物的金已经产生为前提的，在逻辑上是和第一章第三节所论述的价值形式发展的最后阶段——“货币形式”相衔接的。如果照薛文所说，在货币产生之前就已存在价值尺度和流通手段的货币职能，不仅不符合马克思的原意，在逻辑上也是说不通的。

第二，薛文把通常的货币概念和马克思在第三章第三节作为标题的“货币”混淆起来了。所谓通常的货币，指的是固定充当一般等价物的特殊商品，如金。而第三章第三节作为标题的“货币”，则是表示货币职能发展的一定阶段。它是与“作为尺度的货币”“作为交换手段的货币”相对而言的“作为货币的货币”[②] 这一全称的省略语。马克思称之为“货币的第三种

①《马克思恩格斯全集》第23卷，北京：人民出版社，1972年，第112页。

②《马克思恩格斯〈资本论〉书信集》，北京：人民出版社，1976年，第132—134页。

规定”①。薛文由于把这一种意义的“货币”错当为通常的货币概念，因而得出“在货币产生以前”，即在价值形式发展的前三个阶段就已存在价值尺度和流通手段这两种货币职能的错误结论。因此，薛文不可能解决第三章的结构问题。

其实，第三章的结构使人困惑不解的地方除了前面提到的那个问题外，还有一个问题：为什么马克思在这一章的论述都是按照三个层次进行，不仅大的方面是如此，如全章分为三节，而且小的方面也是如此，如第二节和第三节又各分为三个小节？我认为，奥秘就在于马克思在这一章“卖弄起黑格尔特有的表达方式”②，即否定之否定规律的运用。下面我们就来探讨第三章的结构奥秘与马克思应用否定之否定这一方法的关系。

一

马克思把货币职能的发展分为三个大的阶段，这就是第三章所依次论述的三节的内容。第一节“价值尺度”，是货币职能发展的第一阶段，即肯定阶段。马克思说：“金的第一个职能是为商品世界提供表现价值的材料，或者说，是把商品价值表现为同名的量，使它们在质的方面相同，在量的方面可以比较。因此，金执行一般的价值尺度的职能，并且首先只是由于这个职能，金这个特殊的等价商品才成为货币。”③ 作为一般等价物的金本来是抽象的、空洞的，可以说是无规定性的，现在有了第一种规定。马克思说：“货币的第一种规定，即货币作为价值尺度的规定。”④

但是，“任何的限制或规定同时就是否定”⑤。在货币的第一种规定中，

①《马克思恩格斯全集》第46卷上册，北京：人民出版社，1979年，第167页。

②《马克思恩格斯全集》第23卷，北京：人民出版社，1972年，第24员。

③《马克思恩格斯全集》第23卷，北京：人民出版社，1972年，第112。

④《马克思恩格斯全集》第46卷上册，北京：人民出版社，1979年，第413页。

⑤《马克思恩格斯选集》第3卷，北京：人民出版社，1972年，第182页。

已包含着对这一规定的否定。这是因为，货币在执行价值尺度的职能时，只是充当观念的价值尺度，而商品要实际上起交换价值的作用，就必须从想象的或观念的货币转变为实在的货币。马克思说："价格形式包含着商品为取得货币而让渡的可能性和这种让渡的必要性。另一方面，金所以充当观念的价值尺度，只是因为它在交换过程中已作为货币商品流通。因此，在观念的价值尺度中隐藏着坚硬的货币。"① 在商品交换过程中，观念的货币必然要否定自身，转化为它的对立面——实在的货币，于是货币的职能也就从价值尺度发展到流通手段。

二

由于货币获得流通手段的职能，是它作为商品流通的媒介的结果，所以马克思在第二节首先分析"商品的形态变化"即商品流通。在分析商品的形态变化时，马克思把充当流通媒介的金看作"实在的货币"②，以与充当价值尺度的观念的货币相对立。但是，在这一节的"（b）货币的流通"中，这种"实在的货币"开始发生质的变化。

所谓货币流通，"就是货币不断地离开起点，就是货币从一个商品所有者手里转到另一个商品所有者手里"。③ 货币流通是由商品流通决定的，但又和商品流通不同："商品在流通中的运动不过是瞬息间的要素，而在流通中不息奔走却成为货币的职能。货币在流通过程中的这种特殊的职能，使作为流通手段的货币具有新的形式规定性。"④ 在商品流通中，当商品从卖者手里转到买者手里后，就退出流通领域进入消费领域，而货币仍继续留在流通领域中，因此就产生了流通中需要多少货币量的问题。马克思通过

①《马克思恩格斯全集》第23卷，北京：人民出版社，1972年，第122页。

②《马克思恩格斯全集》第23卷，北京：人民出版社，1972年，第128页。

③《马克思恩格斯全集》第23卷，北京：人民出版社，1972年，第134页。

④《马克思恩格斯全集》第13卷，北京：人民出版社，1965年，第91—92页。

分析，指出流通的货币量决定于三个因素：商品总量、商品的价格水平、货币流通速度。这里使我们感兴趣的是货币流通速度。如果货币流通速度越快，则所需的货币量越少；如果货币流通速度变慢，则所需的货币量就会增加。因此，马克思说；“不论你把一盎司金怎样颠来倒去，它绝不会重10盎司。可是在这里，在流通过程中，1盎司事实上重10盎司。铸币在流通过程中的存在，等于它所含的金量乘以它的流通次数。因此，铸币除了它作为具有一定重量的单个金块的实际存在外，还取得了一种从它的职能产生的观念存在。可是，索维林不论流通1次或10次，在每一次单独的买或卖中，总只是当作1个索维林发生作用。”“在货币流通中由于速度代替数量而引起的流通手段的观念化，只涉及铸币在流通过程中的职能的存在，而不包括单个铸币的存在。”① 马克思把货币的这种“观念化”称为第一次观念化，它是对充当流通手段的本来是“实在的货币”的第一次否定。

既然货币在流通中会发生“观念化”，那么就可以用它的代表来表示。马克思接着分析第二节中的第三小节“铸币。价值符号”，说明实在的货币是怎样转变为单纯的价值符号的。这小节也有三个环节，即铸币、辅币、纸币，它们之间也体现了一个从肯定到否定再到否定之否定的过程。

首先是铸币。铸币是由货币作为流通手段的职能中产生的。金当作流通手段原来是以金块形式加入流通的，后来为了交易的方便，由国家铸造成具有一定花纹与形状的金块，即铸币。起初铸币的实际含量和名义含量是一致的，但是在流通中，铸币不断受到磨损，这就使铸币的实际含量和名义含量、金属存在和它的职能发生了分离。这样，“在货币流通中就隐藏着一种可能性：可以用其他材料做的记号或用象征来代替金属货币执行铸币的职能”②，于是，在铸币流通最快因而磨损也最快的商品流通领域中，即在小额的买卖中，辅币代替了金铸币。辅币是对金铸币的第一次否定。

①《马克思恩格斯全集》第13卷，北京：人民出版社，1965年，第98页。
②《马克思恩格斯全集》第23卷，北京：人民出版社，1972年，第145页。

辅币的金属含量是由法律任意规定的，并且在流通中比铸币磨损得还要快，因此它们的流通手段的职能实际上完全不依赖它们的重量，不依赖于它们的价值。在这里，“金的铸币存在同它的价值实体完全分离了。因此，相对地说没有价值的东西，例如纸票，就能代替金来执行铸币的职能”①。纸币是对铸币的第二次否定，即否定之否定。

马克思认为，在铸币的变化过程中，“困难的只是第一步”②，即铸币向辅币的转化。他说，“其他物因为同外界接触而失掉了自己的观念性，而铸币却因为实践反而观念化，变成了它的金体或银体的纯粹虚幻的存在”。马克思把这种现象看成是“由流通过程本身所引起的金属货币的第二次观念化”③。

从马克思在整个第二节的论述中，可以看出他的思想进程是：金作为流通的媒介，在商品形态的变化中，开始是商品价格的实现，因此从观念的货币转化为实在的货币。但是在流通过程中，由于货币流通速度可以代替货币流通的数量，从而引起了金属货币的第一次观念化，即第一次否定；后来又由于金属货币在流通中不断受到磨损而为其他材料乃至毫无价值的纸币所代替，从而引起了金属货币的第二次观念化，即第二次否定。通过这两次否定即否定之否定，“货币的职能存在可以说吞掉了它的物质存在”④，因而作为流通手段的货币成了象征性的货币。

三

作为流通手段的货币虽然是由作为价值尺度的货币转化而来，但是它和后者实际上是两种“相互矛盾的规定”，这不仅表现在它们执行的是完全

①《马克思恩格斯全集》第23卷，北京：人民出版社，1972年，第146页。
②《马克思恩格斯全集》第23卷，北京：人民出版社，1972年，第146页。
③《马克思恩格斯全集》第13卷，北京：人民出版社，1965年，第99—100页。着重点为引者所加。
④《马克思恩格斯全集》第23卷，北京：人民出版社，1972年，第149页。

不同的职能，而且还表现在："在货币表现为与商品相对立而存在的东西的流通中，货币的物质实体，它作为一定量的金和银的那种基质是无关紧要的，相反，货币的数目却是重要的，因为货币只是代表这些单位的一定数目的一种符号。在货币作为尺度的规定上，货币只存在于观念之中，它的物质基质是重要的，但是它的量，甚至它的存在却是无关紧要的"①。因此，价值尺度和流通手段虽然是货币的两种不可或缺的基本规定，但它们各有片面性，都要被扬弃，从而过渡到"充分发展的货币的第三种规定"②，即"作为货币的货币"。马克思说："货币作为单纯的尺度，已经在作为流通手段的自身中被否定了；货币作为流通手段和尺度，已经在作为货币的自身中被否定了。"③"充分发展了的货币的第三种规定，以前两种规定为前提，并且是它们的统一。"④"货币作为离开流通并同流通相对立的独立物，是货币作为流通手段和尺度这两种规定的否定（否定的统一）。"⑤

由于第三种规定的货币是货币规定的充分发展形式，所以它克服了前两种规定的片面性；由于它是前两种规定的"否定的统一"，所以它"也把两者作为要素包含在内，同时固定在一个对流通保持独立的化身中。"⑥

第三种规定的货币本身在商品流通过程中，逐渐展开、不断充实，它依次表现为货币贮藏、支付手段和世界货币三个阶段。

货币贮藏是由充当流通手段的货币转化而来的。在商品流通中，如果商品形态变化的系列发生了中断，卖了以后，不接着买，货币就停止流动，"硬化为贮藏货币"⑦。退出流通，成为"交换价值的静止的存在，或本身静

①《马克思恩格斯全集》第46卷上册，北京：人民出版社，1979年，第168页。
②《马克思恩格斯全集》第46卷上册，北京：人民出版社，1979年，第167页。
③《马克思恩格斯全集》第46卷上册，北京：人民出版社，1979年，第186页。
④《马克思恩格斯全集》第46卷上册，北京：人民出版社，1979年，第167页。
⑤《马克思恩格斯全集》第46卷上册，北京：人民出版社，1979年，第178页。
⑥《马克思恩格斯全集》第46卷下册，北京：人民出版社，1980年，第490页。
⑦《马克思恩格斯全集》第23卷，北京：人民出版社，1972年，第150页。

止的商品”[①]，是贮藏货币的本质特征。马克思说：“金银本身只在不是流通手段时才固定为货币。作为非流通手段，它们变成了货币。”[②]

但是，在贮藏货币的这一规定中也包含着对它的否定，即进入流通的可能性和必要性。这是因为，“如果贮藏货币不是经常渴望流通，它就仅仅是无用的金属，它的货币灵魂就会离它而去，它将变成流通的灰烬”。[③] 因此，贮藏货币“在这里实际不过是暂歇的铸币”[④]，它或迟或早要否定自身，进入流通。这样，贮藏货币就转化为充当支付手段的货币。

是否进入流通是充当支付手段的货币与贮藏货币的根本区别。马克思说；“在这个作为支付手段的职能上，货币表现为绝对商品，但是不像贮藏货币那样在流通之外，而是在流通之内。”[⑤] 货币作为支付手段进入流通，但又不是充当流通手段。马克思说：“在这个规定上，货币流通着，或者说，货币进入流通，但是，它并不履行流通手段的职能。作为流通手段，货币总是购买手段，现在，它却作为非购买手段起作用。”[⑥] 作为流通手段的货币，是流通过程的媒介，而作为支付手段的货币，已不再是流通过程的媒介了，“它作为交换价值的绝对存在，或作为一般商品，独立地结束这一过程”[⑦]。

随着商品生产和商品交换的进一步发展，货币就会“越出国内流通领域”，在世界市场上发挥作用，于是货币就成了世界货币。世界货币是贮藏货币和执行支付手段的货币的否定的统一，它既退出流通（指退出国内流通），同时又进入流通（指进入世界市场）。马克思说：“金变成不同于铸币的货币，最初是由于它作为贮藏货币而退出流通，后来是由于它作为非流

①《马克思恩格斯全集》第13卷，北京：人民出版社，1965年，第105页。
②《马克思恩格斯全集》第13卷，北京：人民出版社，1965年，第118页。
③《马克思恩格斯全集》第13卷，北京：人民出版社，1965年，第121页。
④《马克思恩格斯全集》第13卷，北京：人民出版社，1965年，第116页。
⑤《马克思恩格斯全集》第13卷，北京：人民出版社，1965年，第131页。
⑥《马克思恩格斯全集》第13卷，北京：人民出版社，1965年，第128页。
⑦《马克思恩格斯全集》第23卷，北京：人民出版社，1972年，第156页。

通手段而进入流通，而最后则是由于它突破国内流通的界限以便在商品世界中起一般等价物的作用，这样，金就成了世界货币。”① 在世界货币上，货币原先的各项规定、职能充分展开了。世界货币既是货币的第三种规定发展的最后阶段，同时也是货币的所有规定、职能发展的完成形态。

马克思对货币职能的考察，是从作为一般等价物的金开始的，经过了一系列大小不等的发展阶段，终于到达了世界货币。在作为货币职能发展的终点的世界货币身上，我们看到了原来作为始点的一般等价物即金的某些特征的再现，因此世界货币看起来仿佛是向始点的复归。

但世界货币已经不像它的出发点那样抽象，而是一个具有丰富内容的统一体。世界货币不仅把价值尺度、流通手段、贮藏手段、支付手段等先行的职能作为要素包含在自身内，而且使它们相互联系、相互制约，从而赋予它们以新的特点、新的作用。此外，我们看到，“只有在世界市场上，货币才充分地作为这样一种商品起作用，这种商品的自然形式同时就是抽象人类劳动的直接的社会实现形式。货币的存在方式与货币的概念相适合了。”② 这就是说，只有世界货币才是真正名副其实的货币，即固定充当一般等价物的金。

综上所述，货币职能的发展经过三个大发展阶段，作为价值尺度的货币，作为流通手段的货币，作为货币的货币；最后一个阶段又同样经过三个发展阶段：贮藏货币，作为支付手段的货币、世界货币。世界货币是货币职能发展的终点。整个货币职能的发展是一个按照否定之否定规律进行，由抽象到具体的过程。笔者认为，掌握了马克思的辩证法，对三章的结构就可以得到比较合理的解释。

（原载于《学术月刊》1983 年第 6 期）

①《马克思恩格斯全集》第 13 卷，北京：人民出版社，1965 年，第 139 页。

②《马克思恩格斯全集》第 23 卷，北京：人民出版社，1972 年，第 163 页。

关于马克思《哲学的贫困》的几个问题

——兼评董必荣《马克思如何理解经济学的哲学贫困——以〈哲学的贫困〉为例》

马克思十分重视写于1847年上半年的《哲学的贫困》一书，在过了33年之后，他决定重新出版这本书，指出“该书中还处于萌芽状态的东西，经过20年的研究之后，变成了理论，在《资本论》中得到了发挥。”[①] 该书和《共产党宣言》一样，“可以作为研究《资本论》和现代其他社会主义者的著作的入门”[②]。但是，由于种种原因，有关该书的研究成果还很少。《哲学动态》2011年第5期刊登了董必荣的《马克思如何理解经济学的哲学贫困——以〈哲学的贫困〉为例》（以下简称董文，凡引自该文的不再注明）一文，试图“解读马克思在《哲学的贫困》中所表述的经济哲学思想”，令人注目。但是拜读之后却发现董文对《哲学的贫困》的理解存在不少问题，下面就其中的三个问题谈谈我的看法。

一、 应该如何正确解读《哲学的贫困》

《哲学的贫困》是马克思正式出版的第一部政治经济学著作，又是一部

① 马克思：《关于“哲学的贫困”》，《马克思恩格斯全集》第19卷，北京：人民出版社，1965年，第248页。
② 马克思：《关于“哲学的贫困”》，《马克思恩格斯全集》第19卷，北京：人民出版社，1965年，第248页。

论战性著作。要正确解读该部著作，除了要了解写作该书的时代背景、马克思在19世纪四五十年代经济思想的发展过程以及有关黑格尔哲学的知识外，还要了解以下三个材料：

首先，是马克思的批判对象——蒲鲁东的《贫困的哲学》。该书分上、下两卷，出版于1846年，中译本由余叔通、王雪华译，商务印书馆1998年出版。该书的全称是《经济矛盾的体系，或贫困的哲学》，但是后来人们都习惯以副标题“贫困的哲学”作为其书名。通过阅读这本书，可以有助于理解马克思对他的批判。例如：为什么蒲鲁东要把他的书称之为“贫困的哲学”？董文认为，“对于亚当·斯密的《国民财富的性质和原因的研究》，蒲鲁东认为其中包含着某种‘财富的哲学’；同时，他跟亚当·斯密的不同之处在于，在他看来，产生财富的原因同时也产生贫困。因此，他要研究‘贫困的哲学’。”其实，关于书名，蒲鲁东自己有一个说明：现代文明人贫困的唯一原因在于缺乏秩序。只要有了良好的组织状态，不仅可以延缓贫困的到来，还可以在人口与生产之间重新建立一种均衡。“这个假定的证实对人类将有多么重大的意义。如果这样一个假定成为事实，那么，不论是人类的怠惰所造成的贫困，还是工业组织的弊病所造成的贫困，都可以无限期地避免；而我们的命运问题，世界命运的问题，将会以另外一种面目出现。其实，这个重大的证明，我们在这本书里已经做出了，其副题‘贫困的哲学’，本身就充分地表示了这个意思。”① 马克思批评蒲鲁东“自矜自夸的、自吹自擂的、大言不惭的语调，特别是极其无聊地胡扯‘科学’和错误地以此自夸，这类东西真是不断地刺耳极了”②，我们仅从这个书名就可以看出来，马克思的批评是完全正确的。再比如，《哲学的贫困》第二章标题是“政治经济学的形而上学”，董文说：“如果考虑到马克思这里所说的‘形而上学’其实是‘哲学’的代名词（下文均在这一意义上使用‘形

① ［法］蒲鲁东：《贫困的哲学》下卷，余叔通，王雪华译，北京：商务印书馆，2000年，第733页。

② 马克思：《论蒲鲁东》，《马克思恩格斯选集》第2卷，北京：人民出版社，1995年，第618页。

而上学’概念)，那么，这一章的标题所说的恰恰是‘政治经济学的哲学’。”这是望文生义，其实并非这么简单！“形而上学”这一概念在欧洲沿用了二千多年，但含义几经变迁，而且各个哲学家对它理解也不一样。黑格尔对他之前的形而上学都不满意。他认为“形而上学是研究思想所把握住的事物的科学，而思想是能够表达事物的本质性的”①，强调“每一个有教养的意识都有自己的形而上学，有这种本能式的思维，这种存在于我们之内的绝对力量”②。蒲鲁东在《贫困的哲学》第一章“经济学”一开头就提到了形而上学：“在我看来，经济学是一切科学中最渊博、最纯洁和最适于实践的科学。这个新的论点，使经济学成为一种具体的逻辑学或形而上学，从而根本上改变了旧哲学的基础。换句话说，对我说来，经济学是形而上学的一种客观形式和具体体现，是在行动中的形而上学，是以不断流逝的时间为背景的形而上学。因此，谁要是研究劳动与交换的规律，谁就是真正的形而上学专家。”③ 综合黑格尔和蒲鲁东的论述，我认为《哲学的贫困》第二章的标题“政治经济学的形而上学”和第一章的标题“科学的发现”一样，是马克思对蒲鲁东这位自诩为发现了政治经济学“伟大规律”的“真正的形而上学专家”的批判和嘲弄！

其次，是马克思有关蒲鲁东的重要论述。一是马克思在1846年12月28日写给俄国自由派著作家帕·瓦·安年柯夫的一封长信中，明确宣布要对蒲鲁东《贫困的哲学》这本“很坏的书”进行批判，阐述了即将写作的《哲学的贫困》一书的基本观点，特别是揭示了蒲鲁东思想怪胎的阶级根源：“蒲鲁东先生彻头彻尾是个小资产阶级的哲学家和经济学家。小资产者在已经发展了的社会中，迫于本身所处的地位，必然是一方面成为社会主义者，另一方面又成为经济学家，就是说，他既迷恋于大资产阶级的豪华，

① [德] 黑格尔：《小逻辑》，贺麟译，北京：商务印书馆，1980年，第79页。

② [德] 黑格尔：《自然哲学》，薛华等译，北京：商务印书馆，1980年，第15页。

③ [法] 蒲鲁东：《贫困的哲学》上卷，余叔通，王雪华译，北京：商务印书馆，2000年，第38页。

又同情人民的苦难。他同时既是资产者又是人民。他在自己的心灵深处引以为骄傲的，是他不偏不倚，是他找到了一种自诩不同于中庸之道的真正的平衡。这样的小资产者把矛盾加以神化，因为矛盾是他存在的基础。他自己不过是社会矛盾的体现。”① 二是《论蒲鲁东》，这是马克思 1865 年 1 月 24 日应《社会民主党人报》的编辑施韦泽的要求而写的，当时蒲鲁东刚去世。这是一篇简要而全面评论蒲鲁东的文章，特别是对蒲鲁东一生中的主要著作包括《贫困的哲学》进行了深刻的评析。这时的马克思已完成了哲学和政治经济学的伟大变革，看看他对 18 年前同蒲鲁东论战的回顾，对于深入理解《哲学的贫困》是很有帮助的。三是《关于〈哲学的贫困〉》。19 世纪 80 年代初，为了帮助正在筹备成立的法国工人政党掌握科学的共产主义理论，需要重新发表《哲学的贫困》，该文是马克思应法文报纸《平等报》编辑部的请求而写的，作为该报发表《哲学的贫困》的引言。在这篇简短的引言中，马克思进一步对《哲学的贫困》和蒲鲁东做出了评价。在马克思一生的论敌中，多年以后还能继续回顾的不多，蒲鲁东就是其中一个。

最后，是马克思和恩格斯在 19 世纪 40 年代末有关蒲鲁东的通信，从中我们清楚地看出马克思写作《哲学的贫困》的真实动机和主要目的。但是，董文对这极为重要的一点避而不谈，却大谈什么“经济哲学”的“确立”：“我们知道，要确立一门科学，既要有独特的研究对象，还要为这种研究对象确立专门的研究方法。蒲鲁东恰恰未能做到这点。马克思的批判就是从这里开始的。对于马克思来说，所谓‘政治经济学的形而上学’或经济学的哲学，应当从对象和方法两个方面进行研究。”且不说在董文所做的有关经济哲学的对象和方法的论述中，把一些不是马克思的东西强加给马克思（如“马克思认为经济学的研究对象是经济生活，经济学哲学的研究对象则是经济学”；“经济学的哲学不过是经济的哲学的认识论反映而已”；等等），

① 《马克思恩格斯选集》第 4 卷，北京：人民出版社，1995 年，第 542 页。

其根本错误在于把马克思批判蒲鲁东这一场严肃的政治斗争说成是马克思为“确立”“经济哲学”这“一门科学”而同蒲鲁东展开的学术争论，这实在是偏离马克思太远了！我们看看恩格斯当时是怎么说的：“现在讲一件滑稽的事。蒲鲁东在一本还没付印的新书里（该书由格律恩翻译），想出了一个妙方，能够凭空弄到钱，使所有工人早日进入地上天堂。没有人知道到底是怎么回事。”① “而这里的工人中的一些愚蠢的青年（我指的是德国人）却相信这种无稽之谈。……现在还必须认真地反对这种荒谬绝伦的废话。”② “我所要证明的主要就是暴力革命的必要性，同时证明：在蒲鲁东的万应灵药中找到了新生命力的格律恩的‘真正的社会主义’是反无产阶级的、小资产阶级的和庸人的东西。”③ 而马克思的回应则是：“蒲鲁东先生十分强烈地敌视一切政治运动”，“在他看来，现代各种问题不是解决于社会行动，而是解决于他头脑中的辩证的旋转。”④ 即使在晚年，马克思也坚持认为：“为了给社会主义扫清道路，必须断然同唯心主义的政治经济学决裂，这个唯心主义政治经济学的最新体现者，就是自己并没有意识到这一点的蒲鲁东。”⑤

二、 马克思如何批判蒲鲁东哲学的贫困

马克思在致帕·瓦·安年柯夫的信中，说蒲鲁东“给我们提供了一种

① 恩格斯：《致布鲁塞尔共产主义通讯委员会（1846.9.16）》，《马克思恩格斯〈资本论〉书信集》，北京：人民出版社，1976年，第9页。

② 恩格斯：《致马克思（1846.9.18）》，《马克思恩格斯〈资本论〉书信集》，北京：人民出版社，1976年，第12页。

③ 恩格斯：《致布鲁塞尔共产主义通讯委员会（1846.10.23）》，《马克思恩格斯〈资本论〉书信集》，北京：人民出版社，1976年，第12—13页。

④ 马克思：《致帕·瓦·安年柯夫（1846.12.28）》，《马克思恩格斯选集》第4卷，北京：人民出版社，1995年，第540页。

⑤ 马克思：《关于“哲学的贫困”》，《马克思恩格斯全集》第19卷，北京：人民出版社，1965年，第248页。

可笑的哲学”①，后来在正式出版批判蒲鲁东的著作时，把书名定为《哲学的贫困》，其用意是很清楚的。那么，马克思是如何批判蒲鲁东哲学的贫困呢?

董文的论证是：“马克思所理解的辩证法包括两个方面。一是联系的观点，应当把社会视为一个有机体进行研究，而不是满足于研究其中的某一个方面，或者是满足于研究几个方面之间的机械联系。二是发展的观点，应当从社会经济形态的自身矛盾，从代表不同经济关系的阶级对抗中，而不是通过清除对立面的办法去理解社会有机体的发展。在这两方面，蒲鲁东同马克思的看法都是相反的。”为了说明这一点，董文从《哲学的贫困》中摘引了很多论述。表面看来这似乎不无道理，但细读之后，发现有三个不妥。其一是竟然对唯物史观只字不提。大家知道，1845—1846 年马克思和恩格斯共同撰写了《德意志意识形态》，第一次系统阐述了唯物主义历史观的基本原理，并根据自己新的历史观对共产主义做了科学的论证。马克思 1859 年 1 月在为《政治经济学批判》所做的著名“序言”中，曾回顾了他研究政治经济学的经过，强调唯物史观“一经得到就用于指导我的研究工作”②，还特别指出，“我们见解中有决定意义的论点，在我的 1847 年出版的为反对蒲鲁东而写的著作《哲学的贫困》中第一次做了科学的、虽然只是论战性的概述”③。马克思的辩证法是建立在唯物史观的基础上，这是马克思既区别于黑格尔又超越蒲鲁东的根本所在。离开了唯物史观，一切将无从谈起！其二是对马克思的辩证法持非历史观点。马克思的辩证法思想同他的经济理论一样，有一个从不成熟到成熟的发展过程。马克思辩证法思想的发展是同对黑格尔唯心辩证法的批判改造、应用和推进紧密联系在一起的。在《哲学的贫困》中，马克思批判了黑格尔辩证法的唯心主义，

①《马克思恩格斯选集》第 4 卷，北京：人民出版社，1995 年，第 531 页。

②《马克思恩格斯选集》第 2 卷，北京：人民出版社，1995 年，第 32 页。

③《马克思恩格斯选集》第 2 卷，北京：人民出版社，1995 年，第 34 页。

精辟地阐述了其构建哲学体系所运用的“肯定、否定、否定之否定”的方法，但是，对黑格尔辩证法该如何扬弃，该如何将其“合理内核”应用于自己的政治经济学研究，马克思还在进行探索。这项重要工作的完成是在十年后的《资本论》第一稿即1857—1858年的经济学手稿直至1867年《资本论》第一卷的出版。在董文中，1847年的马克思似乎是以一个成熟的辩证法大家的面目出现了，这显然是有悖于历史事实的。其三是又落入了“原理加例子”的窠臼。很长一段时间以来，人们对马克思著作中的哲学思想的研究，习惯于从现行马克思主义哲学教科书上引用若干个原理，然后从马克思著作中找一些段落来加以说明。例如：在笔者所看到的有关《资本论》辩证法研究的大量论著中，这种情况俯拾即是。这种“原理加例子”的方法是很省力气的，但对真正的马克思研究来说，毫无用处！不幸的是，董文又重犯了这个毛病。

马克思对蒲鲁东哲学贫困的批判是从以下三个方面进行的：

首先，马克思运用唯物史观这一崭新的理论武器给了蒲鲁东以致命的打击。马克思在给帕·瓦·安年柯夫的信中指出：蒲鲁东“之所以给我们提供了一种可笑的哲学，都是因为他不了解处于现代社会制度联结……关系中的现代社会制度。”① 在《哲学的贫困》中，马克思进一步指出“经济范畴只不过是生产的社会关系的理论表现，即其抽象。真正的哲学家蒲鲁东先生把事物颠倒了，他以为现实关系只是一些原理和范畴的化身。……经济学家蒲鲁东先生非常明白，人们是在一定的生产关系中制造呢绒、麻布和丝织品的。但是他不明白，这些一定的社会关系同麻布、亚麻一样，也是人们生产出来的。社会关系和生产力密切相连。随着新生产力的获得，人们改变自己的生产方式，随着生产方式即谋生的方式的改变，人们也就会改变自己的一切社会关系。手推磨产生的是封建主的社会，蒸汽磨产生

① 马克思：《致帕·瓦·安年柯夫（1846.12.28）》，《马克思恩格斯选集》第4卷，北京：人民出版社，1995年，第531页。

的是工业资本家的社会。人们按照自己的物质生产率建立相应的社会关系，正是这些人又按照自己的社会关系制造了相关的原理、观念和范畴。所以，这些观念、范畴也同它们所表现的关系一样，不是永恒的。它们是历史的、暂时的产物”①。在《哲学的贫困》第二章第一节“方法”所做的“七个比较重要的说明”中，第二个说明最为重要，因为它阐述了唯物史观中“具有决定意义的论点”。而“这正是蒲鲁东先生没有理解，尤其是没有证明的。蒲鲁东先生无法探索出历史的实在进程，他就给我们提供了一套怪论，一套妄图充当辩证怪论的怪论”②。

其次，马克思指出，蒲鲁东想卖弄黑格尔的辩证法，却弄巧成拙，适得其反。蒲鲁东接触黑格尔哲学的时间不长，而且是1844年在巴黎同马克思的争论中，多少“使他感染了黑格尔主义”，但由于“他不懂德文，不能认真地研究黑格尔主义”。③ 蒲鲁东就这么一点关于黑格尔哲学的可怜的本钱，居然想在法国人面前卖弄一番，“把这些冒牌的黑格尔词句扔向法国人，毫无问题是想吓唬他们一下”④。但结果却是：作为黑格尔哲学糟粕的唯心主义和神秘主义，他全盘接受过来了，而作为黑格尔哲学中精华的辩证法，却被他歪曲甚至是阉割了。蒲鲁东以黑格尔的纯粹的、永恒的、无人身的理性为前提，套用黑格尔的正题、反题、合题的三段论公式，企图推演出他的整个政治经济学体系。马克思指出，这样做的结果，“就会把人所共知的经济范畴翻译成人们不大知道的语言，这种语言使人觉得这些范畴似乎是刚从纯理性的头脑中产生的，好像这些范畴仅仅由于辩证运动的作用才互相产生、互相联系、互相交织”⑤。不仅如此，蒲鲁东最后还搬出天命来，用天命作为火车头，拖着他的全部经济行囊前进。他的《贫困的

① 马克思：《哲学的贫困》，《马克思恩格斯选集》第1卷，北京：人民出版社，1995年，第141—142页。
②《马克思恩格斯选集》第4卷，北京：人民出版社，1995年，第533页。
③ 马克思：《论蒲鲁东》，《马克思恩格斯选集》第2卷，北京：人民出版社，1995年，第616页。
④ 马克思：《哲学的贫困》，《马克思恩格斯选集》第1卷，北京：人民出版社，1995年，第137页。
⑤ 马克思：《哲学的贫困》，《马克思恩格斯选集》第1卷，北京：人民出版社，1995年，第144页。

哲学》的第八章，全部用来写天命，题目就叫“人和上帝在矛盾律下的责任，或天命问题的解答”，这实在是太可笑了！更可笑的是他对黑格尔辩证法的“创造性发挥”，把每个经济范畴都分为好坏两个方面，这就构成经济范畴固有的矛盾。解决矛盾的唯一方法是保存好的方面，消除坏的方面。马克思一针见血地指出：“蒲鲁东先生从黑格尔的辩证法那里只借用了用语。而蒲鲁东先生自己的辩证运动只不过是机械地划分出好、坏两面而已。……两个相互矛盾方面的共存、斗争以及融合成一个新范畴，就是辩证运动。谁要给自己提出消除坏的方面的问题，就是立即切断了辩证运动。我们看到的已经不是由于自己的矛盾本性而设定自己并把自己与自己相对立的范畴，而是在范畴的两个方面中间转动、挣扎和冲撞的蒲鲁东先生。”① 18 年后马克思在评论这件事时还说：“这是自学者炫耀自己学问的极为笨拙而令人讨厌的伎俩。”②

最后，马克思指出蒲鲁东的政治经济学方法是“含糊不清的”③，远在他所批判的经济学家之下。蒲鲁东自称是“一个普通的经济学家”，但是自亚当·斯密以来的经济学家他一个也看不上眼。在《贫困的哲学》第一章“经济学”中他写道：“我应该现在就指出，我并不把近百年来人们正式名之曰政治经济学的那一套自相矛盾的理论视为科学。……亚当·斯密、大卫·李嘉图、托马斯·罗伯特·马尔萨斯和让·巴·萨伊所留传给我们的那种政治经济学已经在某种意义上遭到否定，而且半个世纪来我们亲眼看到它停滞不前。这是本书所得出的一个重要结论。”④ 之所以如此，就是因为政治经济学方法的贫困（这也许是其著作名称的另一层含义），使得政治经济学这片辽阔的空地上到处堆满着准备施工的材料。工人们急于动手干活，但却无所适从，因为作为经济学家的“建筑师不见了，也没有留下图

---

① 马克思：《哲学的贫困》，《马克思恩格斯选集》第 1 卷，北京：人民出版社，1995 年，第 141 页。
② 马克思：《论蒲鲁东》，《马克思恩格斯选集》第 2 卷，北京：人民出版社，1995 年，第 618 页。
③ 马克思：《哲学的贫困》，《马克思恩格斯选集》第 1 卷，北京：人民出版社，1995 年，第 145 页。
④［法］蒲鲁东：《贫困的哲学》上卷，余叔通，王雪华译，北京：商务印书馆，2000 年，第 38—39 页。

样”。“这样一来，建筑社会大厦的事也就无人过问了”，工地一片混乱，那些经济学家“历史的和叙述的方法尽管在当初认识事物时颇为有效，可是以后就毫无益处了”①。于是，蒲鲁东也就以政治经济学的“救世主”的面目出现，首先在哲学方法上实行大胆的“革新”。马克思认为，蒲鲁东的哲学方法一点也不比他的前辈高明，实际上是十分贫困。第一，严重脱离现实的经济生活，必然陷入唯心主义泥坑。“经济学家的材料是人的生动活泼的生活；蒲鲁东先生的材料则是经济学家的教条”，又“把这些范畴看作观念、不依赖现实关系而自生的思想，那么，我们只能到纯理性的运动中去找寻这些思想的来历了”②。第二，缺乏历史知识，又不做深入研究，当他无法解释历史发展时，就开始胡编乱造。蒲鲁东的历史知识非常贫乏，马克思列举大量的史实予以揭露。如：他不懂得分工问题，既没有提到在德国从9—12世纪发生的城市和乡村的分离，也不谈世界市场，不懂得机器产生和发展的历史，尤其荒谬的是把机器当成和分工、竞争、信贷等并列的经济范畴……总之，“蒲鲁东先生看不到现代种种社会体制是历史的产物，既不懂得它们的起源，也不懂得它们的发展，所以他只能对它们做教条式的批判。因此，为了说明发展，蒲鲁东先生不得不求助于虚构。他想象分工、信贷、机器等等都是为他的固定观念即平等观念而发明出来的”③。第三，蒲鲁东企图借用黑格尔辩证法来构筑政治经济学大厦，却是破绽百出，以失败告终。黑格尔哲学体系虽然是唯心主义的，但却是一个有着紧密内在联系的有机整体。而在蒲鲁东那里，经济范畴的排列居然成了一种拼凑起来的脚手架。“蒲鲁东先生的辩证法背弃了黑格尔的辩证法，于是蒲鲁东先生只得承认，他用以说明经济范畴的次序不再是这些经济范畴相互产生的次序。经济的进化不再是理性本身的进化了。那么，蒲鲁东先生给了我

---

①［法］蒲鲁东：《贫困的哲学》上卷，余叔通，王雪华译，北京：商务印书馆，2000年，第60—61页。

② 马克思：《哲学的贫困》，《马克思恩格斯选集》第1卷，北京：人民出版社，1995年，第137页。

③ 马克思：《致帕·瓦·安年柯夫（1846.12.28）》，《马克思恩格斯选集》第4卷，北京：人民出版社，1995年，第536页。

们什么呢？……是他本身矛盾的历史。”[1] 他那两卷本的著作应“恰当地称为《经济矛盾的体系》”[2]。第四，蒲鲁东的哲学实际上是典型的二元论。蒲鲁东是个小资产阶级的经济学家和哲学家，他既同情人民的苦难，又不想通过政治行动来改变社会现实的基础。他一心想调和矛盾，企图寻求一个新公式，以便把各个社会等级、各种社会对立平衡起来。“由于蒲鲁东先生把永恒观念、纯理性范畴放在一边，而把人和他们那种在他看来是这些范畴的运用的实践生活放在另一边，所以他自始就保持着生活和观念之间、灵魂和肉体之间的二元论——以许多形式重复表现出来的二元论。”[3] 这是蒲鲁东哲学贫困的深层原因，也是他政治和学术生涯悲剧的秘密所在。

三、 如何实现经济学和哲学的结合

使经济学和哲学内在地结合起来，把马克思主义作为一个整体来研究，这已逐渐成为当代马克思主义研究者的共识。董文以《哲学的贫困》和马克思的经济理论为例，说明“经济学与哲学的结合需要既懂经济学，又懂哲学，这要求研究者做大量艰苦细致的研究工作，决不能浅尝辄止，满足经济学和哲学的表面词句的‘结合’；更不可抱投机心理，一方面拿半生不熟的经济学吓唬哲学家，另一方面拿半生不熟的哲学吓唬经济学家”。遗憾的是，笔者发现，董文正是犯了其所批评的这种毛病。

先看董文对马克思经济理论的错误理解：

其一，不了解马克思的经济理论经历了一个从不成熟到成熟并逐步深化的过程。在19世纪40年代中期，刚开始研究政治经济学的马克思，还是个古典经济学劳动价值论的异议者。《哲学的贫困》在马克思的经济理论发

---

① 马克思：《哲学的贫困》，《马克思恩格斯选集》第1卷，北京：人民出版社，1995年，第146页。

② 马克思：《哲学的贫困》，《马克思恩格斯选集》第1卷，北京：人民出版社，1995年，第145页。

③ 马克思：《致帕·瓦·安年柯夫（1846.12.28）》，《马克思恩格斯选集》第4卷，北京：人民出版社，1995年，第541页。

展史上是个重要的转折，他已赞同并高度评价李嘉图的劳动价值论，并在唯物史观的指导下，超越了资产阶级经济学家的狭隘视野。1857—1858 年是马克思经济理论发展的又一个重要转折时期。这一时期不仅实现了劳动价值论的根本变革，而且明确了政治经济学的对象和方法，初步构建起了《政治经济学批判》的体系。19 世纪 60 年代是马克思经济理论发展的又一个重要时期，马克思继续对政治经济学进行了深入的研究，并将自己的著作定名为《资本论》，出版了第一卷。从 19 世纪 70 年代到逝世，马克思对自己的经济理论又做了进一步的完善。所以，当我们具体分析马克思某一经济思想时，一定要有历史的观点。董文似乎忽视了这一点，在谈到《哲学的贫困》中劳动的“抽象”时，居然引证了《资本论》第一卷中的有关论述，时光跳跃了 20 年，这是很不合适的。又如，董文谈到，“马克思不仅从总体上研究了资本主义生产关系的生产、发展过程和灭亡条件，而且在每一个细节上都贯穿了辩证法。以‘价值’问题为例。”如果讲到“价值问题”的细节，那么从 1859 年的《政治经济学批判》第一分册到 1867 年的《资本论》第一卷德文第一版再到 1873 年的第二版，马克思都做了很多修改，即使在他晚年，还对阿·瓦格纳的《政治经济学教科书》中的“价值问题”做出重要评述。董文用了很多篇幅，批判蒲鲁东“无法理解价值实体”，而马克思则要“确立价值实体即抽象劳动的地位”，这是违背历史事实的；其对蒲鲁东提出了过高的要求，即使马克思当时也未意识到这一点。劳动的二重性学说是马克思在《1857—1858 年经济学手稿》中才建立起来的。列宁说：“马克思辩证法要求对每一特殊的历史情况进行具体的分析。”① 对马克思经济理论的引用和评价应持此科学态度。

其二，不了解马克思创立的科学的劳动价值论和剩余价值论。董文说：“劳动价值论其实并不是马克思创立的，在亚当·斯密和大卫·李嘉图那里，劳动价值论的基本形态已经具备。马克思对劳动价值论的重大贡献在

---

① 列宁：《论尤尼乌斯的小册子》，《列宁选集》第 2 卷，北京：人民出版社，1972 年，第 857 页。

于，他并不把‘价值’看作永恒的现象，而将之与交换价值的历史发展联系在一起，交换价值的历史发展又与劳动的抽象化联系在一起。马克思正是从具体劳动与抽象劳动的关系入手，才真正弄清了价值的主体本质。”这里存在两个问题需要澄清。第一，古典经济学提出了劳动价值论的一系列基本原理，但也存在重大缺陷。他们从来没有研究过劳动的性质和价值的性质，因此不能完整而科学地说明什么是价值、价值是如何形成的，因此说在他们那里“劳动价值论的基本形态已经具备”是很不严谨的。第二，马克思对劳动价值论的重大贡献在于：一是从“经济的具体物”——商品中分析出使用价值和价值，而不是从“价值”概念出发；二是劳动二重性是首先由马克思批判地证明了的，它成了理解马克思全部政治经济学的枢纽；三是第一次对价值形式做了全面阐述，揭示了货币的产生和本质；四是论述了商品拜物教；五是实现劳动价值论和剩余价值理论的“无缝对接”，使马克思的经济理论体系成为一个具有逻辑一贯性的严密的有机整体。董文对马克思在劳动价值论上所做的重大贡献的概括显然过于片面和简单。至于“马克思正是从具体劳动与抽象劳动的关系入手，才真正弄清了价值的主体本质”的话语，令人不知所云。此外，董文还提到，劳动价值论或剩余价值理论“这仅仅是马克思构建现代资本主义社会有机体的细胞层次”，说明其对马克思剩余价值理论是一知半解的。

再看董文对马克思哲学的错误理解：

其一，董文说，“在马克思看来，辩证法包括两个方面：一是历史辩证法，二是逻辑辩证法。后者是前者在思想中的抽象表现”。请问：马克思在什么时候、什么地方有过这样的表述？马克思论述辩证法最详细的是《资本论》第一卷德文第二版跋，其中明确宣布《资本论》的方法就是辩证法。“辩证法在黑格尔手中神秘化了，但这绝不妨碍他第一个全面地有意识地叙述了辩证法的一般运动形式。在他那里，辩证法是倒立着的。必须把它倒过来，以便发现神秘外壳中的合理内核”，[①] 马克思正是在《资本论》中应用了黑格尔辩证法的“合理内核”。马克思还论述了辩证法的精髓和批判的革命的本质。董文这里所说的历史辩证法和逻辑辩证法，实际上是马克思辩证法中的一个原理，即逻辑和历史的统一问题，不能以点代面、以偏概全。

其二，董文认为，“马克思承认辩证法是生命力的体现，但并不认为它仅仅表现为理性的生命力，或绝对精神的生命力，而认为它是‘现实的个人’的生命力”。请问：马克思又是在什么时候、什么地方有过这样的“承认”？如果马克思的辩证法具有“‘现实的个人’的生命力”，那它与黑格尔的“无人身的理性”和蒲鲁东所发明的“新理性”又有什么区别？让我们重温一下马克思的论述吧：“我的辩证方法，从根本上来说，不仅和黑格尔的辩证方法不同，而且和它截然相反。在黑格尔看来，思维过程，即他称为观念而甚至把它变成独立主体的思维进程，是现实事物的创造主，而现实事物只是思维过程的外部表现。我的看法则相反，观念的东西不外是移入人的头脑并在人的头脑中改造过的物质的东西而已。”[②]

其三，董文认为，“‘资本’是资本主义社会有机体的细胞”，“‘剩余价值理论’……是马克思建构现代资本主义社会有机体的细胞层次”。这暴露出董文既不了解马克思的经济理论，也不了解马克思建构政治经济学体系所应用的辩证方法。在《资本论》第一卷德文第一版序言中，马克思明确指出：“对资产阶级社会说来，劳动产品的商品形式，或者商品的价值形式，就是经济的细胞形式。”[③] 相对于商品或价值来说，资本是个具体得多的范畴。按照马克思所运用的从抽象上升到具体的方法，“资本”只有在第一卷的第二篇“货币转化为资本”时才出现，然后逐步展开。针对那种由

① 马克思：《资本论》第1卷，《马克思恩格斯全集》第23卷，北京：人民出版社，1972年，第24页。
② 马克思：《资本论》第1卷，《马克思恩格斯全集》第23卷，北京：人民出版社，1972年，第24页。
③ 马克思：《资本论》第1卷，《马克思恩格斯全集》第23卷，北京：人民出版社，1972年，第8页。

于不懂得辩证法而产生的误解，马克思在晚年的一篇文章中写道："因此，在分析商品时，即使在谈它的'使用价值'时，我们也没有立即联系到'资本'的定义，当我们还在分析商品的因素的时候，就谈资本的定义，那纯粹是荒唐的事。"① 至于剩余价值理论，稍具经济学常识的人都知道，它是马克思经济理论的总称，恩格斯把它与唯物史观并称为马克思一生的两大发现，怎么在董文那里就成了"马克思建构现代资本主义社会有机体的细胞层次"呢？

其实，如何实现经济学和哲学的内在结合，我们从《哲学的贫困》中可以得到许多有益的启示：

首先，要明确结合的目的，不仅要正确地"认识世界"，更重要的还在于"改变世界"。马克思写作《哲学的贫困》，从经济学和哲学两方面批判蒲鲁东，就是为了揭穿他的伪科学面目，清除其小资产阶级社会改良主义在工人运动中的影响，为正在组织为政党、开展政治斗争的无产阶级提供新的理论武器。今天我们要实现经济学和哲学的结合，就是要在新的历史条件下，继承和发展马克思主义，把建设中国特色的社会主义事业不断推向前进。

其次，经济学和哲学的结合必须以唯物史观为指导。在《哲学的贫困》中，马克思之所以能把蒲鲁东批驳得体无完肤，之所以能超越古典经济学的创立者亚当·斯密、大卫·李嘉图和辩证法大师黑格尔，就是因为马克思掌握了新的世界观——唯物史观。正如列宁所说的："马克思的历史唯物主义是科学思想中的最大成果。过去在历史观和政治观方面占支配地位的那种混乱和随意性，被一种极其严密的科学理论所代替。"

复次，"结合"要以对经济学和哲学的优秀遗产的科学批判和继承为前提。马克思研究政治经济学始于 1843 年 10 月底到达巴黎以后，他读了大量

---

① 马克思：《评阿·瓦格纳的〈政治经济学教科书〉》，《马克思恩格斯全集》第 19 卷，北京：人民出版社，1965 年，第 414 页。

政治经济学著作，并做了摘录和笔记（遗留至今的有《巴黎笔记》共9册）。1845年2月，马克思移居布鲁塞尔后，继续政治经济学研究。他研读了大量经济学文献，其中包括历史上各个时代经济学家的著作，也包括同时代各派经济学家的著作，也同样做了摘录和笔记。在这个基础上，马克思打算写一部两卷本的《政治和政治经济学批判》的著作，后来由于种种原因，该书未能出版，但马克思在《哲学的贫困》中利用了这方面的研究成果，特别是在劳动价值论上出现了重大的转折，为马克思以后经济理论的发展奠定了坚实的基础。马克思对欧洲哲学史的研究，特别是对黑格尔唯心主义辩证法的批判继承所达到的广度和深度，是无人可与之比肩的。所以，马克思在政治经济学研究中能够娴熟地运用辩证方法，也就水到渠成、顺理成章了。①

复次，“结合”要和实践保持密切的联系，从中不断地汲取养料，保持理论旺盛的生命力和战斗力。马克思在巴黎开始政治经济学研究的同时，还投身于工人阶级的火热斗争中去。他深入工人群众，了解他们的愿望和要求；经常参加德法两国工人的集会和工人秘密团体的活动。马克思曾这样热情地写道：“要理解这个运动中人的高尚性，就必须知道英法两国工人对科学的向往、对知识的渴望、他们的道德力量和他们对自己发展的不倦的要求。”② 在布鲁塞尔期间，为了实地考察英国的经济状况，收集有关经济学方面的实际资料和文献资料，并与英国的工人组织和工人群众建立联系，马克思还于1845年夏天，在恩格斯陪同下，到英国伦敦和曼彻斯特做了为期一个半月的考察。马克思在《哲学的贫困》中对资本主义社会内部矛盾的深刻分析，对即将到来的无产阶级革命的科学预见，既是他把经济学和哲学结合起来进行分析的结果，也是他亲身参加生产和革命实践所获

① 列宁：《马克思主义的三个来源和三个组成部分》，《列宁选集》第2卷，北京：人民出版社，1972年，第443页。

② 马克思，恩格斯：《神圣家族》，《马克思恩格斯全集》第2卷，北京：人民出版社，1965年，第107页。

得的感性认识的理论升华。正如恩格斯所评价的那样，马克思不仅是“当代最伟大的思想家”，而且“首先是一个革命家。他毕生的真正使命，就是以这种或那种方式参加推翻资本主义社会及其所建立的国家设施的事业……很少有人像他那样满腔热情、坚韧不拔和卓有成效地进行斗争”①。

最后，经济学和哲学的结合是个不断创新、永无止境的过程。马克思1844年在巴黎开始了经济学和哲学的第一次结合，其重要成果是虽不成熟但已潜在地具备了马克思主义诞生的基本要素的异化劳动理论。1845—1846年的“结合”直接导致了马克思的第一个伟大发现——唯物史观的产生。1847年的“结合”产生了不朽名著《哲学的贫困》及稍后马克思与恩格斯合著的堪称开创了一个历史新纪元的《共产党宣言》。19世纪50年代和60年代的“结合”产生了马克思的第二个伟大发现即剩余价值规律。在被称为“工人阶级的圣经”的《资本论》中，经济学和哲学的结合达到了非常完美的境地。马克思不无自豪地说：“不论我的著作有什么缺点，它们却有一个长处，即它们是一个艺术的整体；但是要达到这一点，只有用我的方法。”② 列宁非常重视在马克思那里经济学和哲学的有机结合：《哲学笔记》中有许多重要论述，在他去世前不久的一篇文章中还强调要组织“研究马克思在他的《资本论》及各种历史和政治著作中实际运用的辩证法”，因为“马克思把这个辩证法运用得非常成功”。我们应该牢记列宁的教导，并努力躬行之。

（原载于《东南学术》2012年第3期）

---

① 恩格斯：《在马克思墓前的讲话》，《马克思恩格斯选集》第3卷，北京：人民出版社，1995年，第776—777页。

② 马克思：《致恩格斯（1865.7.31）》，《马克思恩格斯〈资本论〉书信集》，北京：人民出版社，1976年，第196页。

《关于费尔巴哈的提纲》第二条别解

马克思《关于费尔巴哈的提纲》（以下简称《提纲》）第二条对中国读者来说，并不陌生。迄今为止几乎所有的马克思主义经典著作导读本、哲学教科书和有关研究马克思早期哲学思想的文献，都认为这一条讲的是真理观问题，马克思把实践作为检验真理的标准。之所以出现这种一边倒的解释，显然与这一条的中译文有关。笔者查对了第二条的德文原文，联系当时马克思的思想发展，发现中译文并不完全符合马克思的原意。下面谈谈笔者的一些看法。

《关于费尔巴哈的提纲》第二条的德文原文是：

Die Frage，ob dem menschlichen Denken gegenständliche Wahrheit zukomme—ist keine Frage der Theorie，sondern eine praktische Frage. In der Praxis muä der Mensch die Wahrheit，i. e. Wirklichkeit und Macht，Diesseitigkeit seines Denkens beweisen. Der Streit über die Wirklichkeit oder Nichtwirklichkeit des Denkens—das von der Praxis isoliert ist—ist eine rein scholastische Frage. ①

《马克思恩格斯选集》第一卷中译本第一版（1972 年）的译文是：

人的思维是否具有客观的真理性，这并不是一个理论的问题，而是一个实践的问题。人应该在实践中证明自己思维的真理性，即自己思维的现实性和力量，亦即自己思维的此岸性。关于离开实践的思维是否具有现实

① Karl Marx，Friedrich Engels：Ausgew hlte schriften in zwei Bnden，Dietz Verlag Berlin，1998.

性的争论，是一个纯粹经院哲学的问题。①

《马克思恩格斯选集》第一卷中译本第二版（1995 年）的译文是：

人的思维是否具有客观的（gegenständliche）真理性，这并不是一个理论的问题，而是一个实践的问题。人应该在实践中证明自己思维的真理性，即自己思维的现实性和力量，亦即自己思维的此岸性。关于思维——离开实践的思维——的现实性或非现实性的争论，是一个纯粹经院哲学的问题。②

通过比较，可以看出，第二版译文基本上和第一版一样，但做了一些重要改动。主要有：在第一句“客观的真理性”的“客观的”后面附上了德文的对应单词“gegenständliche”；第三句则完全采取忠于原文的直译。

细心的读者会有一个疑问：为什么要在“客观的”一词后面附上“gegenständliche”呢？原来在《提纲》的第一条中“gegenständliche”这个词出现过，第一版译文中译作“客观的”：费尔巴哈想要研究跟思想客体确实不同的感性客体，但是他没有把人的活动本身理解为客观的（gegenständliche）活动。③ 中译本第二版则把“gegenständliche”改译为：“对象性的”④，后面仍然附上“gegenständliche”这个德文单词。显然，在第一条中把“gegenständliche”译为“对象性的”更符合原文，那为什么在第二条中一个词还要保持原来的译法“客观的”，不译为“对象性的”呢？笔者认为，这与对第二条德文原文的理解有关。

《提纲》第二条共三句，第一句是理解的关键。“Wahrheit”一词德文词典的释义是：真理，真话，实话；真情，真相，真实性。可见并非一定要译成“真理”不可。“gegenständliche”一词在马克思这一时期的著作中含有通过人的活动使对象得以改变的哲学意味，因此，译为“客观的”是不

①《马克思恩格斯选集》第 1 卷，北京：人民出版社，1972 年，第 16 页。
②《马克思恩格斯选集》第 1 卷，北京：人民出版社，1995 年，第 55 页。
③《马克思恩格斯选集》第 1 卷，北京：人民出版社，1972 年，第 16 页。
④《马克思恩格斯选集》第 1 卷，北京：人民出版社，1995 年，第 54 页。

妥的，应释为“对象性的”。该释义在《提纲》的中译本第二版第一条中改过来了，但第二条为什么不相应改过来呢？也许译者是考虑到译为“对象性的真理性”，文句不通，所以保留原译文，后面附上德文原词，算是给读者一个交代。殊不知这会出现两个问题：一是与第一条的译法相矛盾。在这么短的两段文字中一个词有两种不同的译法是很怪异的。二是偏离了马克思的原意。笔者认为，马克思在这里讲的是“对象性的真实性”，而不是在讲“客观的真理性”。与之相联系的是《提纲》第二条第一句中动词zukomme的译法。德文词典对zukomme的释义是：走进；接近；面临；对……得当、适宜、适合、符合；等。中译本把它译为“人的思维是否具有客观的真理性”中的“具有”，不仅很牵强，而且会造成一种误解，似乎马克思认为人的任何思维都可能具有客观的真理性，这就使马克思停留在费尔巴哈的“直观”层面上，与黑格尔哲学相比反而后退了。黑格尔曾批评那种随便滥用真理的见解，他指出：“以为真理存在于表示某种确定结果的或可以直接予以认识的一个命题里。对于像‘凯撒生于何时?’‘一个运动场要有多少长?’这类问题，诚然给予一个明确的简洁的答复。……但这样的所谓真理，其性质与哲学真理的性质不同。”① 黑格尔虽然是个唯心主义哲学家，但他关于真理的见解，如真理是具体的、真理是一个过程、真理是认识发展的较高阶段、真理是全体等，是很深刻的。马克思说过：“和黑格尔比较起来，费尔巴哈是极其贫乏的。”② 费尔巴哈哲学之所以贫乏，除了不懂得真正意义上的实践外，就是缺乏辩证法。所以，“人的思维是否具有客观的真理性”这种译法与马克思这个专门评论费尔巴哈哲学的提纲的精神是不相符合的。

笔者认为，《提纲》第二条第一句应译为：“人的思维是否符合对象性的真实性，这不是一个理论问题，而是一个实践的问题。”相应地，第二句

---

① 黑格尔：《精神现象学》上卷，贺麟，王玖兴译，北京：商务印书馆，1979年，第26页。

②《马克思恩格斯选集》第2卷，北京：人民出版社，1995年，第614页。

改译为“人应该在实践中证明自己思维的真实性，即自己思维的现实性和力量，亦即自己思维的此岸性。”第三句还是按照中译本第二版译法，译为：“关于思维——离开实践的思维——的现实性或非现实性的争论，是一个纯粹经院哲学的问题。”① 笔者认为，改译后的第二条更加符合马克思的原意。具体表现在：

一是对第二条的理解更加明确了。由于人的实践活动的作用，我们周围的世界、我们认识的对象是在不断改变着的，所以对人的思维是否符合这种不断改变着的对象性的真实性的认识，不能只停留在理论层面，而必须从实践上去理解。思维的真实性，也就是思维的现实性、力量、此岸性，它们在实践的基础上统一起来了。正是作为人的对象性活动的实践，使思维的真实性更能体现现实性，也更能体现人的本质力量。马克思在此前的巴黎手稿中曾说过：“工业的历史和工业的已经产生的对象性的存在，是一本打开了的关于人的本质力量的书。”②“如果把工业看成人的本质力量的公开展示，那么自然界的人的本质，或者人的自然的本质，也就可以理解了。”③ 思维的这种真实性、现实性和力量，不是虚无缥缈、不可捉摸的，它就发生在我们的日常生活中，也就是这里所说的“此岸性”。在离开实践的情况下去讨论思维的现实性，这不是在重蹈经院哲学的覆辙吗？

二是和《提纲》其他条的内容更一致了。马克思在《提纲》第一条批判费尔巴哈不懂得实践在改变现实世界中的能动作用；第二条指出，由于脱离实践活动，费尔巴哈的思维所反映的“感性客体”缺乏真实性，因此既不现实，也显得苍白无力；第三条指出，通过人的实践活动，不仅改变了环境，而且改变了人本身，这里也包括人的思维；第五条则进一步批判费尔巴哈，指出光凭感性直观而不了解人的感性活动即实践，是不可能彻

①《马克思恩格斯选集》第1卷，北京：人民出版社，1995年，第55页。
②《马克思恩格斯选集》第3卷，北京：人民出版社，2002年，第306页。
③《马克思恩格斯选集》第3卷，北京：人民出版社，2002年，第307页。

底克服黑格尔唯心主义“抽象的思维”的。

三是马克思在《提纲》之后与恩格斯一起写作的《德意志意识形态》中对第二条做了进一步的解释和发挥。马克思指出，费尔巴哈“在对感性世界的直观中，他不可避免地碰到与他的意识和他的感觉相矛盾的东西，这些东西扰乱了他所假定的感性世界的一切部分的和谐，特别是人与自然界的和谐。为了排除这些东西，他不得不求助于某种二重性的直观，这种直观介于仅仅看到‘眼前’的东西的普通直观和看出事物的‘真正本质’的高级的哲学直观之间。他没有看到，他周围的感性世界绝不是某种开天辟地以来就直接存在的、始终如一的东西，而是工业和社会状况的产物，是历史的产物，是世世代代活动的结果，……甚至连最简单的‘感性确定性’的对象也只是由于社会发展，由于工业和商业交往才提供给他的。”① 马克思举了很多例子来加以说明，如樱桃：“大家知道，樱桃树和几乎所有的果树一样，只是在数世纪以前由于商业才移植到我们这个地区。由此可见，樱桃树只是由于一定的社会在一定时期的这种活动才为费尔巴哈的‘感性确定性’所感知的。”② 再如费尔巴哈所鼓吹的一个论点：鱼的“本质”是它的“存在”，即河水。马克思指出：“但是，一旦这条河归工业支配，一旦它被染料和其他废料污染，河里有轮船行驶，一旦河水被引入只要简单地把水排出去就能使鱼失去生存环境的水渠，这条河的水就不再是鱼的‘本质’了，对鱼来说它将不再是适合生存的环境了。”这说明，只有从人类的工业、农业、商业和社会变革等实践活动出发，才能真正解决思维是否符合现实，即对象性的真实性问题。

法国的奥古斯特·科尔纽曾是东德柏林洪堡大学文化史教研室教授，他撰写的多卷本的《马克思恩格斯传》在马克思主义思想史界有很大影响。

---

① 马克思，恩格斯：《德意志意识形态》（节选本），北京：人民出版社，2003 年，第 19—20 页。

②［法］奥古斯特·科尔纽：《马克思恩格斯传》第 3 卷，管士滨译，上海：三联书店出版社，1980 年，第 163—164 页。

在第三卷第三章中他研究了马克思《关于费尔巴哈的提纲》。笔者注意到，在长达 14 页的论述中，科尔纽一点儿也没有提到真理的检验标准问题。关于第二条，他明确指出："费尔巴哈因为不理解实践的作用，所以……他不能解决理论问题，特别是思维与存在的关系的问题，这证明他是不可能把唯心主义彻底驳倒的。……并不像费尔巴哈所想的那样，是对于感性现实的直觉供给我们它的客观存在的确实性，这种确实性是只能由与实践活动相连接的思维供给给我们的。思维与存在的关系的问题，就是说，要知道认识是否与客观现实相符合的问题，事实上，只有从实践的观点去说明才能弄清楚，因为人凭着直觉和直观是认识不了世界的，而必须把世界作为人的活动的客体，人才能认识世界。……因此，思维确实存在于它同人的实践活动的关系之中。至于是否能存在着一种独立于人的实践活动的思维方式的问题，这就又扯到纯粹思辨上去了。"笔者认为，科尔纽的这一分析是很深刻的，符合马克思的原意。

（原载于《东南学术》2013 年第 6 期）

《资本论》与黑格尔

在马克思的一生中，除了恩格斯以外恐怕很少有人像黑格尔一样，对马克思的思想产生很大的影响。1836 年 10 月，马克思就读于柏林大学，开始接触到黑格尔的著作，随后成为青年黑格尔派“博士俱乐部”的一员，他和这位德国古典哲学大师结下了不解之缘。一百多年来，关于马克思和黑格尔关系的研究，已经有大量的著述，但大多偏重于 19 世纪 40 年代，50 年代以后的研究成果尚不多见，从《资本论》创作史的角度来研究马克思和黑格尔的关系，至今还是个空白点。本文尝试在这方面做一些初步的探索。

马克思的《资本论》德文版第一卷虽然出版于 1867 年 9 月，但《资本论》完整的创作过程却经历了 19 世纪 50、60 和 70 这三个年代。下面依时间顺序分别进行论述，不妥之处欢迎批评指正。

一、19 世纪 50 年代《资本论》与黑格尔

1857 年资本主义世界爆发的严重经济危机促使马克思加快总结自己的政治经济学研究。从 1857 年 7 月到 1858 年 6 月的一年里，马克思写下了总数达 50 印张的 7 本手稿，其中包括《导言》《政治经济学批判（1857—1858 年手稿）》等，后者通常被称为《资本论》的第一个手稿。

马克思 1857 年 8 月底为自己计划中的政治经济学著作写了一篇导言。

这是一篇未完成的草稿，马克思在《政治经济学批判》第一分册出版时，也没有把它收进去，只是在《序言》中说："我把已经起草好的一篇总的导言压下了，因为仔细想来，我觉得预先说出正要证明的结论总是有妨害的。"①

《导言》主要阐述政治经济学的对象、方法以及结构问题。在谈到政治经济学的对象时，马克思论述了生产与分配、交换、消费的一般关系。马克思说："生产直接也是消费。……生产行为本身就它的一切要素来说也是消费行为。……生产和消费行为的这种同一性，归结为斯宾诺莎的命题：'规定即否定'。"② 据《马克思恩格斯全集》第46卷上册中文版译者考证，马克思此处援引的17世纪荷兰著名唯物主义哲学家巴鲁赫·德·斯宾诺莎这一命题"是采用黑格尔的有名的解释。斯宾诺莎自己用这个说法来表示'限制即否定'……在黑格尔的著作中，这里强调任何一个有规定的存在即任何'某物'内部所固有的否定要素"③。例如：黑格尔在《小逻辑》中就谈道："一切规定性的基础都是否定（有如斯宾诺莎所说：'一切规定都是否定'）。缺乏思想的人总以为特定的事物只是肯定的，并且坚持特定的事物只属于存在的形式之下。"④ 马克思具体分析了消费和生产之间的辩证关系，批评了一些庸俗社会主义者，如自命精通黑格尔哲学的德国"真正的社会主义者"卡尔·格律恩以及法国的小资产阶级社会主义者蒲鲁东根本不懂消费和生产的辩证法。马克思指出："对于一个黑格尔主义者来说，把生产和消费等同起来，是最简单不过的事。不仅社会主义美文学家这样做过，而且平庸的经济学家也这样做过。"⑤

在《导言》的第3节，马克思阐述了政治经济学的方法。他指出，作

① 《马克思恩格斯全集》第13卷，北京：人民出版社，1962年，第7页。
② 《马克思恩格斯全集》第46卷上册，北京：人民出版社，1979年，第27页。
③ 《马克思恩格斯全集》第46卷上册，北京：人民出版社，1979年，第526页。
④ [德] 黑格尔：《小逻辑》，贺麟译，北京：商务印书馆，1980年，第203页。
⑤ 《马克思恩格斯全集》第46卷上册，北京：人民出版社，1979年，第31页。

为政治经济学体系的叙述方法，存在着两种对立的方法：一种是从具体到抽象。如从作为全部社会生产行为的基础和主体的人口开始，似乎是正确的。但是，更仔细地考察起来，这是错误的。这种方法是经济学刚产生时在历史上采用过的。另一种是从抽象到具体。当人们从分析中找出一些有决定意义的抽象的一般关系，如分工、货币、价值等，然后通过思维的综合，抽象的规定在思维行程中达到的具体已经是许多规定的综合，因而是多样性的统一。马克思认为，“后一种方法显然是科学上正确的方法”①。

马克思所肯定的从抽象上升到具体的方法，正是黑格尔构建其哲学体系的主要方法。我国研究黑格尔哲学的著名专家张世英教授就指出：“黑格尔逻辑学的概念发展过程，是一个由抽象到具体的过程，越是在前的概念越是抽象、片面、空洞，越是在后的概念，由于它所包含的环节越多，因而也越具体、全面、丰富。”② 但是，马克思这里所说的抽象上升到具体的方法和黑格尔又有根本的区别，因为前者是建立在唯物主义基础上的，后者则完全是唯心主义的。马克思明确指出：“因此，黑格尔陷入幻觉，把实在理解为自我综合、自我深化和自我运动的思维的结果，其实，从抽象上升到具体的方法，只是思维用来掌握具体并把它当作一个精神上的具体再现出来的方式，但绝不是具体本身的产生过程。”③

《政治经济学批判（1857—1858 年手稿）》是马克思未来的《资本论》的最初草稿。在这里，马克思第一次详细地阐述了自己的价值理论，并在此基础上制定了剩余价值理论。这部手稿写作的结束时间是明确的，为 1858 年 5 月，但它的起始时间，目前有两种说法：一种是《马克思恩格斯全集》第一版第 46 卷编译者认定的 1857 年 10 月④，另一种是《马克思恩格斯全集》第二版第 30 卷编译者的说法，即“手稿的写作很可能始于 1857

①《马克思恩格斯全集》第 46 卷上册，北京：人民出版社，1979 年，第 38 页。

② 张世英：《论黑格尔的逻辑学》，北京：中国人民大学出版社，2010 年，第 124 页。

③《马克思恩格斯全集》第 46 卷上册，北京：人民出版社，1979 年，第 38 页。

④《马克思恩格斯全集》第 46 卷上册，北京：人民出版社，1979 年，第 50 页。

年底，因为马克思在第Ⅰ笔记本第46页上引用了1857年11月8日《每周快讯》上的一段话”[①]。笔者认为，这两种说法都欠准确，因为他们都不清楚，手稿的起始写作时间居然与黑格尔辩证法还有很大关系。

马克思1858年1月14日给恩格斯的信引起了人们很大的兴趣。马克思写道：“由于偶然的机会——弗莱里格拉特发现了几卷原为巴枯宁所有的著作，并把它们当作礼物送给了我——我又把黑格尔的《逻辑学》浏览了一遍，这在材料加工的方法上帮了我很大的忙。如果以后再有工夫做这类工作的话，我很愿意用两三个印张把黑格尔所发现、但同时又加以神秘化的方法中所存在的合理的东西阐述一番，使一般人都能理解。”[②] 人们关切的是，马克思是什么时候得到了黑格尔的《逻辑学》？是在他写作经济学手稿之前，还是稍后一段时间？1968年在柏林出版的《弗莱里格拉特与马克思恩格斯通讯集》中，斐迪南·弗莱里格拉特于1857年10月22日写给马克思的一封信中明确提到，他是当天早晨到达伦敦，请马克思把黑格尔的著作拿走的。[③] 手稿的第一部分“货币章”共55页，苏联学者格·阿·巴加图利亚指出，在手稿的第46页上，马克思提到了1857年11月8日伦敦的《每周快讯》，这表明“货币章”不可能在10月底结束；他还根据马克思在手稿中标明的几个时间，确定了马克思写作手稿的平均速度，然后推算出马克思恰恰是在10月22日以后才开始写“货币章”的。[④] 这是一种论证。笔者认为，更有力的证据莫过于对手稿本身的分析。从“货币章”中可以看到一个和“导言”明显不同的现象，就是较多地使用黑格尔辩证法的一些术语、概念和提法，如设定、质和量、同一、差别、对立和矛盾、观念

---

①《马克思恩格斯全集》第30卷，北京：人民出版社，1995年，第634页。

②《马克思恩格斯〈资本论〉书信集》，北京：人民出版社，1976年，第121页。

③［苏］格·阿·巴加图利亚，维·索·维戈茨基：《马克思的经济学遗产》，贵阳：贵州人民出版社，1981年，第159页。

④［苏］格·阿·巴加图利亚，维·索·维戈茨基：《马克思的经济学遗产》，贵阳：贵州人民出版社，1981年，第160—163页。

和现实、可能性和现实性、对象化、异化、二重化等。有些地方马克思还直接引用了黑格尔的原话和大意。如："市场价值平均化为实际价值，是由于它经常波动，绝不是由于和实际价值这个第三物相等，而是由于和它自身经常不相等（要是黑格尔的话，就会这样说：不是由于抽象的同一，而是由于经常的否定的否定，也就是说，是由于它自身作为实际价值的否定的否定）。"[①] 值得注意的是，在手稿的第 18 页上，马克思特地在一个大括号中写道："往后，在结束这个问题之前，有必要对唯心主义的叙述方法做一纠正，这种叙述方法造成一种假象，似乎探讨的只是一些概念的规定和这些概念的辩证法。因此，首先是弄清这样的说法：产品（或活动）成为商品，商品成为交换价值，交换价值成为货币。"[②] 这里所说的"唯心主义的叙述方法""概念的规定""概念的辩证法"，其实就是指黑格尔的辩证法。这段话清楚地表明：马克思吸取了黑格尔辩证法的合理内核，而又坚决摒弃了它的唯心性质和神秘形式。从上面的分析中，可以有把握地肯定："货币章"从而整个经济学手稿，是马克思在 1857 年 10 月底（既不是笼统的 10 月，也不是 1857 年底）把黑格尔的《逻辑学》又浏览了一遍后才开始撰写的。在撰写过程中，马克思充分应用了经过批判改造的黑格尔辩证法，这给材料的加工帮了"很大的忙"[③]。

马克思计划中的政治经济学著作分为六册，分别是：资本、土地所有制、雇佣劳动、国家、对外贸易、世界市场。1859 年 6 月，《政治经济学批判》第一分册出版，虽然以"资本"命名，但实际上只是包括"商品"和"货币或简单商品流通"两章，因此该书只是第一分册的开端。马克思十分重视这部著作，称"它是十五年的，即我一生的黄金时代的研究成果"[④]。恩格斯则指出，该书"第一次有系统地阐述了马克思的价值理论，包括货

①《马克思恩格斯全集》第 46 卷上册，北京：人民出版社 1979 年，第 801 页。
②《马克思恩格斯全集》第 46 卷上册，北京：人民出版社，1979 年，第 97 页。
③ 李建平：《〈资本论〉辩证法探索》上册，福州：福建人民出版社，1986 年，第 16—17 页。
④《马克思恩格斯〈资本论〉书信集》，北京：人民出版社，1976 年，第 137 页。

币学说在内”[1]。关于这部著作和黑格尔的密切关系，可以从恩格斯为应马克思请求而写的书评中得到有力的佐证。恩格斯共写了3篇书评，在第2篇书评一开始就指出，马克思的《政治经济学批判》第一分册是以系统地概括经济科学的全部复杂内容，并且在联系中阐述资本主义生产和交换的规律为目的，但是，“自从黑格尔逝世之后，把一门科学在其固有的内部联系中来说明的尝试，几乎未曾有过”，有些“黑格尔主义者懂一点‘无’，却能写‘一切’”[2]。恩格斯高度评价黑格尔的辩证法，认为黑格尔的思维方式不同于所有其他哲学家的地方，就是他的思维方式有巨大的历史感做基础，形式尽管是那么抽象和唯心，但他却是第一个想证明历史中有一种发展、有一种内在联系的人。他的基本观点的宏伟，就是在今天也还值得钦佩。但是，对黑格尔辩证法的批判不是一件容易的事，全部官方哲学过去害怕而且现在还害怕把这件事承担下来。恩格斯写下了一段非常有名的评论：“马克思过去和现在都是唯一能够担当起这样一件工作的人，这就是从黑格尔逻辑学中把包含着黑格尔在这方面的真正发现的内核剥出来，使辩证方法摆脱它的唯心主义的外壳并把辩证法在使它成为唯一正确的思想发展方式的简单形式上建立起来。马克思对于政治经济学的批判就是以这个方法作基础的，这个方法的制定，在我们看来是一个其意义不亚于唯物主义基本观点的成果。”[3] 这篇书评可以看作是19世纪50年代马克思创作《资本论》第一稿和黑格尔关系的一个小结。

二、19世纪60年代《资本论》与黑格尔

1861年8月，马克思又埋头于政治经济学的研究和《政治经济学批判》

①《马克思恩格斯全集》第19卷，北京：人民出版社，1965年，第119页。
②《马克思恩格斯全集》第13卷，北京：人民出版社，1962年，第529页。
③《马克思恩格斯全集》第13卷，北京：人民出版社，1962年，第532页。

第二分册的写作。原计划写 10 至 20 个印张，但在实际写作过程中，内容不断扩充，到 1863 年 7 月，已写满了 23 个笔记本，达 200 个印张，这就是篇幅庞大的《1861—1863 年经济学手稿》，即《资本论》的第二个手稿。

1977 年，荷兰阿姆斯特丹国际社会史研究院所编的《国际社会史评论》杂志第三期公布了马克思关于黑格尔《小逻辑》的摘要。据《马列著作编译资料》编者按，“这个摘要写在 1860 年至 1863 年的一个笔记本中，共 4 页。在这个摘要中马克思未加评注”①。这个摘要的主要内容是黑格尔《小逻辑》第一部分存在论和第二部分本质论的开头。对存在论中的质、量、度马克思都做了详细而又扼要的摘述，有些重要概念、词组，马克思还用了黑体字，如自在概念、定在之物、恶的无限性、别物的别物、过渡到对方等。在摘要中，有两段话值得注意。一段是存在论的开头：“质是与存在同一的规定性；量是对存在无关轻重的、外在的规定性；度是质和量的统一，有质的量。存在的范围相当于感性意识。这是属于感性意识的思维形式。”② 另一段是本质论的开头：“在本质中，各个规定的关系代替它们的过渡。本质的过渡同时是没有过渡，因为在差异向差异的过渡中差异没有消失（如某物是他物），而差异仍然彼此发生关系。在存在中一切都是直接的，在本质中一切都是相对的。”③ 从中可以推断，马克思在创作《资本论》的过程中，不仅是方法，而且在结构的安排上，也在一定程度上受到了黑格尔的影响。

马克思在 1862 年 12 月 28 日致库格曼的信中说，他正在写的书“是第一册的续编，将以《资本论》为标题单独出版，而《政治经济学批判》这个名称只作为副标题”④。这是马克思政治经济学著作写作计划的重大改变！马克思在 1863 年 7 月结束了《1861—1863 年经济学手稿》之后，8 月就着

① 《马列著作编译资料》第 7 辑，北京：人民出版社，1980 年，第 8 页。

② 《马列著作编译资料》第 7 辑，北京：人民出版社，1980 年，第 9 页。

③ 《马列著作编译资料》第 7 辑，北京：人民出版社，1980 年，第 12 页。

④ 《马克思恩格斯〈资本论〉书信集》，北京：人民出版社，1976 年，第 170 页。

手为正式出版《资本论》而撰写前三卷的新稿，即《1863—1865年经济学手稿》，这是《资本论》的第三个手稿。这份手稿是按三大部分写的，即第一册《资本的生产过程》，第二册《资本的流通过程》，第三册《资本主义生产总过程》。可惜的是，第一册的手稿大多佚失，完整保存下来的只有第六章“直接生产过程的结果”。这一章本来应当是《资本论》第一卷的结束部分，但是在后来正式出版的第一卷中，这一章没有被收入进去。

这一章主要论述三个问题：作为资本产物的商品；资本主义生产是剩余价值的生产；资本主义生产是特殊资本主义生产关系的生产和再生产。表面上看来，似乎与黑格尔没有什么关系，但是，如果从方法论的角度看，关系就很密切了。大家知道，黑格尔很重视哲学体系的逻辑起点的选择，他在《逻辑学》正文的前面，特地写了一篇专论，题目就叫作“必须用什么作科学的开端?”。黑格尔认为，逻辑学的开端应该是最直接、最简单、最抽象的东西，包含着以后全部发展的萌芽，作为逻辑学的开端应该也是发展的终点。按照黑格尔的方法，在概念的发展系列（黑格尔的逻辑学就是一个有一定先后次序的概念系列）中，最初的概念潜伏着最后的概念，它是最后的概念的根据和基础，最后的概念是由最初的概念经过正确的推论发展而来的。因此，结果就表现为：“最初的也将是最后的东西，最后的也将是最初的东西。”① 开端和终点相吻合了。黑格尔说：“哲学开端所采取的直接的观点，必须在哲学体系发挥的过程里，转变为终点，亦即成为最后的结论。”② 黑格尔还打了个生动的比喻，即同一句格言出自小孩之口和老年人之口，其含义是完全不一样的。黑格尔的阐述虽然是唯心和神秘的，但确实有其合理的成分，特别是在构造体系方面。熟悉黑格尔逻辑学的马克思应该能从中得到一定的启发。

马克思在第六章中，把商品作为资本的产物来分析。他写道：“商品，

---

①［德］黑格尔：《逻辑学》上卷，北京：商务印书馆，1966年，第56页。

②［德］黑格尔：《小逻辑》，贺麟译，北京：商务印书馆，1980年，第59页。

作为资产阶级财富的元素形式，曾经是我们的出发点，是资本产生的前提。另一方面，商品现在又表现为资本的产物。”① 但是，这里的商品和作为出发点的商品又有根本区别，它包含着三个新内容。第一，它包含有剩余劳动。第二，商品的总量是资本主义生产过程的结果，而耗费在每个商品中的劳动只是总劳动的一个观念部分。“在规定单个商品的价格决定时，单个商品只是表现为总产品（资本在这些总产品中再生产出来）的观念部分。”②第三，作为单个产品，作为唯一的使用价值现在成为资本的总产品，它的交换价值“表现为总价格，即这个总产品的总价值的表现”③。资本的价值和它所生产的剩余价值的条件是实现全部总产品。在《资本论》的开头，商品的规定是十分简单、十分抽象的，实际情况表明，商品又是十分复杂、十分具体的。而这种复杂性和具体性只有随着对资本主义生产方式的深入研究才能显示出来，才能被发现。因此，商品不仅是逻辑分析的起点，也是逻辑分析的终点。这个终点表面看起来是回复到原初出发点，但却是在更高阶段上的回复，作为终点的商品已经“是一个具有许多规定和关系的丰富的总体了”④，这正是《资本论》的魅力所在！

从 1866 年 1 月 1 日起，马克思着手对《资本论》第一卷的草稿进行修订和润色。经过千辛万苦的努力，1867 年 9 月 14 日，《资本论》德文第一卷终于在汉堡出版。马克思说：“不论我的著作有什么缺点，它们都有一个长处，即它们是一个艺术的整体；但是要达到这一点，只有用我的方法……”⑤ 所谓“我的方法”也就是经过批判改造的黑格尔辩证法，因为马克思多次明确指出，《资本论》就是“把辩证方法应用于政治经济学的第一

①《马克思恩格斯全集》第 49 卷，北京：人民出版社，1982 年，第 4 页。

②《马克思恩格斯全集》第 49 卷，北京：人民出版社，1982 年，第 10 页。

③《马克思恩格斯全集》第 49 卷，北京：人民出版社，1982 年，第 12 页。

④《马克思恩格斯全集》第 49 卷，北京：人民出版社，1982 年，第 12 页。

⑤《马克思恩格斯〈资本论〉书信集》，北京：人民出版社，1976 年，第 196 页。

次尝试”①。那么，马克思在《资本论》中是如何应用辩证法的呢？100多年来国际学术界和国内诸多学者进行了各种各样的研究，成果迭出，其中不乏真知灼见。在这里，笔者想简要介绍自己在这方面的研究情况。1982年上半年，我国著名《资本论》研究专家、笔者的老师陈征教授安排笔者给来自全国各高校的《资本论》教师进修班的教师和政治经济学研究生开设《资本论》辩证法课程，前后讲了10次，讲稿经整理后于1986年2月在福建人民出版社出版，书名为《〈资本论〉辩证法探索》上册（原计划上册研究《资本论》第一卷，下册研究第二、三卷，后因种种原因，下册未能出版。上册于2006年由社会科学文献出版社再版，更名为《〈资本论〉第一卷辩证法探索》）。该书具有区别于其他同类著作的三个特点。一是按照《资本论》篇章节结构的顺序来阐述，这一点是陈征老师建议的，说是为了方便读者。但这样做难度相当大，迄今为止还没有人这样尝试过。当然这样做的最大好处是可以从中了解马克思是如何应用辩证方法来“加工”他的政治经济学“材料”的。二是以问题意识为导向。马克思和恩格斯关于《资本论》的一些提示都成为笔者研究的突破口。比如：马克思说，《资本论》第一卷第一章，特别是分析商品的部分，是最难理解的。那为什么“最难理解”呢？难在哪里？马克思说，在关于价值理论的一章中，有些地方他甚至卖弄起黑格尔特有的表达方式，那什么是“黑格尔特有的表达方式”？马克思又是如何“卖弄”的？马克思1867年8月24日给恩格斯的信中说：“至于第四章，我是费了很大力气才找到这些东西的本身即它们的联系的。”② 那么，这种内在的“联系”究竟是什么？如此等等。这些问题为笔者的研究指明了方向。三是采用文本分析的方法。马克思是如何应用批判改造过的黑格尔辩证法来“加工”他的政治经济学材料，要得出这个问题的答案，既不能靠贴标签，也不能凭外在臆测，必须以来自马克思本人

①《马克思恩格斯〈资本论〉书信集》，北京：人民出版社，1976年，第239页。

②《马克思恩格斯〈资本论〉书信集》，北京：人民出版社，1976年，第225页。

的大量第一手材料来说明。笔者收集了当时所能得到的各种有关材料，包括马克思的经济学笔记、手稿、《资本论》第一卷的各种版本、马克思与恩格斯等人的通信、马克思的传记以及同时代人的回忆录等。庆幸的是，到20世纪80年代中期，收集有马克思大量经济学笔记和手稿的《马克思恩格斯全集》第一版第40至50卷都已出齐，这帮了笔者的研究很大的忙。没有这些第一手材料，是无法进行文本分析的。笔者希望对《资本论》辩证法的研究能够最大限度地回到真正的马克思！

在《资本论》第一卷出版前后，马克思和恩格斯的通信也多次谈到黑格尔。比如，1867年6月16日，恩格斯致函马克思："因为庸人确实不习惯于这种抽象思维，而且一定不会为价值形式去伤脑筋……这一部分你应当用黑格尔的《全书》（指黑格尔1817年出版的《哲学全书》——引者）那样的方式来处理，分成简短的章节，用特有的标题来突出每一个辩证的转变，并且尽可能把所有的附带的说明和例证用特殊的字体印出来。"[①] 马克思在1867年6月22日回函恩格斯："至于说到价值形式的阐述，那么我是既接受了你的建议，又没有接受你的建议，因为我想在这方面也采取辩证的态度。……我要在序言中告诉那些'不懂辩证法的'读者，要他们跳过x—y页而去读附录。……此外，你从我描述手工业师傅变成——由于单纯的量变——资本家的第三章结尾部分可以看出，我在那里，在正文中引证了黑格尔所发现的单纯量变转为质变的规律，并把它看作在历史上和自然科学上都是同样有效的规律。"[②] 1867年6月24日，恩格斯致函马克思，建议《资本论》第一卷的翻译"需要有一套翻译黑格尔用语的术语（英文的），关于这一点你目前可以考虑一下，因为这是不容易的，但却是必须做的"[③]。1867年11月7日，马克思致函恩格斯："在伦敦这里，在某种程度

①《马克思恩格斯〈资本论〉书信集》，北京：人民出版社，1976年，第213—214页。

②《马克思恩格斯〈资本论〉书信集》，北京：人民出版社，1976年，第217页。

③《马克思恩格斯〈资本论〉书信集》，北京：人民出版社，1976年，第239—240页。

上采取不偏不倚的态度，对德国人的事情，如对德国语言学、自然科学、黑格尔等颇为关心的唯一的一家周刊，是天主教的周刊《纪事》……他们对于把辩证方法应用于政治经济学的第一次尝试，不会不予以注意。……现在在比较文雅的人士中（当然我说的是它的知识分子），对于学习辩证方法有很大的需要。”[①] 1868 年 5 月 23 日，马克思致函恩格斯：“在我看来，你怕把 G—W—G 等这类简单的公式介绍给杂志读者英国庸人，这就不对了。……詹姆斯·哈钦森·斯特林先生敢于不仅在书本上，而且在杂志上是把什么东西作为‘黑格尔的秘密’——黑格尔本人也不会懂——奉送给公众的，那么你就会相信……你实在太拘泥了。人们要求新东西——形式和内容都新。”[②] 列宁在阅读了四卷本的《马克思恩格斯通信集》后曾这样写道：“如果我们试图用一个词来表明整个通信集的焦点，即其中所抒发、所探讨的错综复杂的思想汇合的中心点，那么这个词就是辩证法。”[③] 而马克思的辩证法是与黑格尔紧密联系在一起的。

三、 19 世纪 70 年代《资本论》与黑格尔

《资本论》德文版第一卷出版后，从 1871 年年底开始到 1872 年，马克思花了很大精力对第一卷做了修订，准备出第二版。1873 年 5 月，《资本论》德文版第一卷第二版出版，马克思为此写了一篇内容丰富又很重要的“跋”，把《资本论》和黑格尔的关系做了全面而又科学的总结。马克思指出，《资本论》第一卷出版后，人们对《资本论》中的方法理解得很差，其表现：一是各种评论方法相互矛盾；二是所谓德国的评论家如孚赫、杜林之流大喊大叫什么“黑格尔的诡辩”；三是把马克思所应用的研究方法和叙

①《马克思恩格斯〈资本论〉书信集》，北京：人民出版社，1976 年，第 274—275 页。

②《马克思恩格斯〈资本论〉书信集》，北京：人民出版社，1976 年，第 253—254 页。

③《列宁全集》第 24 卷，北京：人民出版社，1990 年，第 276 页。

述方法混为一谈。例如：俄国的经济学家伊·伊·考夫曼就认为，马克思的研究方法是严格的实在论，而叙述方法不幸是德国唯心辩证法。马克思着重对后两种错误观点进行了评论。

首先，马克思指出，叙述方法和研究方法在本质上是一致的，都要应用辩证法，但是“在形式上，叙述方法必须与研究方法不同。研究必须充分地占有材料，分析它的各种发展形式，探索这些形式的内在联系。只有这项工作完成以后，现实的运动才能恰当地叙述出来。这点一旦做到，材料的生命一旦在观念上反映出来，呈现在我们面前的就好像是一个先验的结构了”[①]。伊·伊·考夫曼一方面肯定马克思在经济学批判方面是他所有前辈都无法比拟的唯物主义者，绝不能把他称为唯心主义者；另一方面又说，如果从外表的叙述形式来判断，则马克思是最大的唯心主义哲学家，而且还是德国的即坏的唯心主义哲学家。伊·伊·考夫曼的错误就在于他不知道在经济学的研究方法之外，还有一种叙述方法，这两种方法在思维形式上是不同的，研究方法主要是从具体到抽象，而叙述方法则是从抽象到具体。有这种糊涂观念的不止伊·伊·考夫曼一人，德国庸俗经济学家阿·瓦格纳也犯了同类的错误。1879 年，阿·瓦格纳出版了一本《政治经济学教科书》。在这本书中，他歪曲马克思在《资本论》中所阐述的价值理论，把马克思说成是一个从概念和价值概念出发的唯心主义者。马克思于是写了《评阿·瓦格纳的“政治经济学教科书”》一文，予以驳斥。马克思说：“按照瓦格纳先生的意见，从价值概念中，应该首先得出使用价值，然后得出交换价值，而不是像我那样从具体的商品中得出这两者。”[②] 接着又指出：“首先我不是从‘概念’出发，因而也不是从‘价值概念’出发，所以没有任何必要把它‘分割开来’。我的出发点是劳动产品在现代社会所表现的最简单的社会形式，这就是‘商品’。我分析商品，并且最先是在它所

① 马克思：《资本论》第 1 卷，北京：人民出版社，2004 年，第 22—23 页。

②《马克思恩格斯全集》第 19 卷，北京：人民出版社，1965 年，第 404 页。

表现的形式上加以分析。在这里我发现，一方面，商品按其自然形式是使用物，或使用价值；另一方面，是交换价值的承担者，从这个观点上来看，它本身就是‘交换价值’。对后者的进一步分析向我表明，交换价值只是包含在商品中的价值的‘表现形式’，独立的表达方式，而后我就来分析价值。……因而，我不是把价值分为使用价值和交换价值，把它们所当作‘价值’这个抽象分裂成的两个对立物，而是把劳动产品的具体社会形式分裂为这两者；‘商品’，一方面是使用价值，另一方面是‘价值’——不是交换价值，因为单是表现形式不构成其本身的内容。”① 马克思嘲笑瓦格纳对《资本论》的辩证法“一窍不通”！

其次，马克思指出，《资本论》辩证法和黑格尔辩证法具有本质上的区别，因为前者是唯物的，后者是唯心的。“我的辩证方法，从根本上来说，不仅和黑格尔的辩证方法不同，而且和它截然相反。在黑格尔看来，思维过程，即甚至被他在观念这一名称下转化为独立主体的思维过程，是现实事物的创造主，而现实事物只是思维过程的外部表现。我的看法则相反，观念的东西不外是移入人的头脑并在人的头脑中改造过的物质的东西而已。”②

再次，马克思指出，早在 19 世纪 40 年代，他就已批判了黑格尔哲学的唯心主义。“将近 30 年以前，当黑格尔辩证法还很流行的时候，我就批判过黑格尔辩证法的神秘方面。”③ 马克思最早对黑格尔的批判是从《法哲学原理》开始的。1843 年 3 月至 9 月，马克思撰写了《黑格尔法哲学批判》书稿，在 1859 年的《〈政治经济学批判〉序言》中，马克思曾提到这本书稿：“为了解决使我苦恼的疑问，我写的第一部著作是对黑格尔法哲学的批判性分析。”④ 1843 年底，马克思又写了《〈黑格尔法哲学批判〉导言》，

①《马克思恩格斯全集》第 19 卷，北京：人民出版社，1965 年，第 412 页。

② 马克思：《资本论》第 1 卷，北京：人民出版社，2004 年，第 22 页。

③ 马克思：《资本论》第 1 卷，北京：人民出版社，2004 年，第 22 页。

④《马克思恩格斯选集》第 2 卷，北京：人民出版社，1995 年，第 31—32 页。

1844年2月发表于《德法年鉴》，这标志着马克思从唯心主义向唯物主义、从革命民主主义向共产主义的转变。在1844年的巴黎手稿中，马克思“对黑格尔的整个辩证法，特别是《现象学》（指《精神现象学》——引者）和《逻辑学》中有关辩证法的叙述”[①]，做了深入的批判。对于这样一个老资格的黑格尔唯心主义辩证法的批判者，却要给他扣上黑格尔唯心主义者的帽子，那岂不是天大的笑话?！在划清了唯物主义和唯心主义的界限后，马克思“公开承认”，他是黑格尔“这位大思想家的学生”，尤其是当马克思写作《资本论》第一卷时，“在德国知识界发号施令的、愤懑的、自负的、平庸的模仿者们”，兴高采烈地把黑格尔“当作一条‘死狗’”[②] 来对待的时候，这更显示出马克思胸怀的广阔、人格的高尚！

复次，高度评价黑格尔对辩证法的巨大贡献，认为对其要批判地继承。马克思指出：“辩证法在黑格尔手中神秘化了，但这绝没有妨碍他第一个全面地有意识地叙述了辩证法的一般运动形式。在他那里，辩证法是倒立着的。必须把它倒过来，以便发现神秘外壳中的合理内核。”[③] 关于黑格尔对辩证法的巨大贡献和价值，恩格斯有一个精辟的说明，可以帮助我们加深对马克思这段话的理解。恩格斯指出，唯心主义和庸人习气“并没有妨碍黑格尔的体系包括了以前任何体系所不可比拟的广大领域，而且也没有妨碍它在这一领域中阐发了现在还令人惊奇的丰富思想。精神现象学……逻辑学、自然哲学、精神哲学，而精神哲学又分成各个历史部门来研究，如历史哲学、法哲学、宗教哲学、哲学史、美学等等，——在所有这些不同的历史领域中，黑格尔都力求找出并指出贯穿这些领域的发展线索；同时，因为他不仅是一个富于创造性的天才，而且还是一个学识渊博的人物，所以他在各个领域中都起了划时代的作用。当然，由于‘体系’的需要，他

① 《马克思恩格斯文集》第1卷，北京：人民出版社，2009年版，第197页。
② 马克思：《资本论》第1卷，北京：人民出版社，2004年，第22页。
③ 马克思：《资本论》第1卷，北京：人民出版社，2004年，第22页。

在这里常常不得不求救于强制性的结构……但是这些结构仅仅是他的建筑物的骨架和脚手架；人们只要不是无谓地停留在它们面前，而是深入到大厦里面去，那就会发现无数的珍宝，这些珍宝就是在今天也还保持着充分的价值”①。

最后，马克思分析了黑格尔辩证法的二重性。“辩证法，在其神秘形式上，成了德国的时髦东西，因为它似乎使现存事物显得光彩。”② 黑格尔哲学由于其形式上保守的一面，曾被普鲁士政府奉为官方哲学，黑格尔也因此获得政府颁发的荣誉勋章。但是，“辩证法，在其合理形态上，引起资产阶级及其夸夸其谈的代言人的恼怒和恐怖”③。为什么呢？马克思对辩证法的合理性和革命性做了精辟的阐述：“辩证法在对现存事物的肯定的理解中同时包含对现存事物的否定的理解，即对现存事物的必然灭亡的理解；辩证法对每一种既成的形式都是从不断的运动中，因而也是从它的暂时性方面去理解；辩证法不崇拜任何东西，按其本质来说，它是批判的和革命的。”④

《资本论》德文第一卷第二版“跋”对马克思和黑格尔40多年的关系，特别是《资本论》方法和黑格尔唯心主义辩证法的关系做了全面而深刻的总结，对辩证法的精髓做了言简意赅的阐述，堪称是马克思主义经济思想史和哲学史的一篇经典文献！

论述《资本论》和黑格尔的关系，不能不提到马克思和恩格斯对杜林的批判。杜林早在1867年12月《现代知识补充材料》杂志第3期就发表了对《资本论》第一卷的评论，评论中把《资本论》的阐述方法和黑格尔的唯心辩证法混为一谈。马克思1868年3月6日在给库格曼的信中写道：“这是一个极为傲慢无礼的家伙，他俨然以政治经济学中的革命者自居。他做

①《马克思恩格斯文集》第4卷，北京：人民出版社，2009年，第27页。
② 马克思：《资本论》第1卷，北京：人民出版社，2004年，第22页。
③ 马克思：《资本论》第1卷，北京：人民出版社，2004年，第22页。
④ 马克思：《资本论》第1卷，北京：人民出版社，2004年，第22页。

了一件具有两重性的事情。首先，他出版了一本（以凯里的观点为出发点）《国民经济学说批判基础》（约500页），和一本新《自然辩证法》（反对黑格尔辩证法的）。我的书（指《资本论》第一卷——引者）在这两方面都把他埋葬了。……他十分清楚地知道，我的阐述方法和黑格尔的不同，因为我是唯物主义者，黑格尔是唯心主义者。黑格尔的辩证法是一切辩证法的基本形式，但是，只有在剥去它的神秘形式之后才是这样，而这恰好就是我的方法的特点。"① 1870年，马克思在撰写《资本论》第二卷第二稿时，又一次提到了杜林："杜林博士在对本著作第一卷所做的评论中指出，我太眷恋于黑格尔逻辑的骨架，即使是在流通的形式中，我也暴露出黑格尔的推理形式。我和黑格尔辩证法的关系很简单。黑格尔是我的老师，自认为已经和这位著名思想家决裂的那些自作聪明的模仿者的废话，我感到简直是可笑的。但是，我敢于以批判的态度对待我的老师，剥去他的辩证法的神秘外壳，从而在本质上改变它，如此等等。"② 杜林不仅没有收敛，反而更加猖狂。1874—1875年先后出版《国民经济学和社会主义批判史》（第二版）和《哲学教程》，对马克思主义进行了猛烈的攻击。1876年5月24日，恩格斯致函马克思，表示打算批判杜林的著作，马克思第二天回信表示坚决支持。于是，恩格斯立即着手做这项工作，他在5月28日给马克思的信中阐述了他的著作的总计划和性质，并用两年时间完成了《反杜林论》的写作。在《反杜林论》二版序言中恩格斯特别指出，对杜林的批判"变成马克思和我所主张的辩证方法和共产主义世界观的比较连贯的阐述……本书所阐述的世界观，绝大部分是由马克思确立和阐发的，而只有极小的部分是属于我的，所以，我的这种阐述不可能在他不了解的情况进行，这在我们相互之间是不言而喻的。在付印之前，我曾把全部原稿念给他听，而

①《马克思恩格斯〈资本论〉书信集》，北京：人民出版社，1976年，第253—254页。

②《马克思恩格斯全集》第50卷，北京：人民出版社，1985年，第35页。

且经济学那一编的第七章（《批判史》论述）就是马克思写的”①。

《反杜林论》中涉及《资本论》和黑格尔的关系的论述主要在第一编哲学的第十二章“辩证法。量和质”和第十三章“辩证法。否定的否定”。杜林不仅放肆地诋毁黑格尔的矛盾辩证法是“越荒谬就越可信”，而且把“反辩证法的怒气”发泄到《资本论》身上，诬蔑马克思“引证黑格尔关于量转变为质这个混乱的模糊观念，从而认为预付达到一定界限时就会单单由于这种量的增加而成为资本，这岂不显得多么滑稽”!② 恩格斯从以下四个层面进行了批驳。一是引证马克思原文，看看马克思是怎么说的，杜林又是怎么歪曲的。“马克思从前面关于不变资本和可变资本以及关于剩余价值的研究中得出结论：‘不是任何一个货币额或价值额都可以转化为资本，相反地，这种转化的前提是单个货币占有者或商品占有者手中有一定的最低限额的货币或交换价值。’他举例说，……只是在做了这些说明以后，马克思才指出：‘在这里，也像在自然科学上一样，证明了黑格尔在他的《逻辑学》中所发现的下列规律的正确性，即单纯的量的变化到一定点时就转变为质的区别。’”③ 而杜林的风格就是“把那种同马克思实际所说的相反的话强加给马克思”④。二是指出在《资本论》中对量转化为质、质转化为量的规律的应用不是个别的、偶然的，仅仅在相对剩余价值的生产这一章中，马克思“就在协作、分工和工场手工业、机器和大工业的领域内，谈到无数关于量变改变事物的质和质变同样也改变事物的量的情况”⑤。三是以化学中碳化物的分子式为例，说明“在化学中，差不多在任何地方，例如在氮的各种氧化物中，在磷或硫的各种含氧酸中，都可以看到‘量转化为质’，看到黑格尔的这个所谓混乱的模糊观念在事物和过程中可以说是见诸

①《马克思恩格斯文集》第9卷，北京：人民出版社，2009年，第11页。

② 转引自《马克思恩格斯文集》第9卷，北京：人民出版社，2009年，第131页。

③《马克思恩格斯文集》第9卷，北京：人民出版社，2009年，第132页。

④《马克思恩格斯文集》第9卷，北京：人民出版社，2009年，第133页。

⑤《马克思恩格斯文集》第9卷，北京：人民出版社，2009年，第133页。

形体的，而在这里，除了杜林先生，谁也不会感到混乱和模糊”①。而马克思是“第一个促使人们注意到”这一规律在化学上的应用的。四是指出这一规律在军事上也得到了应用。“我们还想为量转变为质找一个证人，他就是拿破仑。……在拿破仑看来，要使整体队形和有计划行动中所包含的纪律的力量显示出来……就必须有一定的最低限度的骑兵数量。”②。这进一步说明，马克思在《资本论》中量转化为质、质转化为量的规律是普遍存在于社会和自然界的客观规律，根本不是像杜林所说的“混乱的模糊观念”！

马克思在《资本论》第一卷第二十四章论述资本主义的积累的历史趋势时指出：“从资本主义生产方式产生的资本主义占有方式，从而资本主义的私有制，是对个人的、以自己劳动为基础的第一个否定。但资本主义生产由于自然过程的必然性，造成了对自身的否定。这是否定之否定。这种否定不是重新建立私有制，而是在资本主义时代成就的基础上，也就是说，在协作和对土地及靠劳动生产的生产资料的共同占有的基础上，重新建立个人所有制。”③ 马克思的这一科学结论受到了杜林的肆意歪曲和攻击。杜林说：“这一历史叙述……由于缺乏较好的和较明白的方法，黑格尔的否定之否定不得不在这里执行助产婆的职务，因它之助，未来便从过去的怀中产生出来。从16世纪以来通过上述方法实现的个人所有制的消失，是第一个否定。随之而来的是第二个否定，它被称为否定之否定，因而被称为个人所有制的恢复……这里正表现出黑格尔的更高的统一……马克思先生安于他那既是个人的又是社会的所有制的混沌世界，却叫他的信徒们自己去解这个深奥的辩证法之谜。”④

恩格斯在批判杜林的上述谬论时，首先，他指出马克思所说的“靠剥夺剥夺者而建立起来的状态，被称为以土地和靠劳动本身生产的生产资料

①《马克思恩格斯文集》第9卷，北京：人民出版社，2009年，第135页。

②《马克思恩格斯文集》第9卷，北京：人民出版社，2009年，第136页。

③ 马克思：《资本论》第1卷，北京：人民出版社，2004年，第814页。

④ 转引自《马克思恩格斯文集》第9卷，北京：人民出版社，2009年，第136—137页。

公有制为基础的个人所有制的恢复。对任何一个懂德语的人来说，这就是，社会所有制涉及土地和其他生产资料，个人所有制涉及产品，也就是涉及消费品”①。杜林的所谓“既是个人的又是社会的所有制的混沌世界”的论调完全是他的“自由创造”，是“把他一手炮制的东西硬加给马克思”②。其次，恩格斯列举了大量事实，说明杜林所百般嘲笑的否定之否定规律，一旦清除了黑格尔唯心主义哲学盖在它上面的神秘垃圾，就可以发现，“它是一个极其普遍的、因而极其广泛地起作用的、重要的发展规律；这一规律，正如我们已经看到的，在动物界和植物界中，在地质学、数学、历史和哲学中起着作用；就是杜林先生自己，虽然他百般反对和抗拒，也总是不知不觉地按照自己的方式遵循这一规律”③。最后，马克思不是像杜林所说的那样，是凭借否定之否定这一公式来“确信土地和资本公有的必然性”。恩格斯在引证了《资本论》第一卷第二十四章第七节的大段原文后，指出“马克思只是历史地证明并在这里简略地概述：正像以往小生产由于自身的发展而必然造成消灭自身，即剥夺小私有者的条件一样，现在资本主义生产方式也自己造成使自己必然走向灭亡的物质条件。这是一个历史过程，如果说它同时又是一个辩证的过程，那么这不是马克思的罪过，尽管这对杜林先生说来是非常讨厌的”④。

通过这场与杜林的论战，恩格斯推翻了杜林强加给马克思的种种污蔑不实之词，捍卫了《资本论》的科学尊严，也给黑格尔的辩证法以客观公允的评价，为《资本论》和黑格尔的关系画上一个漂亮的句号。

（原载于《东南学术》2016 年第 1 期，另一作者为谭苑苑）

①《马克思恩格斯文集》第 9 卷，北京：人民出版社，2009 年，第 138 页。

②《马克思恩格斯文集》第 9 卷，北京：人民出版社，2009 年，第 138—139 页。

③《马克思恩格斯文集》第 9 卷，北京：人民出版社，2009 年，第 148 页。

④《马克思恩格斯文集》第 9 卷，北京：人民出版社，2009 年，第 141 页。

新自由主义市场拜物教批判

——马克思《资本论》的当代启示

一、新自由主义者竭力宣扬市场拜物教

发端于2008年美国金融危机的国际金融风暴，横扫西方世界，美欧各国哀鸿遍野，有的国家甚至已到了破产的边缘。曾经备受推崇的新自由主义在西方受到了严重的质疑和严厉的批判。正如当代著名经济学家、诺贝尔经济学奖获得者约瑟夫·E. 斯蒂格利茨在《自由市场的坠落》一书的"结论性评语"中所说："游戏规则已经在全球范围内发生了改变，华盛顿共识政策及其背后的市场原教旨主义的基本意识形态已经没有生命力了。"① 但奇怪的是，在地球的另一端，在社会主义的中国，新自由主义却仍然受到很多人的追捧，并且想方设法要把新自由主义的政策主张推行到下一步的经济和政治的改革中去。

新自由主义的核心观点，就是片面夸大资本主义私有制条件下的市场对经济发展的作用，反对任何形式的国家干预。新自由主义者坚信，市场是最有效率的，因为市场有一只"看不见的手"，促使每一个人在追求自己利益的同时，也为别人创造价值，而且比其主观上想为社会做贡献时创造

① [美] 约瑟夫·E. 斯蒂格利茨：《自由市场的坠落》，李俊青，杨玲玲等译，北京：机械工业出版社，2010年，第262页。

的价值更大；市场是最完美的，因为市场还有一只“隐形的眼睛”，它时时刻刻在监视着我们，使每一个人必须好好表现，对自己的行为负责，从而使市场上的陌生人之间能够相互合作，彼此信任。当然，市场的这种神奇作用并不是无条件的，它有两个非常重要而且必要的前提：一是强调产权私有；二是拒绝国家干预。在强调产权私有上，弗里德里希·奥古斯特·冯·哈耶克为了说明“私有制是自由的最重要的保障”①，他在《通往奴役之路》一书中引用了马克斯·伊斯这样一段话：“私有财产制度是给人以有限的自由与平等的主要因素之一……私人资本主义连同其自由市场的发展成了我们一切民主自由的发展的先决条件。”② 所以，凡是新自由主义者都无一例外地鼓吹私有化，他们认为包括中国在内的广大发展中国家要发展市场经济首先就要实行产权私有。对国家干预的认识上，在新自由主义者看来，任何形式的国家干预都只能造成经济效率的损失。他们认为，在国家干预之下，市场无法正常传递信息，私人经济活动会受到各种限制；一个日益强大的政府迟早将摧毁自由市场带来的繁荣，摧毁“独立宣言”庄严宣布的人类自由。因此，管得越少的政府，才是最好的政府。各国经济活动中出现的种种问题，都不是市场的错，而是政府惹的祸。新自由主义者在分析当前这场国际金融危机的根源时，居然冒天下之大不韪地说：“这完全是政府和中央银行的货币政策的错误，与放松金融管制无关。美国经济的高度杠杆化是美联储信贷扩张政策的结果，而不是其原因。”③

有效而完美的市场、明晰的私人产权和拒绝任何形式的国家干预，这种“三位一体公式”构成了新自由主义者心目中理想的市场经济，这种市场经济据称是“人类最伟大的创造”“是人类进步最好的游戏规则”“是个

---

①［英］弗里德里希·奥古斯特·冯·哈耶克：《通往奴役之路》，王朝毅，冯兴元等译，北京：中国社会科学出版社，1997年，第101页。

②［英］弗里德里希·奥古斯特·冯·哈耶克：《通往奴役之路》，王朝毅，冯兴元等译，北京：中国社会科学出版社，1997年，第102页。

③ 张维迎：《市场的逻辑》，上海：上海人民出版社，2010年，第287页。

人解放的必由之路”。这种市场经济是没有任何缺陷的，“事实上，所谓市场的缺陷，很大程度上是市场批评者的臆想和由此导致的政府干预的结果。特别是由于政府或者某种强权的不恰当干预，破坏了市场经济的正常运作，使市场经济表现为病态的市场经济，这时候，人们往往以为这是市场本身的毛病。这就跟人一样，本来没病，但有人不断说他有病，非给他吃药不可，最终反而吃出病来了。”① 所以，“市场经济需要有人去捍卫。这就是经济学家的基本责任。一个真正的经济学家，一定是市场经济的坚定捍卫者”②。

上述这种对市场的过度颂扬和崇拜，笔者称之为市场拜物教。这种市场拜物教有四个特征。一是市场无所不在。市场不是社会历史发展特定阶段的产物，而成了一种非历史、超时空的东西。二是市场无限美好。它完美无瑕，无可挑剔，市场的各种所谓“毛病”都是人们强加给它的。三是市场无所不知。因为市场集合了无数“经济人”的理性，所以它具有完全的理性。四是市场无所不能。只要满足了市场的先决条件，市场就可以创造出意想不到的人间奇迹，整个世界就可以实现如同德国 18 世纪初哲学家戈特弗里德·威廉·莱布尼茨所提出的“预定的和谐”③。

对于这种市场拜物教，马克思做过深刻的揭露和批判，认为这是人与物关系的颠倒。马克思在《1861—1863 年经济学手稿》中谈到“资本使用劳动”时就已指出：“这种关系在它的简单形式中就已经是一种颠倒，是物的人格化和人的物化；因为这个形式和以前一切形式不同的地方就在于，

---

① 张维迎：《市场的逻辑》，上海：上海人民出版社，2010 年，第 3 页。

② 张维迎：《市场的逻辑》，上海：上海人民出版社，2010 年，第 2 页。

③“预定的和谐”是 18 世纪德国唯心主义哲学家戈特弗里德·威廉·莱布尼茨（1646—1716）提出的一个重要学说。莱布尼茨认为，世界是由上帝创造的一种精神性的实体——“单子”构成的。上帝在创造每一个单子时就已全部预见到了一切单子的整个发展情况，因此预先就已安排好使每个单子都各自独立地变化发展，而又自然地能和其余一切单子的变化发展过程和谐一致。整个世界就像一个庞大的乐队，每一种乐器都按照上帝原先谱就的乐曲演奏各自的旋律，而整个乐队所奏出的就自然是一篇完整的和谐的交响乐曲。我认为，莱布尼茨的“单子论”和“预定的和谐”是新自由主义市场观的一个重要哲学基础。

资本家不是作为这种或那种个人属性的体现者来统治工人，他只在他是'资本'的范围内统治工人；他的统治只不过是物化劳动对活劳动的统治，工人制造的产品对工人本身的统治。"① 在《资本论》第一卷中，马克思又专门论述了商品拜物教问题，指出人和物的颠倒这一反常现象在资本主义市场经济中却成了一种普遍现象，在商品交换者看来，"他们本身的社会运动具有物的运动形式，不是他们控制这一运动，而是他们受这一运动控制"②。市场如同商品、货币、资本等一样，本来是人创造出来的东西，是人类社会历史发展到一定阶段的产物，但在新自由主义者那里，却"变成一种非常神秘的存在"③，成了一种统治人、驾驭人的力量，成了人们要为之顶礼膜拜的神明。这种市场拜物教也就是市场的异化。

二、《资本论》关于市场内在缺陷的精辟分析及其现实意义

现代意义上的市场是同资本主义社会一起产生和发展的。马克思比任何人都更充分地肯定资本主义市场的巨大历史进步作用，他提出，"资产阶级在它的不到一百年的阶级统治中所创造的生产力，比过去一切世代创造的全部生产力还要多，还要大"④；"它按照自己的面貌为自己创造出一个世界"⑤。

但是，正如马克思所说的，"辩证法在对现存事物的肯定的理解中同时包含对现存事物的否定的理解"⑥。马克思对现代资本主义市场经济进行了科学的分析和有力的批判，深刻指出现代市场、市场经济也和世界上任何

①《马克思恩格斯全集》第26卷，北京：人民出版社，1975年，第419页。
② 马克思：《资本论》第1卷，北京：人民出版社，1972年，第99页。
③《马克思恩格斯全集》第26卷，北京：人民出版社，1975年，第422页。
④《马克思恩格斯选集》第1卷，北京：人民出版社，1995年，第277页。
⑤《马克思恩格斯选集》第1卷，北京：人民出版社，1995年，第276页。
⑥ 马克思：《资本论》第1卷，北京：人民出版社，1972年，第22页。

事物一样，具有两重性：它既充满活力，又有先天缺陷；表面上相互平等，实际上弱肉强食；看起来繁花似锦，实际上却已潜藏着重重危机。如果看不到市场和市场经济消极的一面，就可能迷失方向，大难临头，如同目前西方已持续了五年的金融危机。

马克思关于资本主义市场和市场经济的缺陷的论述很多，现大体归纳为以下十个方面。

（一）在市场经济条件下，赚钱是商品生产者的唯一目的和决定性动机

市场经济并不如同新自由主义者所描绘的那么美好：每一个人在追求自己利益的同时，也为别人创造价值，而且比其主观上想为社会做贡献时创造的价值更大。市场经济是商品生产占统治地位的经济社会形态，商品生产者的目的不是为了满足自己的物质和精神生活的需要，而是为了交换价值。在资本主义市场经济条件下，则是为了获得尽可能多的剩余价值、尽可能多的利润。赚钱是其唯一的目的和决定性动机。马克思在《资本论》第一卷第四章论述货币转化为资本时，就明确指出，一旦货币所有者变成了资本家，“他这个人，或不如说他的钱袋，是货币的出发点和复归点。这种流通的客观内容——价值增殖——是他的主观目的；只有在越来越多地占有抽象财富成为他的活动的唯一动机时，他才作为资本家或作为人格化的、有意志的和意识的资本执行职能。因此，绝不能把使用价值看作资本家的直接目的。他的目的也不是取得一次利润，而只是谋取利润的无休止的运动。”① 马克思称这种现象为“绝对的致富欲”和“价值追逐狂”。② 在第三篇开始论述剩余价值生产时，马克思明确指出：“剩余价值的生产是资本主义生产的决定性目的。”③“作为资本家，他只是人格化的资本。他的灵

① 马克思：《资本论》第 1 卷，北京：人民出版社，1972 年，第 174—175 页。

② 马克思：《资本论》第 1 卷，北京：人民出版社，1972 年，第 175 页。

③ 马克思：《资本论》第 1 卷，北京：人民出版社，1972 年，第 257 页。

魂就是资本的灵魂。而资本只有一种生活本能，这就是增殖自身，获取剩余价值，用自己的不变部分即生产资料吮吸尽可能多的剩余劳动。资本是死劳动，它像吸血鬼一样，只有吮吸活劳动才有生命，吮吸的活劳动越多，它的生命就越旺盛。"① 新自由主义者居然抹杀资本主义商品生产中还有资本家和雇佣工人的区别。马克思指出："资本主义生产不仅是商品的生产，它实质上是剩余价值的生产。工人不是为自己生产，而是为资本生产。因此，工人单是进行生产已经不够了。他必须生产剩余价值。……这种生产关系把工人变成资本增殖的直接手段。"② 马克思把"生产剩余价值或赚钱"当作资本主义市场经济的"绝对规律"。③ 这种"绝对规律"会使人变得十分贪婪，以致不惜跨越道德和法律的底线。马克思曾引用他人的一段评论，刻画资本的贪婪："资本害怕没有利润或利润太少，就像自然界害怕真空一样。一旦有适当的利润，资本就胆大起来。如果有10%的利润，它就保证到处被使用；有20%的利润，它就活跃起来；有50%的利润，它就铤而走险；为了100%的利润，它就敢践踏一切人间法律；有300%的利润，它就敢犯任何罪行，甚至冒绞首的危险。"④

美国的金融危机起源于次贷危机。2008年美国一学者出版了一本揭露美国次贷危机真相的书，该书作者曾经在美国抵押贷款行业干了14年，最清楚美国曾经大肆吹嘘的金融创新是怎么一回事。他在书中写道："如果说次级贷款行业有什么艺术性可言的话，那就是'无中生有'。……直到我直接和经纪商接触和往来，我才了解到创新金融是怎样的一回事。我的销售经理罗伯·雷格将此过程称之为'用鸡屎做鸡肉沙拉'。虽然无甚诗意，不

① 马克思：《资本论》第1卷，北京：人民出版社，1972年，第260页。
② 马克思：《资本论》第1卷，北京：人民出版社，1972年，第556页。
③ 马克思：《资本论》第1卷，北京：人民出版社，1972年，第679页。
④ 马克思：《资本论》第1卷，北京：人民出版社，1972年，第829页。

过概括了这个行业的‘真谛’。”[①]“要说这个行业的贪婪，我曾目睹过太多太多，以至于在行业待了一段时间之后，没有什么事能让我感到吃惊和意外了。”[②]这本书反映的只是美国市场经济的冰山一角，但已经够触目惊心了。

我国是社会主义国家，现阶段实行的是社会主义市场经济。社会主义生产的目的应该是在生产发展的基础上，满足全体人民日益增长的物质和文化生活需要。但是，由于我国社会中目前还存在多种经济成分，在非公有制经济中，获得利润或赚钱仍然是不少企业生产的主要目的，因此如果不加强监管，由于资本的本能冲动，就有可能干出种种伤天害理的事。这一类的报道几乎每天都有，难道不应该引起我们的思考吗?

（二）市场会产生流通创造剩余价值的假象，导致对生产领域、实体经济的忽视

市场纷繁复杂，常以假象示人，而把真相掩盖。比如：剩余价值从现象来看，似乎是从流通中产生的，因为价值“它离开流通，又进入流通，在流通中保存自己，扩大自己，扩大以后又从流通中返回来，并且不断重新开始同样的循环。G－G′，生成货币的货币——资本的最初解释者重商主义者就是这样来描绘资本的”[③]。“庸俗的自由贸易论者用来判断资本和雇佣劳动的社会的那些观点、概念和标准就是从这个领域得出的。”[④]

马克思通过分析，指出剩余价值的源泉是在生产领域，是因为资本在流通领域找到了劳动力这一种特殊的商品。其特殊就在于，在生产过程中，劳动力的使用价值不仅能够创造新价值，而且能够创造比其自身价值更大

① [美] 理查德·比特纳：《贪婪、欺诈和无知——美国次贷危机真相》，覃扬眉，丁颖颖译，北京：中信出版社，2008 年，第 75 页。

② [美] 理查德·比特纳：《贪婪、欺诈和无知——美国次贷危机真相》，覃扬眉，丁颖颖译，北京：中信出版社，2008 年，第 77 页。

③ 马克思：《资本论》第 1 卷，北京：人民出版社，1972 年，第 177 页。

④ 马克思：《资本论》第 1 卷，北京：人民出版社，1972 年，第 200 页。

的价值，这种新创造的超过劳动力价值部分的价值就是剩余价值，它不属于工人，而为资本家所占有。

在《资本论》第二卷中，马克思在论述“资本形态变化及其循环”时，进一步指出，资产阶级的“政治经济学看到的是表面的现象，也就是流通时间对资本增殖过程的作用。它把这种消极的作用理解为积极的作用，因为这种作用的结果是积极的。并且因为这种假象似乎证明了资本有一个神秘的自行增殖的源泉，它来源于流通领域，与资本的生产过程，从而与劳动的剥削无关，所以政治经济学就更是抓住这个假象不放。我们以后会看到，甚至科学的经济学也不免受这种假象迷惑。以后也会表明，这种假象由于下述各种现象而根深蒂固”。①

当前国际金融危机的一个重要原因就是有关国家忽视财富创造的真正源泉来自生产领域和实体经济。自20世纪下半叶以来，欧美一些发达资本主义国家制造业的实际利润率持续低迷，实体经济逐渐陷入困境，于是产业资本大量进入金融、证券等虚拟经济领域。虚拟经济的发展对实体经济有积极的促进作用，但是若过度扩张会引发泡沫经济。“根据国际货币基金组织的统计，1980年全球金融资产价值只有12万亿美元，与当年全球GDP规模基本相当；1993年达到53万亿美元，为当年全球GDP的2倍；2003年增长到124万亿美元，超过全球GDP的3倍；2007年全球金融体系内的商业银行资产余额、未偿债券余额和股票市值合计达到了230万亿美元，为当年全球GDP的4.21倍。2007年，全球实体经济产值10万多亿美元，GDP近54万亿美元，全球衍生金融产品市值为681万亿美元，与全球GDP之比为13∶1。而这一年美国的金融衍生品市值约为340万亿美元，GDP近14万亿美元，二者之比高达25∶1，其中实体经济的产值仅占金融衍生品市场的1/68。”② 虚拟经济是为实体经济服务的，它本身并不创造财富；虚拟

① 马克思：《资本论》第2卷，北京：人民出版社，1975年，第142页。

② 转引自朱民：《改变未来的金融危机》，北京：中国金融出版社，2009年，第189页。

经济过度膨胀，金融危机的爆发那只是迟早的问题了。

（三）市场掩盖了商品交换背后的社会生产关系，以致见物不见人

马克思和资产阶级经济家的根本区别，就在于指出市场不仅仅是商品这种物的交换，还体现一定的社会生产关系，这既是商品、货币、资本的本质，也是市场的本质。马克思说："流通是商品所有者的全部相互关系的总和。"① "当市场上的人们使他们的劳动产品彼此当作价值发生关系时，也就使他们的各种劳动作为人类劳动而彼此相等。他们没有意识到这一点，但是他们这样做了。"② 在《资本论》第一卷德文第二版中，马克思特意在这里加了一个脚注："因此，当加利阿尔说价值是人和人之间的一种关系时，他还应该补充一句：'这是被物的外壳掩盖着的关系。'"③

马克思批判了资产阶级经济学的"幻觉"，"货币主义的幻觉是从哪里来的呢？是由于货币主义没有看出：金银作为货币代表一种社会生产关系，不过这种关系采取了一种具有奇特的社会属性的自然物形式。而蔑视货币主义的现代经济学，一当它考察资本时，它的拜物教不是也很明显吗？认为地租是由土地而不是由社会产生的重农主义幻觉，又破灭了多久呢？"④

（四）市场无法保证商品价值和剩余价值的实现，从而潜藏着经济危机

商品交换并不总是那么顺利、美妙的，而是充满风险。马克思说："商品价值从商品体跳到金体上是商品的惊险跳跃。这个跳跃如果不成功，摔坏的不是商品，但一定是商品所有者。"⑤ 在《资本论》第三卷中，马克思分析利润率趋向下降的规律所引起的资本主义社会的各种矛盾时指出，在直接生产过程中获得了剩余价值，但是这个代表剩余价值的部分必须卖掉。

---

① 马克思：《资本论》第1卷，北京：人民出版社，1972年，第188页。

② 马克思：《资本论》第1卷，北京：人民出版社，1972年，第90—91页。

③ 马克思：《资本论》第1卷，北京：人民出版社，1972年，第91页。

④ 马克思：《资本论》第1卷，北京：人民出版社，1972年，第99—100页。

⑤ 马克思：《资本论》第1卷，北京：人民出版社，1972年，第124页。

"如果卖不掉，或者只卖掉一部分，或者卖掉时价格低于生产价格，那么……榨取的剩余价值就完全不能实现……直接剥削的条件和实现这种剥削的条件，不是一回事。二者不仅在时间和空间上是分开的，而且在概念上也是分开的。前者只受社会生产力的限制，后者受不同生产部门的比例和社会消费力的限制。……因此，市场必须不断扩大，以致市场的联系和调节这种联系的条件，越来越采取一种不以生产者为转移的自然规律的形式，越来越无法控制。……生产剩余价值的条件和实现这个剩余价值的条件之间的矛盾，正好因此而日益增长。"①

这是市场和市场经济的致命伤，历次的经济危机往往就是在这样的环节上爆发的。在美国的这次金融危机中，房产的过剩就很突出。"据美国人口统计部门一份《关于房产行业整体状况》的报告所示，美国 2008 年有 1400 万套房屋空置，比起 1985 年的 740 万套，差不多翻了一倍，这些房屋足够安置 4000 万以上的人居住。"② 可见，在产品过剩的背后则是产能过剩。"美国产能过剩的问题早在 21 世纪初网络经济泡沫破灭后就已现端倪。据美联储理事会估计，2001 年 2 月美国制造业的产能利用率约 78. 1%，创 9 年来新低；半导体产业的产能利用率降至约 80%，且持续下滑；计算机产业的产能利用率也达到 3 年来最低水平。随后，房地产业成为新的经济增长引擎，大量投资向房地产和钢铁、汽车等制造业集中。随着次贷泡沫的退去，这些行业的产能过剩逐渐浮出水面。2009 年 6 月，美国第二大钢铁生产商纽柯公司……目前的产能利用率仍处于 45 年来最低水平，远低于正常水平。"③

20 世纪以来，我国在经济快速增长的同时，有些行业也出现了不同程

① 马克思：《资本论》第 3 卷，北京：人民出版社，1975 年，第 272—273 页。

② 王佳菲：《揭开经济危机的底牌——透过〈资本论〉看新危机时代》，北京：新华出版社，2010 年，第 16 页。

③ 王佳菲：《揭开经济危机的底牌——透过〈资本论〉看新危机时代》，北京：新华出版社，2010 年，第 16—17 页。

度的产品过剩和产能过剩。以机械工业为例。“国家统计局数据显示，2011年机械工业产销增速和利润增速均表现出持续下滑的态势。2011年以来，机械产品的市场需求呈现疲软态势，产成品库存同比增速基本处于20%左右的高位，远远高于前两年10%左右的水平。同时，企业订单增速明显下降……订货不足，进一步加剧了产能过剩的矛盾。”① 这已引起有关部门的重视，并正采取积极对策。

（五）信用是市场经济发展的必然产物，但它是一把双刃剑

马克思指出，随着大规模生产的发展，“信用就是不可避免的了；信用的数量和生产的价值量一起增长，信用的期限也会随着市场距离的增加而延长。在这里是互相影响的。生产过程的发展促使信用的扩大，而信用又引起工商活动的增长。”② 但是，信用是一把双刃剑，它既可以促进社会生产的巨大发展，又会造成对社会生产的巨大破坏。马克思在《资本论》第一卷论述货币的支付手段职能时就指出：“货币作为支付手段的职能包含着一个直接的矛盾……这种矛盾在生产危机和商业危机中称为货币危机的那一刻暴露得特别明显。这种货币危机只有在一个接一个的支付的锁链和抵销支付的人为制度获得充分发展的地方，才会发生。”③ 在《资本论》第三卷中，马克思在专门分析信用在资本主义社会生产中的作用时指出：“信用制度加速了生产力物质上的发展和世界市场的形成，使这二者作为新生产形式的物质基础发展到一定的高度，是资本主义生产方式的历史使命。同时，信用加速了这种矛盾的暴力的爆发，即危机，因而加强了旧生产方式解体的各种要素。”④

当前的国际金融危机，包括欧债危机，其实就是资本主义的信用危机，

① 刘宝亮：《机械工业：“高端不足，低端过剩”亟待解决》，《中国经济导报》，2012年2月21日。

② 马克思：《资本论》第3卷，北京：人民出版社，1975年，第544页。

③ 马克思：《资本论》第1卷，北京：人民出版社，1972年，第158页。

④ 马克思：《资本论》第3卷，北京：人民出版社，1975年，第499页。

其典型表现就是“把资本主义生产的动力——用剥削别人劳动的办法来发财致富——发展成为最纯粹最巨大的赌博欺诈制度，并且使剥削社会财富的少数人的人数越来越少”①。2008 年美国金融危机暴露出来的许多丑闻，都是马克思这段话的最好诠释。其中最轰动的莫过于伯纳德·麦道夫的“庞氏大骗局”。这位美国前纳斯达克主席、华尔街的头面人物、著名的慈善大家，居然是一个行骗达 10 年之久、被骗对象包括国内外知名金融机构和社会知名人士、涉及数额高达 500 亿美元的超级大骗子。非常有讽刺意味的是，“在麦道夫公司的网站上有这样的声明：‘客户们知道，伯纳德·麦道夫本人追求完美无瑕的从业记录，致力于公平交易，并保有高尚的道德标准，这些一直以来都是本公司的标志。’”② 麦道夫现在已经成了阶下囚，并被判处 150 年的监禁，麦道夫事件对华尔街乃至美国的金融信用都是一个极为沉重的打击。在美国的现有金融体制下，麦道夫既不是第一个，但肯定也不是最后一个；麦道夫的出局，既带有很大的偶然性，但也是一种历史的必然。

无独有偶，美国出了个麦道夫，中国则出了个吴某。吴某是原浙江某公司法人代表，因集资诈骗金额 3.8 亿余元受到法律的制裁。和麦道夫这个“大巫”比起来，吴某确实是太“小巫”了。但有一段时间仍为国人所关注，因为它折射出我国民间借贷信用所存在的问题以及人们要求尽快治理的期望。麦道夫案、吴某案给我们的最大启示是：在市场经济条件下，如何运用和控制信用这一把双刃剑，是一个至关重要的问题。运用和控制得好，可能会把你送往天堂；反之，则必然要下地狱。这不仅仅是信贷双方都要深思熟虑、慎重行事，社会和政府更应该未雨绸缪，有所作为。

（六）资本主义市场交易表面的平等掩盖实际上的不平等

马克思指出：“劳动力的买和卖是在流通领域或商品交换领域的界限以

① 马克思：《资本论》第 3 卷，北京：人民出版社，1975 年，第 499 页。

② 钱勇，邓伟，林彬：《麦道夫美国骗局》，北京：中国经济出版社，2009 年，第 5 页。

内进行的，这个领域确实是天赋人权的真正乐园。那里占统治地位的只是自由、平等、所有权和边沁。……离开这个简单流通领域或商品交换领域，……就会看到，我们的剧中人的面貌已经起了某些变化……”[①] 在《资本论》第一卷“工作日”一章中，马克思进一步指出：“必须承认，我们的工人在走出生产过程时同他进入生产过程时是不一样的。在市场上，他作为‘劳动力’这种商品的所有者与其他商品的所有者相遇，即作为商品所有者与商品所有者相遇。他把自己的劳动力卖给资本家时所缔结的契约，可以说像白纸黑字一样表明了他可以自由支配自己。在成交以后却发现：他不是‘自由的当事人’，他自由出卖自己劳动力的时间，是他被迫出卖劳动力的时间；实际上，他‘只要还有一块肉、一根筋、一滴血可供榨取，吸血鬼就决不罢休。”[②]

这种表面上平等和实际上的不平等，在当今西方发达国家和发展中国家的贸易往来中，在实行市场经济的广大发展中国家的私有经济中，不是每天都在发生吗？仅以中国的稀土问题为例。稀土是重要的战略资源，具有不可再生性。在全球已探明的 1 亿吨稀土储量中，中国占 36%，美国稀土储量仅次于中国和独联体国家。长期以来，由于全球稀土供应和市场存在的严重不合理，导致对中国稀土无序乃至掠夺性开发，使中国付出沉重的环境代价，而有的西方国家则趁机大肆囤积超出自己实际需要的廉价稀土资源。在这种情况下，中国出于保护环境和可持续发展的目的加强对稀土开采和出口管理，符合世界贸易组织规则中关于保护可用尽的自然资源的例外条款，无可厚非。但是，这一正当合理的行为却遭到了西方发达国家的强烈反对。他们对中国施加种种压力，甚至联手向世界贸易组织提出诉讼，声称中国限制稀土出口违反世贸组织的贸易公平规则。“只许州官放火，不许百姓点灯”，满口“自由”“公平”的西方国家，在他们同发展中

① 马克思：《资本论》第 1 卷，北京：人民出版社，1972 年，第 199—200 页。

② 马克思：《资本论》第 1 卷，北京：人民出版社，1972 年，第 334—335 页。

国家的贸易往来中，并不像新自由主义者所想象的那么温文尔雅、绅士风度，它们所惯用的就是这套强盗逻辑。

（七）市场经济的发展必然导致收入分配差距过大，出现两极分化

在《资本论》第一卷中，马克思在揭示资本主义积累的一般规律时指出："不管工人的报酬高低如何，工人的状况必然随着资本的积累而日趋恶化。……这一规律制约着同资本积累相适应的贫困的积累。因此，在一极是财富的积累，同时在另一极，即在把自己的产品作为资本来生产的阶级方面，是贫困、劳动折磨、受奴役、无知、粗野和道德堕落的积累。"① 在《资本论》第三卷的"规律的内部矛盾的展开"一章中，马克思进一步指出："社会消费力既不是取决于绝对的生产力，也不是取决于绝对的消费力，而是取决于以对抗性的分配关系为基础的消费力；这种分配关系，使社会上大多数人的消费缩小到只能在相当狭小的范围以内变动的最低限度。这个消费力还受到追求积累的欲望的限制，受到扩大资本和扩大剩余价值生产规模的欲望的限制。这是资本主义生产的规律。"②

马克思所揭示的资本主义市场经济的这一规律，在当前的国际金融危机中得到了进一步的验证。始于2011年9月17日美国金融中心纽约由数百人发起的小规模"占领华尔街"抗议活动，不到一个月时间迅速蔓延到美国的上千个城市，并迅速扩散至各主要的西方国家。抗议者举起的"1%对99%"的标语牌，表现出他们对日益加剧的经济不平等现象及其制度根源感到不满和愤怒。"一些美国学者指出，美国经济不平等的严重程度为20世纪30年代'大萧条'以来所未见，比其他西方发达国家都要高。……据统计，1%的美国富人占有国民收入的五分之一和社会总财富的三分之一。……1%最富裕美国人的税后收入自1979年以来增加了两倍，而处于金字塔底部的80%的美国人同期收入仅增加了三分之一。美国企业主管的收

① 马克思：《资本论》第1卷，北京：人民出版社，1972年，第708页。
② 马克思：《资本论》第3卷，北京：人民出版社，1975年，第272—273页。

入与普通工人的收入差距，由以前的30倍增加到现在的300倍。”① “占领华尔街”抗议活动表明，资本主义市场经济无法解决社会财富和收入分配的贫富分化问题，这导致了生产的无限扩大与群众有支付能力需求相对缩小的矛盾不断尖锐，从而酿成各种危机。

我国自改革开放以来，打破“大锅饭”和平均主义，逐步确立了按劳分配为主体、多种分配方式并存的分配制度，有效地激发了社会创造力，促进了社会财富的极大增加，居民的收入水平普遍提高。但是，毋庸讳言，在经济持续增长的背后，居民收入差距不断扩大，引起了社会各界的高度关注。从基尼系数看，1978年仅为0.16，2000年就超过了0.4的国际警戒线，现已接近或超过0.5；从绝对贫困人口看，如果按“十二五”规划的第一年人均纯收入1500元的贫困标准，全国贫困人口总数将达9000万以上；从财富的集中度看，“2009年中国家产千万元的富豪已达82.5万人，家产过亿的有5.1万人；2011年千万元的增加到96万人，过亿的达6万人；2010年，家产10亿的富豪有1363人，其中百亿富豪97人；2011年，家产20亿元的就达2000人。在2009年，中国仅仅前200名富豪的财富总额就达2.60万亿元，相当于全国GDP的7.76%。……另一方面，劳动者占新创造价值的份额明显下降（在私有经济中更是如此，私有企业工人的平均工资仅为国有企业工人的52%）。”② 关于我国当前的居民收入差距不断扩大的原因，理论界给出了各种解释，但我认为都有意无意地回避了一个重要原因，那就是市场经济的内在规律使然。马克思所揭示的不仅是资本主义市场经济的规律，也是一般市场经济的规律，社会主义市场经济当然没有例外。和资本主义市场经济根本不同的是，我国有信心也有能力通过政府的有力干预和其他各种措施，解决西方国家无法解决的社会两极分化问题。

---

① 余晓葵：《华尔街的拐角，美国社会的“拐点”》，《光明日报》，2012年2月6日。

② 本刊记者：《重新研究当前两类社会主要矛盾及其相互关系——访厦门大学原党委书记吴宣恭教授》，《马克思主义研究》，2012年第5期。

（八）以追求利润为唯一目的的资本主义市场经济导致生态环境严重恶化

马克思在《资本论》第一卷论述大工业和农业的关系时指出："大工业在农业领域内所起的最革命的作用，是消灭旧社会的堡垒——'农民'，并代之以雇佣工人。……资本主义生产使它汇集在各大中心的城市人口越来越占优势，这样一来，它一方面聚集着社会的历史动力，另一方面又破坏着人和土地之间的物质变换，也就是使人以衣食形式消费掉的土地的组成部分不能回到土地，从而破坏土地肥力的永恒的自然条件。这样，它同时就破坏城市工人的身体健康和农村工人的精神生活。……资本主义农业的任何进步，都不仅是掠夺劳动者的技巧的进步，而且是掠夺土地的技巧的进步，在一定时期内提高土地肥力的任何进步，同时也是破坏土地肥力持久源泉的进步。……资本主义生产发展了社会生产过程的技术和结合，只是由于它同时破坏了一切财富的源泉——土地和工人。"①

当代人类生存环境的恶化和生态危机，与盲目扩大的生产和市场以及片面追求资本的增殖、片面追求 GDP 增长有着密切的关系。西方发达国家在其工业化的历史过程中，曾对生态环境造成了严重的破坏。迫于国内的压力和资本追逐利润的本能，现在他们正千方百计把生态环境恶化的祸水引向广大发展中国家。还是以前面所举的稀土为例。"据《华盛顿邮报》报道，早在 20 世纪 90 年代初，美国曾在稀土矿业市场上占主导地位，后来大量减少本国稀土矿的开采，封存矿山，既保存自己的战略资源，又廉价获得中国稀土资源，还把环境污染挡在国门外"②，这是典型的损人利己，以邻为壑。而中国在相当长一段时间内，缺乏对稀土资源开采、利用和保护的战略规划，许多企业在高利润驱动下，乱采滥挖直接导致出口量很大而价格不断下降，同时储藏量锐减。专家估计，照此速度开采，二三十年后

---

① 马克思：《资本论》第 1 卷，北京：人民出版社，1972 年，第 551—553 页。

② 吴黎明：《打响稀土保卫战》，《北京日报》，2012 年 3 月 15 日。

就将采尽挖光。令人更加担忧的是，一些中小企业为了节约成本，用落后技术开采稀土，对环境造成不可逆转的放射性污染、地下水污染和耕地破坏。“仅以稀土资源丰富的赣南为例，如果要对开采稀土等矿产破坏的土地进行生态修复，初步估计资金投入将高达380亿人民币以上，而去年，江西省全省出口稀土不到10亿美元（约合63亿人民币）。也就是说，其出口利润很难弥补环境的损失。”①

（九）商品（货币、资本）拜物教是市场经济的特有产物

对商品、货币、资本拜物教的分析，是马克思《资本论》中最精彩的内容之一。他指出：“商品形式和它借以得到表现的劳动产品的价值关系，是同劳动产品的物理性质以及由此产生的物的关系完全无关的。这只是人们自己的一定的社会关系，但它在人们面前采取了物与物的关系的虚幻形式。因此，要找一个比喻，我们就得逃到宗教世界的幻境中去。在那里，人脑的产物表现为赋有生命的、彼此发生关系并同人发生关系的独立存在的东西。在商品世界里，人手的产物也是这样。我把这叫作拜物教。劳动产品一旦作为商品来生产，就带上拜物教性质，因此拜物教是同商品生产分不开的。”② 当然，商品拜物教也是同市场分不开的。马克思还分析了货币拜物教：“一种商品成为货币，似乎不是因为其他商品都通过它来表现自己的价值，相反，似乎因为这种商品是货币，其他商品才都通过它来表现自己的价值。中介运动在它本身的结果中消失了，而且没有留下任何痕迹。……这些物，即金和银，一从地底下出来，就是一切人类劳动的直接化身。货币的魔术就是由此而来。……因此，货币拜物教的谜就是商品拜物教的谜，只不过变得明显了、耀眼了。”③ 在《资本论》第三卷中，马克思分析了资本拜物教的种种形式。“在生息资本的形式上，资本拜物教的观

---

① 吴黎明：《打响稀土保卫战》，《北京日报》，2012年3月15日。

② 马克思：《资本论》第1卷，北京：人民出版社，1972年，第89页。

③ 马克思：《资本论》第1卷，北京：人民出版社，1972年，第111页。

念完成了。按照这个观念，积累的劳动产品，而且是作为货币固定下来的劳动产品，由于它天生的秘密性质，作为纯粹的自动体，具有按几何级数生产剩余价值的能力。”①

马克思指出，商品、货币、资本拜物教对社会具有极大的欺骗性和危害性。这种拜物教反映的是市场经济中的假象世界，而这种假象又往往同人们的生活常识相符合，因此，人们对“这些异化的不合理的形式，感到很自在，这也同样是自然的事情，因为他们就是在这些假象的形式中活动的，他们每天都要和这些形式打交道”②。这种拜物教的危害性在于它颠覆了几千年来人类文明所积淀的关于真善美和假恶丑的界限，破坏了传统社会的经济秩序、道德秩序和社会秩序。马克思指出：“从货币身上看不出它是由什么东西变成的，那么，一切东西，不论是不是商品，都可以变成货币。一切东西都可以买卖。流通成了巨大的社会蒸馏器，一切东西抛到里面去，再出来时都成为货币的结晶。连圣徒的遗骨也不能抗拒这种炼金术，更不用说那些人间交易范围之外的不那么粗陋的圣物了。……还在幼年时期就抓着普鲁托的头发把他从地心里拖出来的现代社会，则颂扬金的圣杯是自己最根本的生活原则的光辉体现。”③ 马克思还指出，一旦拜物教在全社会确立，那么这将是“一个着了魔的、颠倒的、倒立着的世界。在这个世界里，资本先生和土地太太，作为社会的人物，同时又直接作为单纯的物，在兴妖作怪”④。

在美国的这次金融危机中，从已披露出来的大量材料来看，作为美国乃至世界金融心脏的华尔街，确实是“一个着了魔的、颠倒的、倒立着的世界”，华尔街的金融资本先生不仅在全世界“兴妖作怪”，也在他们的家门口“兴妖作怪”，不过这次搞得太过头了，差点使其陷入灭顶之灾。至于

---

① 马克思：《资本论》第3卷，北京：人民出版社，1975年，第449页。
② 刘宝亮：《机械工业：“高端不足，低端过剩”亟待解决》，《中国经济导报》，2012年2月21日。
③ 马克思：《资本论》第1卷，北京：人民出版社，1972年，第151—153页。
④ 马克思：《资本论》第3卷，北京：人民出版社，1975年，第938页。

我们国家是否也存在商品、货币和资本拜物教，人们曾经有过疑问，理论界也曾经讨论过，然而，在人们耳闻目睹了大量惊心动魄的事实后，这已成了不证自明的定论了。社会上最关注、老百姓最痛恨的腐败现象，其实就是资本拜物教——权力资本化的一种表现。现在摆在我们面前的，不是争论有没有商品、货币、资本拜物教的问题，而是如何认识和解决由此产生的一系列经济、政治和社会的问题。

（十）市场和市场经济无法解决自身存在的问题

新自由主义总是把市场想象得那么美好：什么“只要让位于市场，一切关系都能理顺”；什么“如果把一切都委托给市场的自由交易，就会达到一种最佳的经济状态，并且这种状态是稳定的”；尤其难得的是“市场具有自我纠正错误的能力”，所以“市场制度是最成功的”，如此等等。这些赞美市场的“时髦词句”其实都是马克思早已批判过的陈词滥调，不过马克思当时主要是针对那些为资本主义市场经济制度做辩护的庸俗经济学家。马克思多次引用18世纪法国哲学家伏尔泰小说《老实人》的格言“在这个最美好的世界上，一切都十全十美”[①]，来嘲笑那些狂热的市场拜物教者。

在马克思看来，无论是市场和市场经济的巨大历史进步还是它的种种弊端，都具有它的历史的必然性。在《资本论》第一卷第一版序言中，马克思就指出：“问题本身并不在于资本主义生产的自然规律所引起的社会对抗的发展程度的高低，问题在于这些规律本身，在于这些以铁的必然性发生作用并且正在实现的趋势。工业较发达的国家向工业较不发达的国家所显示的，只是后者未来的景象。”[②] 这里讲的“铁的必然性”，我理解包含两层意思。一是市场存在的种种问题，你承认也罢，不承认也罢，它都是客观存在的；你喜欢也罢，不喜欢也罢，它都是要发生的。二是市场本身并无法解决这些问题。马克思说：“价值没有在额上写明它是什么。不仅如

①《马克思恩格斯选集》第1卷，北京：人民出版社，1995年，第221页。

② 马克思：《资本论》第1卷，北京：人民出版社，1972年，第8页。

此，价值还把每个劳动产品变成社会的象形文字。后来，人们竭力要猜出这种象形文字的含义，要了解他们自己的社会产品的秘密，因为使用物品当作价值，正像语言一样，是人们的社会产物。后来科学发现，劳动产品作为价值，只是生产它们时所耗费的人类劳动的物的表现，这一发现在人类发展史划了一个时代，但它绝没有消除劳动的社会性质的物的外观。……商品生产这种特殊生产形式所独具的这种特点，在受商品生产关系束缚的人们看来，无论在上述发现以前或以后，都是永远不变的，正像空气形态在科学把空气分解为各种元素之后，仍然作为一种物理的物态继续存在一样。”① 所以，马克思认为，《资本论》中所涉及的人，只是经济范畴的人格化，是一定的阶级关系和利益的承担者，不能要求这些个人对这些问题负责。

在资本主义市场经济条件下，唯一能够对市场的弊端进行局部的一定程度改良的外部力量，就是国家权力。马克思在《资本论》第一卷中用了很大的篇幅来叙述英国工厂法的历史、内容和结果：“英国的工厂法是通过国家，而且是通过资本家和地主统治的国家所实行的对工作日的强制的限制，来节制资本无限度地榨取劳动力的渴望。”② 马克思明确指出，“一个国家应该而且可以向其他国家学习”，虽然市场经济作为一种自然的发展阶段“既不能跳过也不能用法令取消……但是它能缩短和减轻分娩的痛苦”③。马克思在《资本论》中多次提到国家的作用（按照马克思原来的写作计划，《政治经济学批判》六册中“国家”作为单独一册），如在论述信用在资本主义生产中的作用时，就指出：“它在一定部门中造成了垄断，因而要求国家的干涉。”④

---

① 马克思：《资本论》第1卷，北京：人民出版社，1972年，第91页。
② 马克思：《资本论》第1卷，北京：人民出版社，1972年，第267页。
③ 马克思：《资本论》第1卷，北京：人民出版社，1972年，第11页。
④ 马克思：《资本论》第3卷，北京：人民出版社，1975年，第496页。

三、 清除新自由主义市场拜物教的迷雾任重道远

显然，马克思上述对市场拜物教的批判，主要是针对资本主义市场经济的，即使过去了一百多年，对我们今天研究当代资本主义的新发展，分析当前国际金融危机产生的原因和批判新自由主义，还是有重要指导意义。不仅如此，马克思的论述对实行市场经济的发展中国家，包括实行社会主义市场经济的中国，也具有很强的警醒和启迪意义。毋庸讳言，马克思所痛陈的资本主义市场和市场经济所存在的一系列消极现象和潜在风险，在我国也有不同程度存在。有市场经济存在，就必然产生市场拜物教，这是不以人的意志为转移的。当然，在我国的社会主义制度下，在政府的有力干预下，可以把市场拜物教的消极效应尽可能地减少、缩小。但是，如果放松警惕，处理不慎，就有可能造成局部地区的外部冲突和整个社会的波动。这并非危言耸听，而是被近年来的一系列社会事件所证明。

即使在社会主义市场经济条件下，市场拜物教也是无法消除的，因为商品生产和商品交换是它孕育的土壤。但是，我们可以采取积极的措施，限制它作用的范围，化解它产生的矛盾，消除它恶劣的影响，预防它潜在的危机。为此，应采取以下具体措施：

（一）坚决批判新自由主义并消除其在我国的恶劣影响

我们要认识到新自由主义所宣扬的市场拜物教在堂皇的词句后面所包藏的险恶用心，它所指引的道路，不是走向繁荣之路，而是走向社会动乱、两极分化、国家崩溃之路。新自由主义并不单纯是一种学术理论，从20世纪80年代以来，它已经成为西方发达国家的官方意识形态，成为对广大发展中国家和由计划经济向市场经济转轨的国家进行渗透、误导和颠覆的政治工具。无论是拉美、苏东还是东南亚地区，新自由主义都给这些地区的国家和人民带来了深重的灾难。当前美欧这场旷日持久的金融危机，正是

西方国家新自由主义长期泛滥酿成的恶果。这用中国俗话来说，叫作害人又害己！

新自由主义所宣扬的市场拜物教，并不是什么新鲜的东西，它不过是马克思早已批判过的资产阶级庸俗经济学的老调重弹。正如马克思一针见血所指出的："庸俗经济学的特征恰恰在于，当那种在一定历史发展阶段上是新颖的、创造性的、深刻的和正确的见解，已经变成平凡、陈旧和错误的东西的时候，又把它们重新捡起来。这样，它也就供认，它对于古典经济学已经研究过的问题毫无所知。它把这些问题，和那些只能在资产阶级社会的一个较低发展水平上提出的问题混为一谈。"① "庸俗经济学家所做的实际上只是把那些为竞争所束缚的资本家的奇特观念，翻译成表面上更理论化、更一般化的语言，并且煞费苦心地论证这些观念是正确的。"②

对多年来新自由主义市场拜物教在我国经济理论界造成的迷误和危害，一定要有清醒的认识。有一本书在介绍新自由主义者米尔顿·弗里德曼20世纪八九十年代三次来华时这样写道："在三次访华中，弗里德曼近距离地观察了一个从计划经济体制走向市场经济体制的社会的变迁过程，他尽力向中国人介绍了自由市场制度的知识，表达了自己的思想观念。作为一个经济学家，他很好地完成了自己的任务，深入影响了一大批中国人——其中不乏能够直接影响甚至决定中国发展道路的人。可以说，在这十几年中，弗里德曼原有的世界范围的影响力扩展到了中国，而中国，也因此受益良多。"③ 刘国光先生早在2005年就在一篇重要文章中指出，国内"有些人不愿意别人批评新自由主义。说什么批评者把新自由主义者当成了一个筐，什么都往里装。为什么要讳言新自由主义呢？如果你是真心实意地为中国特色的社会主义市场经济贡献力量的话，如果你也是不赞成新自由主义的

① 马克思：《资本论》第3卷，北京：人民出版社，1975年，第885页。
② 马克思：《资本论》第3卷，北京：人民出版社，1975年，第257页。
③ 李子旸：《市场的力量》，北京：华夏出版社，2010年，第10页。

理论前提和核心理论的话，你就不必担心批评新自由主义会伤及无辜。如果你赞成他们的理论前提和核心理论，那你自己就跳进框框，怪不得别人。"[①] 现在距刘国光先生发表这篇著名的文章已经过去了七年，期间发生了可以说是给新自由主义敲响丧钟的国际金融危机，但新自由主义在中国的神州大地上却毫发无损，并且愈益猖獗，这难道不应该引起有关部门的反思吗？这也提醒中国的马克思主义经济学学者，战斗正未有穷期，批判新自由主义将是意识形态领域里一场长期的斗争。

（二）坚持社会主义公有制占主体的基本经济制度

社会主义市场经济同资本主义市场经济的一个重要区别，就是前者公有制占主体地位。新自由主义以提高市场效率为名，不遗余力地鼓吹私有化。他们一方面断言公有制和市场经济不能兼容，私有化不可避免；另一方面，他们则是借口反垄断，反"国进民退"，企图瓦解我国的国有经济。有些人说什么"现在活得好的国有企业，基本是靠垄断赚钱，但是它们的效率很低。国有企业占据着社会三分之二的经济资源，但创造的价值只是三分之一。等他们都民营化之后，可以想象中国经济会焕发出怎样的潜力"[②]。人们已经注意到，《光明日报》在 2012 年 4 月中旬连续发表"国企怎么样""国企怎么了""国企怎么办"的系列报道，通过大量翔实的数据，告诉人们关于国企的真实情况。过去，"国企是亏损的代名词"，而如今"大型国企特别是央企是活力的代名词，越来越多的中国央企走出国门，活跃在国际经济舞台上，用骄人的业绩演绎了'大象快跑的故事'，它们提升了中国的整体经济实力和竞争力。在 2011 年公布的世界 500 强企业中，中央企业已有 38 家上榜。……如今的国有企业已是行业的排头兵、国民经济的支柱力量，在维护经济社会稳定、完成宏观调控目标、承担各种急难险

① 刘国光：《对经济学教学和研究中一些问题的看法》，《刘国光文集》，北京：中国社会科学出版社，2006 年，第 614 页。

② 张维迎：《市场的逻辑》，上海：上海人民出版社，2010 年，第 342 页。

重任务等方面，国有企业始终发挥着中流砥柱的作用。”① 日益壮大的国企不仅在经济上、政治上发挥重要的作用，而且还能对市场拜物教发挥有力的制约作用。新自由主义者为什么视国企为眼中钉、肉中刺，必欲拔之而后快，其中难言之隐就是国企的存在和发展完全与他们信奉的市场拜物教教义背道而驰，而这一教义是他们灵魂的栖息和安身立命之所在！国企当然还要深化改革，进一步完善，但积世界上社会主义各国正反两方面的经验教训，可以证明：国企强，则国家强；国企弱，则国家弱。可以断言，当强大的国有经济瓦解之日，也就是人物颠倒的市场拜物教泛滥之时，那时虽然市场经济也还存在，但已经更名易帜，不叫社会主义了。因此，在任何时候，都要坚持公有制的主体地位和发挥国有经济的中流砥柱作用，不能有丝毫的动摇！

马克思主义认识论认为，实践是检验真理的唯一标准。我国改革开放三十多年的实践已经有力地证明，以公有制为主体、多种所有制经济共同发展的基本经济制度，完全适应生产力发展的需要，创造了令世人瞩目的经济“奇迹”。新自由主义者关于“不能兼容”的看似严密的逻辑推理和故作高深的数学分析，在活生生的事实面前，显得多么滑稽可笑！他们死抱着陈腐的教条不放，却不懂得“理论是灰色的，生活之树常青”这个简单朴素的道理。

（三）加强政府对市场必要的干预

讨论这一问题的前提是政府有没有必要对市场进行干预。新自由主义拜物教者的回答是否定的，因为按照他们的教义，既然市场是理性的、万能的，也就不需要政府这种外部力量的干预，否则，就会适得其反。令他们始料未及的是，这次国际金融危机对其笃信不疑的教义是一个毁灭性的打击。在西方国家的新自由主义拜物教者中，有的对此采取沉默，有的则

① 郭丽君，温源，冯蕾：《国企怎么样?》，《光明日报》，2012年4月17日。

被迫做了检讨。比如：2008 年 10 月 23 日，美国国会众议院监督和政府改革委员会召集美国联邦储备委员会前主席格林斯潘等人作证，以便弄清管理的缺陷在多大程度上推动了这场金融危机。格林斯潘承认，缺乏监管的自由市场存在缺陷，政府采取的金融救援方案已经开始对市场产生影响。但是，中国的新自由主义拜物教者似乎很不以为然，他们坚持认为这次危机的根源在政府，而不在市场："事实和逻辑分析表明，这次危机与其说是市场的失败，不如说是政府政策的失败；与其说是企业界人士太贪婪，不如说是主管货币的政府官员决策失误；政府目前对危机的政策与其说是在解决危机，不如说是在延后和恶化危机。在我看来，这次危机也许是复活奥地利学派经济学和彻底埋葬凯恩斯主义经济学的机会。"① 莫谓书生空议论，这里所提出的确实是一个关乎中国和世界各国应该如何认识和应对当前这场国际金融危机、如何看待政府和市场在经济发展中的作用，从而实现世界各国经济的持续健康发展这一重大原则问题。

2008 年 10 月，联合国大会第六十三届会议主席米格尔·德斯科托·布罗克曼提议成立一个国际专家委员会，探讨本次金融危机的原因、影响和对策。该委员会由 20 位来自全球各地的顶尖国际金融专家组成，诺贝尔经济学奖获得者约瑟夫·E. 斯蒂格利茨担任主席。该专家委员会的研究报告对 2009 年 6 月 26 日召开的有联合国 192 个成员国和地区参加的"世界金融和经济危机及其对发展的影响高级别会议"所发表的声明产生了积极的影响。该研究报告于 2009 年底发表。联合国大会主席在为该报告所写的序言中不指名地批评了新自由主义："在过去的 35 年，这次危机通过在全球范围内推行（通常是被迫的）的专横经济观点以重要的方式相互紧密联系在一起。根据这一观点，市场逻辑会解决几乎所有的社会、经济以及政治问

① 张维迎：《市场的逻辑》，上海：上海人民出版社，2010 年，第 283 页。

题。”[①] 该报告详细分析了这次金融危机的根源，明确指出：“当许多政治领导人和经济学家对放松监管表示赞成以后，当前的危机便接踵而至。他们曾认为，自由金融市场的固有效率会影响经济的总效率，或者至少‘轻微’监管会改善经济表现。这些言论几乎忽视了市场不完善和外部效应的概念，由于较早的经济事件和现代经济理论本应该让人产生怀疑，所以本次危机的巨大规模和普遍性对这种观点（有时被称为自由市场原教旨主义或新自由主义）是一种很强烈的反驳。人们现在一致认为，监管不足和监管制度不完善是导致本次危机的原因之一。”[②] 连美国的金融援助计划的国会监管委员会在监管改革的总结报告中也提到：“‘从根本上说，造成本次危机的监管失灵不仅是一种结构，更是一种理念。’假如美国能更好地认识监管的作用，那么它可能已经在目前的监管制度下实施了有效的监管措施。”[③] 该报告对指导国际社会应对危机提出了若干基本原则，摆在首位的就是要“恢复市场和政府之间的平衡”，“在某种程度上，本次金融危机是由于对金融市场的监管过度放松造成的，恢复全球经济的健康首先需要将金融市场监管者的合适角色恢复到健康状态。另外，只能通过将政府在国家和全球范围内采取集体行动中的角色恢复到合适状态才可解决与全球经济危机和全球气候危机有关的外部效应。”[④]

上面之所以大段引用该报告的有关论述，是因为，该报告不但具有很高的权威性和针对性，而且还是一份代表联合国对新自由主义市场拜物教的证据确凿、义正词严的判决书。当然，从马克思主义的观点来看，该报

① 联合国金融专家委员会：《斯蒂格利茨报告——后危机时代的国际货币与金融体系改革》，北京：新华出版社，2011 年，第 3 页。

② 联合国金融专家委员会：《斯蒂格利茨报告——后危机时代的国际货币与金融体系改革》，北京：新华出版社，2011 年，第 74 页。

③ 联合国金融专家委员会：《斯蒂格利茨报告——后危机时代的国际货币与金融体系改革》，北京：新华出版社，2011 年，第 77 页。

④ 联合国金融专家委员会：《斯蒂格利茨报告——后危机时代的国际货币与金融体系改革》，北京：新华出版社，2011 年，第 15 页。

告对本次国际金融危机根源的分析还停留在表面层次，未能触及资本主义社会的基本矛盾这一本质，开出的治理“药方”也未必都符合实际，但是，在新自由主义多年来一直占据着西方经济学理论主流地位的情况下，这样一份报告能够得以发表，已经是很不容易的了。这份报告值得国人一阅，它至少能告诉我们：在市场和政府的关系上，我们该相信谁。

（四）矫治市场的弊端还需加强法律的他律和道德的自律

现代市场经济其实就是信用经济，而信用无非是买卖、信贷双方的契约关系。这次国际金融危机始于美国的次贷危机，就是因为买卖、借贷双方在信用上出现了断裂。过去以为只是在市场经济发展的低级阶段上才会有信用问题（我国最早提出信用问题是在20世纪90年代初期，当时国务院下发了《关于在全国范围内开展清理“三角债”工作的通知》，第一次提出了社会信用问题，以后信用问题频繁地见诸报端和政府文件），现在看来并不尽然，这次发生严重信用危机的国家都是市场经济发展程度很高的国家。“不识庐山真面目，只缘身在此山中”，发生信用危机的真正原因，就在于市场的先天缺陷，马克思在一个半世纪以前就已洞察到了市场的痼疾，实在令人惊叹！要完全消除市场的这种痼疾，按照马克思的观点，“只有当社会生活过程即物质生产过程的形态，作为自由结合的人的产物，处于人的有意识有计划的控制之下的时候，它才会把自己神秘的纱幕揭掉。但是，这需要有一定的物质基础或一系列物质生存条件，而这些条件本身又是长期的、痛苦的历史发展的自然产物”①。既然马克思所说的这“一系列物质生存条件”我们现在还不具备，就不得不正视裹着“神秘的纱幕”的市场经济，在努力探索发挥它的积极作用的同时，尽可能限制它的消极因素。除了加强政府对市场的干预外，法律的他律和道德的自律是必不可少的。18世纪德国哲学家康德说过，“有两样东西，愈是经常和持久地思考它们，对

① 马克思：《资本论》第1卷，北京：人民出版社，1972年，第97页。

它们历久弥新和不断增长之魅力以及崇敬之情就愈加充实着心灵：我头顶的星空和我心中的道德律”①。“我头顶的星空”康德指的是上帝，我认为应该把它换成法律，因为只有法律才是至高无上的。在现代文明社会，不允许有任何人凌驾于法律之上。在资本主义市场经济条件下，法律虽然不能根本解决市场问题，但是“它能缩短和减轻分娩的痛苦”，正是在这个意义上，马克思认为，工业化落后的国家应该向当时工业化先进的英国学习。我国现在实行的是社会主义市场经济，并且已经提出了“以法治国”的战略方针，就要切切实实把它落实到实处。至于康德所说的“我心中的道德律”，我们要好好研究一下，为什么这么多年来，我们所进行的道德教育，收效不是很大，问题究竟出在哪里？我认为，一个重要原因就是对市场的消极因素估计不足。古人云“哀莫大于心死”，在现代市场经济活动中，则是“哀莫大于心黑”！随着市场经济的发展，市场上的物质产品日益丰富，但是我们生活的安全感却并没有随之成正比例增长，假冒伪劣、坑蒙拐骗常常使人们处于杯弓蛇影之中！市场拜物教的毒菌无时无刻不在污染人的心灵、败坏社会的空气、扭曲人与人之间的正常关系。中华民族确实需要建立起拯救灵魂的道德教育长效机制，而且是刻不容缓了！

马克思说：“辩证法不崇拜任何东西，按其本质来说，它是批判的和革命的。”② 我们要彻底清除新自由主义所散布的对市场的神化和崇拜的迷雾，还市场以本来面目，恢复和树立人在市场上的真正权威，切实做到“以人为本”。

（原载于《当代经济研究》2012 年第 9 期）

---

① 康德：《康德的智慧》，曾纪军，刘烨编译，北京：中国电影出版社，2007 年，第 226 页。

② 吴黎明：《中国打响稀土保卫战》，《北京日报》，2012 年 3 月 15 日。

商品价值的数学表达及其应用

商品是有产品生产的社会的经济细胞，所以，研究有商品生产社会的经济，必须从分析商品开始。在任何有商品生产的社会里，商品的本质属性是一致的，但随着有商品生产的社会的发展水平，特别是基本形态发生变化后，商品的外在属性或表现形式可能带有时代的印记。本文试图探索商品的本质特性及其一般价值表现形式。

一、 商品的本质特性及其外在属性的演变

关于商品的本质特性，马克思在《资本论》中有详细的论述。他指出：首先，商品是用来交换以满足人们某种社会需要的劳动产品，具有使用价值和价值。其次，商品之所以成为商品，必须是使用价值和价值的统一。商品的价值，是劳动者的社会劳动在商品体内的物化或结晶，就是说，商品的价值是由人类社会劳动创造出来的。但人类劳动具有二重性——抽象劳动和具体劳动，抽象劳动形成价值，具体劳动创造使用价值，劳动的二重性决定着商品的二重性。最后，商品的价值量是由社会必要劳动量决定的，而决定社会必要劳动量的是社会必要劳动时间，所以商品与商品的交换，实质上是劳动与劳动的交换，表面上是商品与商品即物和物的关系，实质是劳动和劳动即人和人之间的社会关系。

虽然马克思论述商品的本质属性时，社会正处于工业化初期的蒸汽时

代，而且马克思创立劳动价值论的目的是为剩余价值论奠定理论基础，以揭示资本主义产生、发展和灭亡的规律存在商品的生产，但马克思关于商品的本质属性的论述是不会随社会的变更而变化的——只要这个社会存在商品的生产。变化的仅是商品的外在属性或表现形式：首先，当代商品的外在形式丰富多彩，不仅是，甚至不主要是有形的物。如各种计算机软件，它只不过是由编程人员编写的一串有机的计算机语言，这是一个看得见但摸不到的东西。又如专利，它首先是能满足人们对技术的需要，有使用价值；其次，它是劳动——科技劳动创造的；最后，它可以通过购买获得（即可交换），因此，它具有商品的全部本质特征，但它是不能直接看到且摸不着的东西。再比如金融部门为企业或个人提供的各种服务，是通过各种“金融工具”实现的。这些金融工具，也看不见摸不着，但可以感受到，它是金融机构出售的商品，因为它具有商品的全部本质特征。首先，金融工具是由金融专家的劳动创造出来的，由一系列金融机构工作人员共同劳动实现交换的，能满足广大企业或个人的某种需要的东西。其次，当代商品的构成越来越复杂，绝大部分产品已不是劳动对原料的直接加工而完成的，它可能是劳动对“商品的商品的商品……商品”加工而成的商品。商品的复杂性主要通过两个方向演绎，其一是“横向演绎复杂”，即劳动对若干个商品创造性地设计、组合，形成新商品。在马克思所处的工业化初期，劳动对若干个产品进行创造性地组合形成商品，但在当代，社会分工更加细密，企业生产一个商品时采购的不仅是原材料，还包括大量其他企业生产的商品。比如上海通用汽车公司，在生产最终商品——汽车过程中，要采购一些原料，如钢铁，但更多的是采购商品，如发动机、音响、轮胎、灯泡……在这基础上，这家公司还要组织专家进行整体设计，组织工人按设计要求进行组装，所以，汽车是劳动对“商品+商品+……+原料”进行创造的结果，是复杂商品。其二是“纵向演绎复杂”，即劳动对某一商品不断进行深加工而形成的“新的新的新的……新的”商品。一个特殊的例子是“相对商品”。同样一种劳动产品（或商品）对不同“空间”的消费者来说有不同的性质。比如在中国市场流通的商品对美国消费者来说它还不能成为商品，因为不能直接进行交换，而交换是商品的重要特性。要使在中国市场流通的商品也成为美国消费者的商品，必须要通过人们的劳动——服务劳动，将之位移至美国。位移后的商品与在中国市场流通的同种商品虽然在各方面都一样（唯有位置不同），但它已是新商品，是美国市场的商品。最后，马克思创立劳动价值论的目的是为剩余价值论奠定理论基础，以揭示资本主义产生、发展和灭亡的规律。而当代研究商品及劳动价值论，不仅要深化对资本主义发展规律的认识，而且还要服务社会主义建设，激发社会各阶层的人们在社会主义市场经济环境下大干快上的热情。

二、 商品价值的数学表达

在讨论商品的价值表达之前，有必要首先讨论价值创造和价值形成的关系。因为，从不同的角度观察，商品的价值表达形式是不一样的。

（一） 价值创造与价值形成

长期以来，关于商品价值的决定问题，学术界一直存在争议，产生分歧的症结在于分析问题的角度不同。强调劳动对价值的决定作用的研究者，实际上是从价值创造的角度观察商品的价值的；强调资本、技术等经济要素对价值的重要形成作用的研究者，实际上是从价值具体形成的角度观察商品价值的。

劳动创造价值是商品价值决定的本质刻画，价值形成描述是劳动创造价值这一本质刻画的概念演绎，两者是一致的，不存在矛盾。笔者不太认同逢锦聚等人在《马克思劳动价值论的继承和发展》一书中所说的：“价值的决定本身就不是一个很清晰的，界定周延的表述”① 的观点。我认为，商品价值的决定是一个确切的概念，即劳动创造价值——从价值创造角度观察的结果。任何东西，离开劳动或不与劳动结合就不会有价值，即使像我们熟悉的原材料，如煤、矿石等也不例外，静静地躺在矿山里的这类原材料是没有价值的，最多也只是有潜在的价值，没有现实的价值。从这个意义上看，马克思当时在分析商品价值时所用的生产资料的价值 C，事实上也与劳动有关，只不过这是“前劳动”，从“现劳动”看，“前劳动”已经凝结或物化到“生产资料”中，是不变的 C，而正要分析的“现劳动”，是会创造新价值的，即 V + M。

商品价值的形成描述，进一步阐述了劳动怎样创造价值、不同的劳动形式和复杂程度如何影响价值量等问题。商品生产过程中的科技创新活动显然是一种劳动形式，而且是高级、复杂的劳动形式。对于通过科技创新而获得的全新商品而言，这是再明白不过的事实。在这类商品中，科技创新劳动对其价值的贡献是主要的，因为没有科技创新劳动就没有该商品，更谈何价值?! 商品生产过程中的管理活动也是一种劳动形式，在任何企业，没有这种劳动，其他劳动将无法正常开展，因此，也就无法正常地创造价值。另外，一个企业管理得越好，其他劳动创造的价值就越高，至少，这个高出平均管理水平下劳动创造的价值超值部分，可以看成是管理劳动创造的价值。假设有三种管理水平 A、B 和 C，某一企业在这三种管理水平下，全部其他劳动（除管理之外）创造的价值分别是 W + ΔW 和 W – ΔW，很显然，ΔW 就是管理劳动创造的价值。不同的具体管理劳动所创造的使用价值是不一样的，如同马克思论述的具体劳动和抽象劳动一样，我们也可以用类似的办法表达或表示抽象管理劳动创造价值的情景，不过与此有点不同的是，这里不能用社会平均劳动时间作为创造价值的标准，而应该用社会平均管理水平来衡量。

---

① 逄锦聚等：《马克思劳动价值论的继承与发展》，北京：经济科学出版社，2005 年，第 181 页。

资本是一种很特殊、很综合的生产要素。首先，它可以看成（至少部分地看成）是生产资料的货币化形式，拥有了资本就拥有了劳动所必需的劳动对象；其次，它也可以看成是劳动的积累，当然，这是过去劳动的积累，既包括资本拥有者的过去劳动累积，也包括其雇佣劳动者的过去劳动积累（比如雇佣劳动者曾经创造的剩余价值）——这是被资本拥有者在上一轮商品生产中无偿占有的部分。因此，资本投入到新一轮商品生产中，有一部分作为生产资料的形式等价地转移到新的商品中，另一部分作为过去积累的劳动在新劳动的激活下——也只有在新劳动的激活下参与了新商品的价值创造。

劳动是可以积累的，没有劳动的积累就没有财富的积累，也就没有社会经济的进步和发展。纵观人类社会的发展，劳动积累的形式主要包括灿烂文化的积累、科学技术的积累和资本的积累，因此，所谓科学技术、资本等创造价值，实质上仍然是指劳动创造价值，只不过是我们细分了劳动的形式，或从劳动的不同表现形式观察劳动创造价值的过程罢了。

（二）从价值创造看商品的价值表达

马克思就是从价值创造的角度表述商品价值的。他认为，商品价值（Y）是由生产资料的价值（C）和劳动者新创造的价值（V+M）两部分所组成的：

$$Y = C + (V + M) \qquad (1)$$

其中：Y 表示商品价值，C 表示生产资料价值，V 表示劳动力价值，M 表示剩余价值，V+M 表示劳动者新创造的价值。在这里，V+M 是生产过程中抽象劳动的凝结，而 C 是所消耗的生产资料的价值转移，它与具体劳动有关。商品生产过程是同一劳动过程中价值转移和价值创造的混合发生的过程。马克思进一步指出："剩余价值只是 V 这个变为劳动力的资本部分发生价值变动的结果，因此，V+M=V+ΔV（V 加 ΔV 的增长额）。"[①] 由

① 马克思：《资本论》第1卷，北京：人民出版社，1975年，第240页。

此，(1) 式可变为

$$Y = C + (V + \Delta V) \qquad (2)$$

不难看出，(2) 式的主要出发点就是要表达正是劳动创造了价值，并且还表明了劳动是怎样创造出价值的。

（三）从价值具体形成看商品的价值表达

我们将商品分成两类来讨论这一问题，其一是简单商品，其二是复杂商品。

1. 简单商品。所谓简单商品是指直接由原始生产资料加工而形成的商品。其“简单”之处只是商品的整体结构简单，劳动的对象简单，但劳动的复杂性不一定简单。下面两个极端的例子都是简单商品：其一是用黏土烧制成商品“砖”；其二是通过对黏土改性炼制出商品“金砖”。前者的劳动是极其简单的，后者的劳动是极其复杂的。有专家认为通过改性可以点石成金，但目前仍未找到有效的改性方法，“物质改性”显然是复杂的科学劳动，一旦成功，这种劳动创造的价值也是极其巨大的。这一例子说明：尽管在讨论商品的价值时，我们承认是抽象劳动创造了商品的价值，各种具体劳动在被抽象化以后虽然本质是一样的，但在决定商品的价值大小时是有区别的。在一个确定的商品中，若劳动时间一定则劳动越复杂，其包含的价值越大；同样，在劳动的复杂程度一定的条件下，耗费的必要劳动时间越长其价值越大。因此，我们可以将简单商品的价值表示为：

$$Y = C + F(X, T) \qquad (3)$$

其中：Y 表示商品的价值，C 表示原始生产资料的价值，X 表示生产该商品的劳动的复杂性，T 表示生产该商品必要花费的劳动时间。

对于同一种商品而言，式(3)和式(1)是等价的，即

$C + F(X, T) = C + (V + M)$

故 $F(X, T) = V + M$ (4)

所以，$F(X, T)$ 就是劳动新创造的价值。显然，

$\frac{\partial Y}{\partial X}=\frac{\partial F}{\partial X}>0$；$\frac{\partial Y}{\partial T}=\frac{\partial F}{\partial T}>0$；

即 F（X，T）是关于 X 和 T 的增函数。具体地说，在其他条件不变的情况下，生产某商品的劳动越复杂，新创造的价值就越大，商品的价值就越大；在其他条件不变的情况下，生产某商品的必要劳动时间越长，新创造的价值就越大，商品价值就越大。

需要指出的是，劳动的复杂性 X 主要指：

（1）劳动的科技含量。科技含量越高，劳动的复杂性越大。马克思在论述科学技术创造价值时，只注意到了科学技术可改进生产流程，从而在单位时间内，可生产更多的商品创造更多的价值，事实上这只是科学技术创造价值的一个方面，科技创新是更重要的另一方面。

（2）资本密集程度。如前所述，资本可以看成是劳动的积累，积累的劳动在新劳动的激活下参与商品的价值创造，可见，资本密集程度越高，劳动的复杂性程度也越大。

（3）管理的复杂性。管理也是一种劳动，商品生产过程中需要的管理越复杂，生产该商品的劳动就越复杂。

2. 复杂商品。所谓的复杂商品是指该种商品在结构上由多种原始生产资料和多种简单商品有机构成，在生产工艺上要经过多个工序和流程处理。

假设原始生产资料的总价值为 C，多种简单商品 Q_i（$i=1, 2\cdots n$）的价值分别是

$$Y_i=C_i+F_i(X_i, T_i) \qquad i=1, 2\cdots n$$

其中：Y_i 表示是第 i 种商品的价值，F_i 表示生产第 i 种商品的劳动新创造的价值，X_i 表示生产第 i 种商品的劳动复杂性，T_i 表示生产第 i 种商品的必要劳动时间，则新的复杂商品的价值是：

$$Y=C+\sum_{i=1}^{n}\left[C_i+F_i(X_i, T_i)\right]+F(X, T) \qquad (5)$$

其中：F 表示生产复杂商品的劳动新创造的价值，X 表示生产复杂商品的劳动复杂性，T 表示生产复杂商品的必要劳动时间。（5）式还可以表

述为：

$$Y + C + F\ (X,\ T) \qquad (6)$$

其中：F 表示由所需全部原始生产资料加工成最后复杂商品的全部劳动新创造的价值，它包括生产全部简单商品 Q_i（$i=1,\ 2\cdots n$）的劳动和生产最终复杂商品的劳动所创造的新价值的总和；X 表示生产全部 Q_i 和最终复杂商品劳动复杂性的综合的综合。显然：

$$X \geqslant \sum_{i=1}^{n} X_i + X$$

T 表示生产全部 Q_i 和最终复杂商品的必要劳动时间，显然：

$$T \geqslant \sum_{i=1}^{n} T_i + T$$

$$C = C + \sum_{i=1}^{n} C_i$$

不难看出（5）式只关注了复杂商品生产本身的这次劳动创造新价值的过程，而（6）式则关注了从全部原始生产资料开始到最终复杂商品生产的各次历史劳动创造新价值的总和的过程。

三、 商品价值数学表达的应用

下面，我们来讨论商品价值新表达式的几种应用：

（一）商品的时空概念

同一种劳动产品（或商品）对于不同“空间”的消费者来说有不同的性质，相对于可直接进行交换且正在进行交换的人来说它是商品，但相对于远离它的人来说它还不成为商品（如前述“相对产品”的例子）。只有当服务劳动者将这一产品（或商品）带到它可直接交换的位置，并实现了交换时，这一产品（或商品）才成为了商品。所以，同一种东西，在不同的位置可能是不同的商品。新位置上的商品是劳动以原位置上的商品为基础生产出的复杂商品。假设原位置上商品的价值是 Y_0，其价值为：$Y_0 = C_0 + F_0\ (X_0,\ T_0)$，那么，新位置上的商品的价值是 Y_1，显然：

$$
\begin{aligned}
Y_1 &= Y_0 + F_1\ (X_1,\ T_1) \\
\text{或 } Y_1 &= C_0 + F_0\ (X_0 + \triangle X,\ T_0 + \triangle T) \\
&> C_0 + F_0\ (X_0,\ T_0) \\
&= Y_0
\end{aligned}
$$

令 $\Delta Y = Y_1 - Y_0$；则 $\Delta Y = F_1\ (X_1,\ T_1) > 0$。

表达式 $Y_1 = Y_0 + F_1\ (X_1,\ T_1)$ 是从复杂商品的定义出发直接观察的结果；$Y_1 = C_0 + F_0\ (X_0 + \Delta X,\ T_0 + \Delta T)$ 则考虑了新位置商品和原位置商品的特殊关系，前者的复杂性在后者的复杂性上有所追加（ΔX），这是因为有服务劳动的加入。同样，前者的全部必要劳动时间，也在后者的基础上有所追加（ΔT）。

从 $\Delta Y = F_1\ (X_1,\ T_1) > 0$ 可知，服务劳动改变了商品的位移，追加了新位置商品的劳动复杂性和必要劳动时间，从而切实创造了新的价值 ΔY，就此而言，服务劳动可以创造新价值，而不应看成是第一、二产业向第三产业转移了价值。

（二）关于“商品价值论”的批判

美国经济学家斯宾塞·帕克曾在1985年出版的《重建马克思主义经济学》一书中提出了“商品价值论”，其主要观点是：商品的价值，不是由劳动创造的，而是由其他商品生产出来的，用商品生产商品可以产生价值，这是所有商品的共性。① 帕克的“商品价值论”是站不住脚的。我们承认，现代社会用商品生产商品的情况经常发生，前面所述的复杂商品就是用多种商品生产出来的。但生产复杂商品过程中并不是商品创造价值，仍然是劳动创造价值。

（5）式表明：用简单商品生产复杂商品（即新商品）的劳动所创造的新价值是 F（X，T），新价值的大小与这次劳动的复杂程度（X）有关，复

① 陈征：《劳动和劳动价值论的运用与发展》，北京：高等教育出版社，2005年，第230页。

杂程度越高，劳动创造的新价值越大；新价值的大小还与生产新商品的必要劳动时间有关，花费的必要劳动时间越长，劳动创造的新价值越大。(5)式还表明，原商品价值 $C_i + F_i(X_i, T_i)$（$i = 1, 2 \cdots n$）直接由具体劳动等价转移到新生产的复杂商品中，价值转移的大小为 $\sum_{i=1}^{n}[C_i + F_i(X_i, T_i)]$。因此，原商品并未创造新价值。

(6) 式表明：从最终生产新的复杂商品的价值构成看，其价值可分成两个部分。一部分是原始生产资料部分（包括生产所有原商品的所有原始生产资料）。价值共计 $C + \sum_{i=1}^{n} C_i$（C 是生产新的复杂商品时追加使用的原始生产资料，C_i 是生产原商品时所使用的原始生产资料）。另一部分是全部劳动（包括生产原商品的所有劳动）新创造的价值，其值是 F（X，T），其大小由全部劳动总的复杂程度（X）和总的必要劳动时间（T）确定，且是 X 他们的增函数。$X \geqslant \sum_{i=1}^{n} X_i + X$ 和 $T \geqslant \sum_{i=1}^{n} T_i + T$ 两式表明，不仅是生产原商品的劳动 (X_i, T_i)（$i = 1, 2 \cdots n$）对新的复杂商品的价值有贡献，生产新的复杂商品的最后一次劳动（X，T）也有特别的贡献。因此，恰恰是劳动（包括生产原商品的所有劳动）创造了新的复杂商品的价值主体，从中我们几乎没有看到原商品创造价值的痕迹。

（原载于《东南学术》2008 年第 1 期）

下卷

社会主义市场经济研究

认识和掌握社会主义市场经济三个层次的规律

习近平总书记近年来一再强调，要学好用好政治经济学，自觉认识和更好遵循社会主义市场经济发展规律，努力提高解决我国改革发展基本问题的能力和水平，不断开拓当代中国马克思主义政治经济学的新境界。那么，社会主义市场经济究竟有哪些规律呢？根据马克思主义经典作家长期的研究和新中国成立以来，特别是改革开放30多年来的实践，笔者认为存在三个层次的规律。

第一个层次是商品运动的规律，主要有价值规律、供求规律、竞争规律等。党的十八届三中全会通过的《关于全面深化改革若干重大问题的决定》（以下简称《决定》）指出，市场决定资源配置是市场经济的一般规律，健全社会主义市场经济体制必须遵循这条规律。讲市场决定资源配置，也就是马克思主义经济学所说的利用价值规律调节商品生产和流通。在商品经济中，价值规律起调节作用就是通过价格在价值基础上随着供求状况的变动而涨落，自发地将作为资源的生产资料、劳动力和其他生产要素分配于不同的部门和地区。因此，价值规律的调节作用，也就是决定作用，与市场的决定作用是一回事。

第二个层次是资本运动的规律。体现市场经济本质的不仅是价值规律这一个一般规律，还有其他一般规律。市场经济作为商品经济发展的高级阶段，不仅包含了商品运动规律，还包含了资本运动的规律。马克思用毕生心血写成的《资本论》，既研究了商品运动的规律，也用主要的篇幅研究了资本运动的各种规律。这是马克思留给后人的宝贵精神财富，因为这些规律不仅适用于资本主义市场经济，也适用于其他的市场经济，包括社会主义市场经济。马克思所揭示的资本运动一般规律主要有以下几点。一是资本追逐价值增殖的规律。市场经济是商品生产占统治地位的社会经济形态，商品生产者的目的不是为了满足自己的物质和精神生活的需要，而是为了交换价值，在资本主义市场经济条件下，则是为了获得尽可能多的价值增殖。马克思把生产剩余价值或赚钱当作资本主义市场经济的绝对规律，这种绝对规律会使人变得十分贪婪和冷酷，以致不惜跨越道德和法律的底线。西方经济学所列举的种种市场失灵现象，从根源上讲就是资本疯狂追逐价值增殖最大化所产生的恶果。社会主义市场经济根本区别于资本主义市场经济，但只要是市场经济，只要有资本运动，追求价值增殖的绝对规律就必然起作用，它带来的既有正面效应也有负面效应。正面效应是促进经济的快速增长、人民生活的显著改善和国家实力的日益增强；负面效应则是市场上屡屡出现的不正当行为和丑恶现象，诸如产品假冒伪劣、不正当竞争、欺行霸市、黄赌毒市场、权钱交易、环境污染等。要解决以上种种问题，则必须有政府的强有力干预，如《决定》所提出的，加强中央政府宏观调控职能和能力，加强地方政府公共服务、市场监督、社会管理、环境保护等职责。二是资本生产过剩规律。在资本主义市场经济中，如果生产同价值实现不一致，产品不能转化为货币，那就会出现生产过剩。普遍生产过剩不是对消费者来说过多，而是对保持消费和价值增殖之间的正确比例来说过多，对价值增殖来说过多，由于生产不考虑市场的现有界限或有支付能力的需要的现有界限，于是就爆发了经济危机。马克思认为资本生产过剩必然导致经济危机是一种不以生产者的意志为转移的自然规律形式，是市场本身“无法控制”的。自 19 世纪 20 年代以来西方资本主义世界已爆发过多次生产过剩的经济危机，2008 年爆发的美国金融危机其实质就是美国长期累积的产品和产能过剩危机。我国在确立了社会主义市场经济体制后，经济获得了快速增长，但由于市场经济的内在规律的作用，生产过剩的弊端也逐步显露出来，20 世纪以来，特别是近几年在有些行业甚至达到了比较严重的地步。生产过剩已引起了国务院和有关部门的高度重视。2009 年以来连续下发文件，要求坚决抑制部分行业中存在的产能过剩和重复建设的现象，引导产业健康发展。《决定》还特别指出，要建立健全防范和化解产能过剩的长效机制。2015 年末的中央经济工作会议指出，我国经济发展面临着很多困难和挑战，特别是结构性产能过剩比较严重。会议提出的五大任务中，把去产能、去库存摆在首要位置。三是资本积累过程中收入差距拉大导致两极分化的规律。马克思在揭示资本主义积累的一般规律时指出，不管工人的报酬高低，工人的状况必然随着资本的积累而日趋恶化。这一规律制约着同资本积累相适应的贫困的积累。因此，在一极是财富的积累，同时在另一极是贫困的积累。法国经济学家托马斯·皮凯蒂 2013 年出版的《21 世纪资本论》中，通过分析 300 年来西方国家收入和财富分配的历史演进，用大量无可辩驳的事实，充分验证了资本主义市场经济具有一种使收入和财富分配不均等程度日益加剧的长期趋势，认为西方国家的资本收益率从长期来看总是高于国民收入的增长率，这是导致一切不平等的温床。这就进一步证明了 140 多年前马克思所揭示的上述规律的正确性。中国是一个社会主义国家，是以促进社会公平正义、增进人民福祉为出发点和落脚点的，但是，我国现在所实行的是社会主义市场经济，允许资本的存在和发展，因此资本积累规律就必然要起作用。我国自改革开放以来，打破“大锅饭”和平均主义，逐步确立了以按劳分配为主体、多种分配方式并存的分配制度，有效地激发了社会创造力，促进了社会财富的极大增加，居民的收入水平普遍提高。但是，毋庸讳言，在经济增长的背后，不断扩大的居民收入差距，也受到了社会各界的高度关注。根据国家统计局公布的数据，20 世纪八九十年代，我国的基尼系数都在 0.4

以下，1996 年为 0.3，1999 年为 0.39，而从 2003 年以后则一路攀升，2008 年达到了 0.491 后虽然逐年回落，但也都在 0.46 以上（2009 年至 2014 年，分别为 0.490、0.481、0.477、0.474、0.473、0.469）。基尼系数是国际上通用的测量贫富差距程度的方法，一般认为这一数据达到 0.4 以上是收入分配不平等程度扩大的标志。按此标准，当前我国贫富差距已超过国际公认的警戒线，这不能不引起我们的高度警惕。《决定》明确指出，全面深化改革必须紧紧围绕更好地保障和改善民生、促进社会公平正义，深化社会体制改革，改革收入分配制度，促进共同富裕。只要政府干预得力，政策对头，我们就能遏制收入分配差距扩大的趋势，避免两极分化。

价值增殖规律、生产过剩规律和收入分配差距扩大导致两极分化规律是资本运动的三大一般规律，不论是发达国家，还是不发达国家，只要实行的是市场经济体制，这三大规律就必然要起作用。我们不能因为在市场经济前面冠以“社会主义”一词就无视这些规律的存在，而应该更好地发挥社会主义制度的优越性，把这些规律所产生的消极作用尽可能降低到最低。这就需要处理好政府和市场的关系，使市场在资源配置中起决定性作用的同时更好地发挥政府的调节作用。

第三个层次是社会主义经济运动规律。社会主义经济和社会主义市场经济是两个既有区别又互相联系的概念。其区别在于：社会主义经济是以公有制为基础的经济，社会主义市场经济则是既包括作为主体的公有制经济，同时还包括非公有制经济的内容；社会主义市场经济只存在于社会主义初级阶段，社会主义经济则存在于社会主义经济运动的全过程，包括初级阶段和中高级阶段。其联系在于，在社会主义初级阶段的中国，它们共处于一个经济体内。但是，社会主义经济有其自身的发展规律。首先是社会主义基本经济规律。基本经济规律不是决定社会生产某一个个别方面或个别过程，而是决定社会生产一切主要方面和主要过程，因而是决定社会生产本质的。在社会主义经济思想史上是斯大林在《苏联社会主义经济问题》（1953）中第一次提出了“社会主义基本经济规律”这一概念，并做了初步的表述：用在高度技术基础上使社会主义生产不断增长和不断完善的办法，来保证最大限度地满足整个社会经常增长的物质和文化需要。在我国经济学界，也有很多同志认为，邓小平关于社会主义本质的论述，即解放生产力，发展生产力，消灭剥削，消除两极分化，最终达到共同富裕，是对斯大林论述的丰富和发展。笔者认为，虽然社会主义基本经济规律的表述还需要进一步精确化，但其主要内容包括社会主义生产目的（满足人民的需要）和实现这一目的的手段（发展生产力）则是不变的。建设社会主义市场经济必须遵循社会主义基本经济规律。《中共中央关于制定国民经济和社会发展第十三个五年规划的建议》提出的全面建成小康社会新的目标和创新、协调、绿色、开放、共享的五大发展理念，就是很好地体现了社会主义基本经济规律的内在要求。社会主义经济规律还包括国民经济按比例发展规律。马克思早在《1857—1858 年经济学手稿》中就指出，劳动时间在不同生产部门之间有计划的分配和时间的节约，是以公有制为基础的社会主义经济的“首要的经济规律”。马克思还把按一定比例分配社会劳动的必要性，看作是绝不可能被社会生产的一定形式取消的“自然规律”。在社会主义市场经济条件下，国民经济按比例发展规律要求我们通过制订指导性、战略性、预测性的计划，用以从宏观上保持在一定经济水平下各项产业之间、主导产业和其他产业之间以及一、二、三产业的行业之间必然具备的平衡关系，从而使社会总供给和总需求的平衡得以实现，避免剧烈的经济波动，促进经济的稳定、持续、协调发展。这几年我国所实施的稳增长、促改革、调结构、惠民生、防风险的政策，特别是去年中央经济工作会议提出的供给侧结构性改革，从根本上说也是为了解决总供给和总需求之间以及产业结构之间的失衡问题。因此，国民经济按比例发展规律在任何时候都是要遵循的。

社会主义市场经济三个层次的规律是客观存在的，具有不以人的意志为转移的历史必然性；它们又是不可或缺的，只承认商品运动的规律而否认资本运动的规律，或者只承认前二者而否认社会主义经济运动规律，都是片面的、脱离中国现阶段实际的。这三个层次的规律有各自的作用：商品运动的规律和资本运动的规律是市场经济的一般规律，如若否定了它们，那就否定了市场经济；社会主义经济运动规律则是社会主义市场经济的特殊规律，在各种规律中起着支配和制约作用，体现了中国社会主义经济的性质和特色。这三个层次的规律相互依存、相互渗透，共同构成了社会主义市场经济的规律体系。我们的任务是在经济发展过程中深入认识规律，不断把握规律，积极运用规律，推动我国的社会主义建设事业取得一个又一个的胜利。

（原载于《经济研究》2016 年第 3 期）

试析社会主义市场经济条件下更好发挥政府作用的理论依据

党的十八届三中全会通过的《中共中央关于全面深化改革若干重大问题的决定》（以下简称《决定》）指出："经济体制改革是全面深化改革的重点，核心问题是处理好政府和市场的关系，使市场在资源配置中起决定性作用和更好发挥政府作用。"① 关于"为什么要让市场在资源配置中起决定性作用"，《决定》的回答是："市场决定资源配置是市场经济的一般规律，健全社会主义市场经济体制必须遵循这条规律。"② 但为什么要"更好发挥政府的作用"呢？《决定》在第四部分"加快转变政府职能"首先就提到："科学的宏观调控、有效的政府治理，是发挥社会主义市场经济体制的内在要求。"③ 那什么是"社会主义市场经济体制的内在要求"呢？这些问题都涉及在市场经济条件下是否需要政府干预，本文拟从学理上做进一步的探讨。

"在市场经济条件下，是否需要政府的干预"这个问题在西方已经争论了100多年。在新自由主义者那里，对这一个问题的回答是否定的。因为按照他们的教义，既然市场是理性的、万能的，那么也就不需要政府这种外部力量的介入，否则，就会适得其反。但在西方经济学界，也有一部分学

---

①《中共中央关于全面深化改革若干重大问题的决定》，北京：人民出版社，2013年11月，第5页。

②《中共中央关于全面深化改革若干重大问题的决定》，北京：人民出版社，2013年11月，第5—6页。

③《中共中央关于全面深化改革若干重大问题的决定》，北京：人民出版社，2013年11月，第16页。

者认为，市场不是万能的，也会存在市场失灵，如宏观性失灵、公共性失灵、分配性失灵、外部性失灵、信息性失灵、垄断性失灵，市场还存在自发性、盲目性和滞后性的缺陷，这就为政府发挥作用提供了空间。在笔者看来，这些关于市场失灵、市场缺陷的论述，只是涉及市场经济的外在表现和枝节问题，并未触及市场经济的本质，但即令如此，也仍然遭到了新自由主义者的极力反对。比如有一本书叫《市场的逻辑》，就认为只能说市场的好，不能说市场的坏，认为“捍卫市场经济是经济学家的职责”。该书处处为市场经济的所谓“失灵”做辩护。比如：“有人认为市场经济的结果一定是贫富差距扩大。这是一种误解。”① 在作者看来，“市场越开放、政府干预越少的地方，收入差距越小”②。这一辩护显然是在强词夺理，但这也说明，用“市场失灵、市场缺陷”来说明政府干预的必要性，并不理直气壮。

凯恩斯是西方公开批判古典经济学、论证政府干预必要性的经济学家。1936 年，凯恩斯出版了划时代的著作《就业、利息和货币通论》（简称《通论》），从而开创了西方经济学领域的一个重要分支——宏观经济学。在这之前，在古典经济学中占统治地位的是萨伊定律。按照这一定律，“供给能够自动创造自己的需求”，充分就业是资本主义经济的一种均衡状态，从而在政策上政府应实行不干预的自由放任主义。凯恩斯在《通论》中抛弃了这一传统古典理论，用于支撑其新说的是所谓资本主义市场经济中的“三大基本心理规律”：边际消费倾向递减、资本边际效用递减以及流动性偏好，由于这三大规律的作用导致了消费需求和投资需求的不足。凯恩斯认为，这种总需求的不足导致了非自愿性失业的存在，而单纯的市场机制无法解决失业问题，只有通过国家干预，实行“需求管理”，才能有效地克服 20 世纪 30 年代的经济萧条和通货膨胀，降低失业率，实现经济的稳定。

---

① 张维迎：《市场的逻辑》，上海：上海人民出版社，2010 年，第 28 页。

② 张维迎：《市场的逻辑》，上海：上海人民出版社，2010 年，第 29 页。

这一理论观点与古典经济学完全不同，被后人称为“凯恩斯革命”。从马克思主义的观点来看，凯恩斯用“有效需求不足”掩盖资本主义社会的基本矛盾，用所谓“三大基本心理规律”来代替对资本主义市场经济本质的客观分析，这不足以构成对政府干预的有力论证，因而是非科学的。更何况，在西方经济学界，从凯恩斯理论诞生之日起，质疑和批评就从四面八方涌来，其中不乏经济学界著名的大腕，如奥地利的冯·哈耶克、英国的阿瑟·塞西尔·庇古、美国的海尼曼·奈特等。另一些经济学家，如米尔顿·弗里德曼、詹姆斯·布坎南等人，甚至认为凯恩斯主义对现实经济产生了严重的不良影响。他们认为，正是凯恩斯让人们丧失了对很好的市场自发调节机制的信任，打开了政府干预经济事务的大门，出现了对个人权利和自由的日渐增多的侵犯。在批判凯恩斯主义的“大合唱”中，中国的新自由主义者也不甘落后。当2008年美国金融危机演变为国际金融风暴时，曾经备受推崇的新自由主义在西方受到了严重的质疑和严厉的批判。前述《市场的逻辑》一书的作者，却把金融危机的责任归咎于凯恩斯主义的政府干预。他说：“有人把这次危机归结于市场失灵，特别是经济自由化导致的结果。确实，危机出现后，凯恩斯主义的经济干预政策已经开始在全世界大行其道，各国政府都在慌乱中出台各种各样的救市政策……但事实和逻辑分析表明，这次危机与其说是市场的失败，倒不如说是政府政策的失败；与其说是企业界人士太贪婪，不如说是主管货币的政府官员决策失误；政府目前应对危机的政策与其说是在解决危机，不如说是在延缓和恶化危机。在我看来，这次危机也许是复活奥地利学派经济学和彻底埋葬凯恩斯主义经济学的机会。”①（着重点为引者所加）由此看来，作者对凯恩斯主义，进而对政府干预的理论和政策是多么的厌恶和仇视！

显然，市场经济条件下政府干预的必要性，既不能从所谓的市场失灵、市场缺陷的理论那里寻求答案，也不能靠凯恩斯的“三大基本心理规律”

① 张维迎：《市场的逻辑》，上海：上海人民出版社，2010年，第282—283页。

来帮忙，只能通过对市场经济本质的科学分析获得理论依据。

习近平总书记在关于《决定》的说明中指出："市场决定资源配置是市场经济的一般规律，市场经济本质上就是市场决定资源配置的规律。"① 这无疑是正确的。市场决定资源配置，也就是马克思主义经济学所说的利用价值规律调节商品生产和流通。在商品经济中，价值规律起调节作用，就是通过价格在价值基础上随着供求状况的变动而涨落，自发地将作为资源的生产资料和劳动力分配于不同的部门而实现的。因此，价值规律的调节作用也就是决定作用，这里价值规律的决定作用与市场的决定作用是一回事。但是，体现市场经济本质的不仅是价值规律这一个一般规律，还有其他的一般规律。市场经济作为商品经济发展的高级阶段，不仅包含了商品运动的一般规律——价值规律，还包含了资本运动的一般规律。马克思用毕生心血写成的《资本论》，既研究了商品运动的规律，也研究了资本运动的规律。马克思在《资本论》第一卷第二篇研究了货币是如何转化为资本后，从第三篇到第七篇，乃至《资本论》第二、三卷，都是研究资本运动规律的。马克思指出："在一切社会形式中都有一种一定的生产决定其他一切生产的地位和影响，因而它的关系也就决定其他一切关系的地位和影响。这是一种普照的光，它掩盖了一切其他色彩，改变着它们的特点。……资本是资产阶级社会的支配一切的经济权力。"② 马克思通过对资本主义生产的彻底的生理解剖，揭示了资本运动的各种规律。这是马克思留给后人的宝贵精神财富，因为这些规律不仅适用于资本主义市场经济，在剔除其资本主义性质外，也可适用于其他的市场经济，包括社会主义市场经济。马克思所揭示的资本运动一般规律主要有以下三个，它们一方面反映了资本主义市场经济的本质，另一方面也为市场经济条件下政府干预提供了"内

①《习近平谈治国理政》，北京：外文出版社，2014 年，第 77 页。

② 马克思：《〈政治经济学批判〉导言》，《马克思恩格斯选集》第 2 卷，北京：人民出版社，1995 年，第 24—25 页。

在要求”的依据。

一是资本追逐价值增殖的规律。市场经济是商品生产占统治地位的社会经济形态，商品生产者的目的不是为了满足自己的物质和精神生活的需要，而是为了交换价值。在资本主义市场经济条件下，则是为了获得尽可能多的价值增殖。赚钱是其唯一的目的和决定性动机。马克思指出，一旦货币所有者变成了资本家，“他这个人，或不如说他的钱袋，是货币的出发点和复归点。这种流通的客观内容——价值增殖——是他的主观目的；只有在越来越多地占有抽象财富成为他的活动的唯一动机时，他才作为资本家或作为人格化的、有意志和意识的资本执行职能。因此，绝不能把使用价值看作资本家的直接目的。他的目的也不是取得一次利润，而只是谋取利润的无休止的运动”①。马克思把“生产剩余价值或赚钱”当作资本主义市场经济的“绝对规律”。② 这种绝对规律会使人变得十分贪婪和冷酷，以致不惜跨越道德和法律的底线。西方经济学所列举的种种市场失灵现象，从根源上讲就是资本疯狂追逐价值增殖最大化所产生的恶果。以生态环境的恶化为例。马克思早就指出，资本主义生产方式“一方面聚集着社会的历史动力，另一方面又破坏着人和土地之间的物质变换，也就是使人以衣食形式消费掉的土地的组成部分不能回到土地，从而破坏土地持久肥力的永恒的自然条件。这样，它同时就破坏城市工人的身体健康和农村工人的精神生活。……资本主义生产发展了社会生产过程的技术和结合，只是由于它同时破坏了一切财富的源泉——土地和工人”③。所以，在资本追逐价值增殖这一绝对规律的作用下，必然产生严重社会后果，客观上要求政府进行干预。在资本主义市场经济条件下，唯一能够对市场的弊端进行局部的一定程度改良的外部力量，就是国家权力。马克思在《资本论》第一卷

---

① 马克思：《资本论》第1卷，北京：人民出版社，1972年，第174—175页。
② 马克思：《资本论》第1卷，北京：人民出版社，1972年，第679页。
③ 马克思：《资本论》第1卷，北京：人民出版社，1972年，第552—553页。

中用了很大的篇幅来叙述英国工厂法的历史、内容和结果，如“英国的工厂法是通过国家，而且是通过资本家和地主统治的国家所实行的对工作日的强制的限制，来节制资本无限度地榨取劳动力的渴望”①。马克思《资本论》中多次提到国家的作用（按照马克思原来的写作计划，《政治经济学批判》六册中“国家”作为单独的一册），如在论述信用在资本主义生产中的作用时，就指出：“它在一定部门中造成了垄断，因而要求国家的干涉。”②

社会主义市场经济根本区别于资本主义市场经济，但是只要是市场经济，只要有资本运动，追求价值增殖的绝对规律就必然起作用，它带来的既有正面效应，也会有负面效应。正面效应是促进经济的快速增长，人民生活的显著改善和国家实力的日益增强；负面效应则是市场上屡屡出现的不正当行为和丑恶现象，诸如制假售假、生产和销售有毒食品、非法集资和传销、不正当竞争、虚假广告、欺行霸市、市场垄断、黄赌毒市场、行贿受贿、权钱交易、环境污染、损害生态平衡等等。雾霾是中国生态恶化的一个典型表现，现在已经到了谈霾色变、人人自危的程度。上述各种负面现象的总根源，就是马克思所指出的“在这个世界里，资本先生和土地太太，作为社会的人物，同时又直接作为单纯的物，在兴妖作怪”③。要解决以上种种问题，则必须要有政府的强有力干预，发挥“降妖伏魔”的作用。《决定》提出“加强中央政府宏观调控职责和能力，加强地方政府的公共服务、市场监督、社会管理、环境保护等职责”④，这完全体现了市场经济本质的要求。

二是资本生产过剩的规律。这一规律在简单的商品交换中就已初见端倪。马克思说：“商品价值从商品体跳到金体上，像我在别处说过的，是商品的惊险的跳跃。这个跳跃如果不成功，摔坏的不是商品，但一定是商品

---

① 马克思：《资本论》第1卷，北京：人民出版社，1972年，第267页。

② 马克思：《资本论》第3卷，北京：人民出版社，1975年，第496页。

③ 马克思：《资本论》第3卷，北京：人民出版社，1975年，第938页。

④《中共中央关于全面深化改革若干重大问题的决定》，北京：人民出版社，2013年，第18页。

所有者。"[①] 在资本主义市场经济条件下，如果"生产同价值实现不一致，因而是生产过剩，或者同样可以说，这是产品不能转化为货币的、不能转化为价值的生产，是不能在流通中得到证实的生产"[②]。普遍生产过剩"不是对消费者来说过多，而是对保持消费和价值增殖之间的正确比例来说过多；对价值增殖来说过多"[③]，由于生产"不考虑市场的现有界限或有支付能力的需要的现有界限"，[④] 于是就爆发了经济危机。马克思认为资本生产过剩必然导致经济危机是一种不以生产者意志为转移的自然规律的形式，是市场本身"无法控制"的。自 19 世纪 20 年代以来西方资本主义世界已经爆发过多次生产过剩的经济危机。2008 年爆发的美国金融危机，其实质就是美国长期累积的产品和产能过剩。在资本主义市场经济中，光靠市场既不能有效防止危机的发生，也不能在危机发生后尽快走出危机的阴霾，因此，必须要有国家的干预。20 世纪 30 年代美国为应对世界性经济大萧条而实施的罗斯福新政，可以说是适应了美国市场经济发展的内在要求，而在这时应运而生的凯恩斯主义，绝不是历史的巧合。

我国在确立了社会主义市场经济体制后，经济获得了快速增长，但由于市场经济的内在规律的作用，生产过剩的弊端也逐步显露出来，20 世纪以来，特别是近几年在有些行业甚至达到了比较严重的地步。根据工业和信息化部统计，2012 年产能过剩已从钢铁、水泥、有色金属等 4 个行业扩展到电石、煤炭、纺织、化纤、风电、多晶硅、光伏等十几个行业，企业经济效益大幅下滑，工业企业累计亏损数同比增长 26.9%，[⑤] 关停并转企业

---

① 马克思：《资本论》第 1 卷，北京：人民出版社，1972 年，第 124 页。

② 马克思：《政治经济学批判（1857—1858 年手稿）》摘选，《马克思恩格斯文集》第 8 卷，北京：人民出版社，2009 年，第 93 页。

③ 马克思：《1857—1858 年经济学手稿》，《马克思恩格斯全集》第 30 卷，北京：人民出版社，1995 年，第 433 页。

④ 马克思：《政治经济学批判（1857—1858 年手稿）》摘选，《马克思恩格斯文集》第 8 卷，北京：人民出版社，2009 年，第 274 页。

⑤ 周振华等：《新机遇·新风险·新选择：中国经济分析 2012—2013》，上海：格致出版社，2013 年，第 9 页。

大量增加。以新能源光伏产业为例。2008年至2011年，我国光伏行业产能加速发展，已有及在建的组件产能总量约30GW（1GW=100万千瓦），占2011年全球光伏组件总产能的60%。2012年，全球晶硅组件产能共60.39GW，其中中国的产能就高达40GW，占比66.33%，而2012年全球光伏组件的需求为25GW，显然产能已严重过剩。再从一些省份的情况来看，浙江省单晶硅硅片生产企业96%停产，光伏电池、组件生产企业中，中小型企业开工率不足50%。浙江省30家光伏企业中有2家破产，5家停产清算，20家离开光伏产业，亏损面达到80%以上，总亏损额50亿元左右。江苏省硅片、电池和组件的产能利用率均未超过60%，规模以上光伏企业数量从418家减少为380家；2013年全省产能利用率虽然提高了10%—20%，但硅片、电池和组件的产能利用率仍然较低，分别是62.6%，65.7%和67%。[①] 我国工业和信息化部原材料工业司相关负责人近日指出，2014年我国原材料工业通过严控新增、淘汰落后、扩大需求等措施，产能利用率有所提高。但从产能总体水平来看，仍处于高位。其中钢铁行业2014年底粗钢产能达11.6亿吨，全年新开工项目2000多个；水泥行业2014年建成投产熟料生产线54条，总产能7000多万吨；化工行业2014年新开工项目一万多个。而从市场需求看，国内对大宗原材料的消费已呈现缓中趋降态势，过剩问题将长期存在。[②]

生产过剩已引起了国务院和有关部门的高度重视。2009年以来，连续下发文件，要求坚决抑制部分行业中存在的产能过剩和重复建设的现象，引导产业健康发展。政府的干预已取得了显著成效，避免了经济的剧烈波动。《决定》在谈到"加快转变政府职能"时，强调要健全宏观调控体系，"保持经济总量平衡，促进重大经济结构协调和生产力布局优化，减缓经济周期波动的影响，防范区域性、系统性风险，稳定市场预期，实现经济持

① 张军扩，赵昌文：《当前中国产能过剩问题分析》，北京：清华大学出版社，2014年，第73页。

②《今年原材料工业增加值增速或在8%左右》，《经济日报》，2015年2月26日第10版。

续健康发展"①，这是十分正确的。《决定》还特别指出，要"建立健全防范和化解产能过剩的长效机制"②。

三是资本积累过程中收入分配差距拉大导致两极分化的规律。在《资本论》第一卷中，马克思在揭示资本主义积累的一般规律时指出："不管工人的报酬高低如何，工人的状况必然随着资本的积累而日趋恶化。……这一规律制约着同资本积累相适应的贫困的积累。因此，在一极是财富的积累，同时在另一极，即在把自己的产品作为资本来生产的阶级方面，是贫困、劳动折磨、受奴役、无知、粗野和道德堕落的积累。"③ 在《资本论》第三卷的"规律的内部矛盾的展开"一章中，马克思进一步指出："社会消费力既不是取决于绝对的生产力，也不是取决于绝对的消费力，而是取决于以对抗性的分配关系为基础的消费力；这种分配关系，使社会上大多数人的消费缩小到只能在相当狭小的范围以内变动的最低限度。这个消费力还受到追求积累的欲望的限制，受到扩大资本和扩大剩余价值生产规模的欲望的限制。这是资本主义生产的规律。"④

马克思所揭示的资本主义市场经济的这一规律，由于触及资产阶级的根本利益，所以受到了代表资产阶级利益的经济学家的坚决反对。他们一方面认为，财富的增长是每个人都受惠的普遍增长，资本主义的性质决定了它是缩小贫富差距的机制而不是扩大贫富差距的机制；另一方面则认为，只要财富和收入的获得满足程序公正的原则，那么由此带来的分配结果就是公平的，不管差距有多大，嫉妒富人最终有损我们自己的利益。法国经济学家托马斯·皮凯蒂2013年出版的《21世纪资本论》，用大量无可辩驳的事实揭穿了他们的谎言和诡辩。该书通过分析300年来西方国家收入和财富分配的历史演进，充分验证了资本主义市场经济具有一种使收入和财富

①《中共中央关于全面深化改革若干重大问题的决定》，北京：人民出版社，2013年，第16页。

②《中共中央关于全面深化改革若干重大问题的决定》，北京：人民出版社，2013年，第17页。

③ 马克思：《资本论》第1卷，北京：人民出版社，1972年，第708页。

④ 马克思：《资本论》第3卷，北京：人民出版社，1975年，第272—273页。

分配不均等程度日益加剧的长期趋势。在这本近700页、62万多字的论著中，皮凯蒂分析了资本、收入长期演进的未来趋势和21世纪全球范围内国民收入在劳动和资本之间的分配情况，深入探讨了不平等的现状及其本质，认为西方国家的资本收益率从长期来看总是高于国民收入的增长率，这是导致一切不平等的根源，而资本主义的自由市场机制则是催生这一根源性不平等的温床。尽管皮凯蒂为解决不平等问题所提出的政策建议（如向富人征重税以及实施全球累计资本税等）是否具有现实可行性尚待讨论，但是他所得出的基本结论却是不容置疑的，这就进一步证明了140多年前马克思所揭示的由于资本积累必然产生收入分配差距过大最终导致两极分化的规律是十分正确的！

中国作为社会主义国家，以“促进社会公平正义、增进人民福祉为出发点和落脚点”①。但是，我国现在所实行的是社会主义市场经济，因此也要遵循市场经济的一般规律。市场经济奉行的是优胜劣汰的原则，而适应市场的能力，既决定于生产经营者的才能，也决定于他们的经济实力，在这里资本积累规律就必然要起作用，收入分配差距扩大是不可避免的。中国的新自由主义者为了美化市场的作用、反对政府干预，竟然说：“平均而言，市场化程度越高的地区，收入差距倒越小而不是越大。”② 我国自改革开放以来，打破“大锅饭”和平均主义，逐步确立了以按劳分配为主体、多种分配方式并存的分配制度，有效地激发了社会创造力，促进了社会财富的极大增加，居民的收入水平普遍提高。但是，毋庸讳言，在经济持续增长的背后，不断扩大的居民收入差距，已受到了社会各界的高度关注。根据《中国统计摘要》数据，2012年我国城镇居民人均可支配收入与农村人均纯收入二者的比例为3.1∶1，而20世纪80年代我国城乡居民收入差距一直处于2.5倍以内。根据《中国居民收入分配年度报告（2013）》数据，

① 《中共中央关于全面深化改革若干重大问题的决定》，北京：人民出版社，2013年，第3页。

② 张维迎：《市场的逻辑》，上海：上海人民出版社，2010年，第273页。

2012 年我国城镇居民人均可支配收入和农村居民人均纯收入最高地区与最低地区之间的比例分别约为2.34∶1 和3.95∶1，而1990 年，城镇居民人均收入最高地区与最低地区之比为2.03∶1，20 世纪80 年代前期农村居民人均纯收入最高地区与最低地区之比均在3∶1 以内，其中差距最小年份只有2.64∶1。根据国家统计年鉴数据，2012 年我国行业门类之间最高与最低平均工资差距为3.96∶1，而1993 年至1998 年，我国按行业门类划分的行业平均工资差距范围为2.12∶1 至2.35∶1。[①] 根据国家统计局公布的数据，20 世纪八九十年代我国的基尼系数都在0.4 以下，1996 年为0.3，1999 年为0.39，而从2003 年以后则一路攀升，2008 年达到0.491 后虽然逐年回落，但也都在0.47 以上（2009 年至2013 年，分别为0.490、0.481、0.477、0.474、0.473）。基尼系数是国际上通用的测量贫富差距程度的方法，一般认为这一数据达到0.4 以上是收入分配不平等程度扩大的标志。按此标准，当前我国贫富差距已超过国际公认的警戒线，这不能不引起我们的高度警惕。《决定》明确指出，全面深化改革必须“紧紧围绕更好保障和改善民生、促进社会公平正义，深化社会体制改革，改革收入分配制度，促进共同富裕”[②]。只要政府干预得力，政策对头，我们就能遏制收入分配差距扩大的趋势，避免两极分化。

追求价值增殖规律、生产过剩规律和收入分配差距扩大导致两极分化规律是资本运动的三大一般规律，不论是发达国家，还是不发达国家，只要实行的是市场经济体制，这三大规律就必然要起作用。马克思在《资本论》第一卷第一版序言中指出：“问题本身并不在于资本主义生产的自然规律所引起的社会对抗程度的发展程度的高低，问题在于这些规律本身，在于这些以铁的必然性发生作用并且正实现的趋势。工业较发达的国家向工

---

① 苏海南：《如何正确判断和实现合理的收入分配比例关系》（上），《中国经济时报》，2014 年2 月19 日。

②《中共中央关于全面深化改革若干重大问题的决定》，北京：人民出版社，2013 年，第4 页。

业较不发达的国家所显示的，只是后者未来的景象。”① 我们不能因为在市场经济前面冠以“社会主义”一词就无视这些规律的存在，而应该更好地发挥社会主义制度的优越性，把这些规律所产生的消极作用尽可能降低到最小，这就需要政府的正确干预。所以习近平在《关于〈中共中央关于全面深化改革若干重大问题的决定〉的说明》中，在强调市场在资源配置中起决定性作用的同时，也明确指出：“当然，我国实行的是社会主义市场经济体制，我们仍然要坚持发挥我国社会主义制度的优越性、发挥党和政府的积极作用。市场在资源配置中起决定性作用，并不是起全部作用。……全会决定对更好发挥政府作用提出了明确要求，强调科学的宏观调控、有效的政府治理，是发挥社会主义市场经济体制优势的内在要求。”②

（原载于《东南学术》2015 年第 3 期）

① 马克思：《资本论》第 1 卷，北京：人民出版社，1972 年，第 8 页。

②《习近平谈治国理政》，北京：外文出版社，2014 年，第 77 页。

试析实现经济增长方式转变的三大条件

党的十四届五中全会提出了经济增长方式要从粗放型向集约型转变，这是我国经济发展战略转变的核心内容和主要课题。要实现这个根本转变，需要有一定的条件，需要解决一系列重大问题。本文拟从唯物史观角度就如何实现经济增长方式的转变谈几点看法。

一

经济增长方式属于生产力范畴，它的本质内容是生产要素的分配和组合、使用方式，分为粗放型与集约型两种。粗放型增长方式的突出特点是注重增加投入，单纯依靠生产要素量的扩张。集约型增长方式的突出特点是强调改善投入产出关系，通过生产要素的优化组合，提高生产要素效率来实现经济增长。

经济增长方式的转变受到许多因素、条件制约，而经济体制就是其中重要的制约因素之一。经济体制是一定社会的生产关系借以实现的具体形式。社会主义经济体制是社会主义国民经济的组织方式、管理方式和运行方式的总称，它具有不同的范围和层次，包括生产关系的一系列环节和方面，涉及生产交换、分配、消费等各个领域。历史唯物主义承认生产力对生产关系的决定作用，但是也承认在一定的条件下生产关系对生产力的重大反作用，甚至起主要的决定作用。十七年来，我国生产力之所以能蓬勃发展，这与对原有生产关系借以实现的具体形式即经济体制的大力改革是分不开的。因此，实现经济增长方式转变要从深化改革入手，加快经济体制改革的步伐。在经济体制改革中，国有企业改革是一个中心环节，这是因为国有企业在我国经济中起着主导作用；国有企业改革又是各项改革的基础，只有建立起现代企业制度，才能最终建立社会主义市场经济体制。经济增长方式转变的实现必须有赖于从计划经济体制到市场经济体制转变的实现，因此国有企业的改革就显得十分重要了。江泽民指出，搞好国有企业是实现两个根本性转变的基础，因为经济体制改革和经济增长方式的转变都会涉及企业。只有认真解决好国有企业改革和发展问题，才能使两个根本性转变落到实处，才能实现“九五”计划和2010年的奋斗目标。

我国国有企业经过十几年的改革，取得了一定的成效，但是产权关系不清，政企职责不分，经营者的激励和约束机制不健全，国有资产管理体制不顺以及企业长期背负的债务、冗员和“企业办社会”的包袱等问题依然存在，这使国有企业在经营活力、经济效益和增长速度等方面，与非国有经济的差距逐步拉大。不少企业严重亏损，甚至停产、半停产。形势是很严峻的。当前，国有企业改革要着重抓好以下三个环节：

第一，要改革国有企业现有的所有制组织形式。针对国有企业的不同类型、不同职能，在改制时可采取五种形式：涉及国家安全、国防尖端、特殊产品、公用设施等特定行业的企业，仍需保持国有形式；涉及基础工业、原材料工业、加工工业和第三产业等竞争性行业的企业，大部分应改造为有限责任公司，条件成熟产业中的骨干企业，国家实行控股；全国性行业总公司逐步改造成控股公司，形成母子公司结构，以大型企业为核心，以产权联结为主要纽带，可组建跨地区跨行业的大型企业集团；小型加工零售业、饮食业和服务业等，也要按现代企业制度加以规范，选择独资、合伙、股份合作、有限责任等组织形式，国有小型企业可以将产权逐步转让给集体或个人；城镇集体企业在界定资产来源明晰产权关系的基础上，区别不同情况，依法改造为合伙企业股份合作企业和有限责任公司，少数可直接改造为股份有限公司等。上述所有制组织形式的改变既有利于巩固国有企业在国民经济发展中的主导地位，又使其充满生机和活力，必将有力地推动我国经济增长方式的转变。

第二，要抓好国有存量资产的调整、改组和优化配置。我国国有资产不仅分布面广，一些不必要由国家经营的行业占用着大量资产，而且存量资产的凝固性很大，这也是利用效率低和经济效益差的重要原因之一。为了改革这种状况，必须以市场需求和产业政策为导向，推动国有资产的合理流动，引导国有资产向高效益的领域和企业转移，以利于更有效地实现国有资产的保值增值。对国有大型企业来说，存量资产的调整和改组可采取以下几个途径。一是通过有偿兼并、收购股权或承担债务等方式，壮大经济实力。采取这种途径的前提是，产权交易市场要健全，交易行为要规范。二是通过政府依法划转，将一些效益低的国有企业的资产无偿划给效益好的国有大企业经营。采取这种途径的前提是，划转行为一般应在同一级政府管辖范围内进行，而且事先要征得有关企业的同意。三是将股份制公司中的国有股权授权给国有大型企业持有经营，使之成为混合型国有控股公司。对于国有中小型企业来说，存量资产调整与重组的途径与方式视不同情况而定，比如股份制改造、联合兼并、股份合作制、租赁托管、合资、破产等。

第三，转变企业经管机制。要实现企业经营机制的转换，主要依靠企业自身的改革，如完善市场开发、工业开发、服务开发、质量管理等方面的机构设置、制度规定；确立企业的市场营销观念，顾客第一的观念；重视知识、重视人才；完善成本控制的制度、方法；把国家赋予企业的自主权层层分解，下放给企业各部门、班组、职工个人；合理设置考核机构，严格考核、奖惩等。通过经营机制的转换，使企业真正成为自主经营、自负盈亏、自我约束、自我发展的商品生产者，成为享有民事权利、承担民事责任的法人实体。

二

马克思通过长期研究，得出生产力是人类社会历史发展的最终动力和决定性因素这一科学结论，并进一步指出："生产力中也包括科学。"[①] 在马克思看来，科学技术不仅是生产力，而且它对生产力的发展有着重大的影响，因为"劳动生产力是随着科学和技术的不断进步而不断发展的"[②]。马克思的这一思想是对人类社会历史发展，特别是对近代第一次产业革命的实际情况的科学总结与概括。

当前科学技术已经取代资本成为提高劳动生产率和发展生产力的关键因素。正是在科学技术越来越显示它的巨大作用的形势下，邓小平强调指出："马克思讲过科学技术是生产力，这是非常正确的，现在看来这样说可能不够，恐怕是第一生产力。"[③] 邓小平关于科学技术是第一生产力的论断是我国实现经济增长方式转变的重要指导思想。

我国科学技术的总体水平较低，科技成果向生产领域的转化水平更低。科技进步对经济增长的贡献率，20 世纪 80 年代初为 20%，现在为 28%，远远低于发达国家（大都在 70% 以上）的水平。即使在发展中国家的排序，也处于中间位置。科技进步缓慢在工业生产领域表现得尤为明显。我国很多工业企业设备老化，工艺落后，更新速度慢，造成我国许多工业产品质量差，物质消耗高，花色品种少，经济效益低，在国际市场上缺乏竞争力。与发达国家相比，我国在整个工业技术方面存在的最大缺点是，在高技术领域里，产品开发能力、批量生产能力，特别是市场开发能力还相当薄弱，很多具有国际先进水平的高科技成果在通过鉴定后就被束之高阁，没有实现商品化、产业化。

---

①《马克思恩格斯全集》第 46 卷下册，北京：人民出版社，1979 年，第 211 页。

②《马克思恩格斯全集》第 23 卷，北京：人民出版社，1979 年，第 664 页。

③《邓小平文选》第 3 卷，北京：人民出版社，1993 年，第 274 页。

江泽民在阐述搞好国有企业问题时曾经指出:“要把建立技术创新机制作为建立社会主义市场经济体制的一个重要目标,特别是要把建立、健全企业的技术创新体系作为建立现代企业制度的重要内容和搞好国有大中型企业的关键环节。”① 从一定的意义上说,技术改造、技术进步、技术创新是实现经济增长方式转变的突破口。当前在实施企业创新战略时要特别注意抓好以下几点:

第一,转变投资方式。也就是说要从主要依靠铺新摊子、上新项目、扩大建设规模,转变到立足现有基础,把建设重点放到现有企业的改造和提高上。世界经济发展史表明,随着社会扩大再生产的发展,在固定资产的数量达到一定规模以后,整个社会经济的发展越来越大的部分要依靠对现有企业的技术改造。对企业的技术改造,可以取得投资省、速度快、效益好的结果。根据近 10 年来的经验数据,每投入 1 元技术改造资金,可以增加1.5—2 元产值和0.4—0.5 元利税。因此,在实际工作中,必须彻底更新观念,把企业技术改造摆到重要战略地位的高度来认识,在全部固定资产投资总额中大幅度地增加技术改造投入的比重,使企业真正转变为投资的主体和技术改造的主体,通过依靠科技进步来加快经济建设的进程。

第二,抓好重点企业、重点产品的技术改造。国有大中型企业是我国国民经济的支柱,起着骨干和主导的作用,承担着上缴国家利税的主要任务,是支持改革开放、促进经济发展、保持社会稳定和参与国际市场竞争的基本力量。因此,国有大中型企业的技术改造要特别予以重视。企业在技术改造中要以国家宏观产业政策为指导,以市场需求为导向,积极调整产品结构,这不仅可使企业获得良好的经济效益,而且还可获得良好的社会效益。各地区还应根据本地的特点,围绕发展支柱产业集中进行重点企业、重点产品的技术改造,培育大企业、大集团,带动行业技术水平提高,

---

① 江泽民:《实施科教兴国战略》(1995 年 5 月 26 日),http://cpc.people.com.cn/GB/64184/64185/180137/10818719.html。

并逐步形成行业优势和产业优势。

第三，多渠道筹措资金，加大技术改造投资力度。企业的技术改造需要一大笔资金。如何解决技术改造的资金？除了国家的支持外，企业应拓宽筹资渠道。企业一方面可充分利用企业折旧、留利等自有资金，另一方面可通过发行股票、债券、利用外资等多种手段筹集外来资金。在引进外资上，必须制定明确产业政策来引导外资投向，把引进外资同调整产业结构、提高技术水平和管理水平更好地结合起来，提高使用效益。要积极寻求代表国际先进技术水平的大公司和实力雄厚的大财团进行合资合作，提高利用外资项目的素质、规模和成功率。

第四，把技术引进同企业技术创新紧密结合起来。改革开放以来，我国不断从国外引进先进科学技术、设备、工艺和管理经验，在许多方面填补了我国科技领域的空白，使我国赢得了极其宝贵的时间，从总体上缩短了我国同经济发达国家的差距。但是，我们也应该看到，如果一味靠引进技术难以摆脱技术落后、受人控制的局面。正如江泽民总书记所指出：“创新是一个民族进步的灵魂，是国家兴旺发达的不竭动力。一个没有创新能力的民族，难以屹立于世界先进民族之林。”为此，我们要结合重点建设和重大技术改造项目，组织重大成套技术装备的研制开发，逐步提高自主开发能力；要推动科研机构和高校进入国有企业或与企业联合，推广“产学研”相结合的成功经验，促使科技与经济一体化；要鼓励国有大中型企业建立技术开发中心，加强技术开发与技术改造，形成企业的技术创新机制，提高产品的档次和质量，提高产品的国际竞争力。

三

历史唯物主义认为，在构成生产力的诸因素中，劳动者是最活跃的，甚至是起决定作用的因素。马克思说：“人本身是他自己的物质生产的基础，也是他进行的其他各种生产的基础。因此，所有对人这个生产主体发生影响的情况，都会在或大或小的程度上改变人的各种职能和活动，从而也会改变人作为物质财富、商品的创造者所执行的各种职能和活动。在这个意义上，确实可以证明，所有人的关系和职能，不管它们以什么形式和在什么地方表现出来，都会影响物质生产，并对物质生产发生或多或少是决定的作用。”[①] 实现经济增长方式由粗放型向集约型的转变，除受经济体制、科学技术发展水平等因素影响外，劳动力素质也是决定转变的关键性因素。经济发展史表明，在一个国家和地区的经济增长中，物质资本的多寡固然是重要的，但人的知识能力、健康等素质的提高对经济增长的贡献比物质资本和劳动力数量的单纯增加要重要得多。

现代经济发展不仅需要一定数量的劳动力，而且更需要具有一定质量的劳动力。随着一系列新技术的出现而形成的大批新兴产业，都是知识与技术密集型的产业。为要研制、设计、制造、调试、操纵和维修这些新的技术设备，需要越来越多的具有新知识、高技能和创造才能的科学家、工程师、管理人员和熟练的技术工人。面对新技术革命的挑战，许多国家都把大力发展教育作为基本国策，不仅致力于造就一支庞大的科学技术队伍，而且努力提高整个国民和社会劳动者的文化科学技术素质。值得注意的是，为了适应日益激烈的经济竞争，不少国家把提高员工素质作为保证本国经济持续发展和推动对外开放的重要手段。例如：新加坡从 1994 年起实施全国员工再培训计划，政府拨款 3000 万新元，预计在 1998 年结束。为使该项计划顺利进行，政府出台了再培训补贴条例，针对不同培训内容，给接受培训的员工相应的补贴。新加坡政府特别鼓励员工达到一专多能，以适应产品转型的需要，同时对执行再培训计划成绩优秀的企业给予奖励。上述培训计划的实施将使全国 700 家公司和近 40 万员工受惠。

与发达国家相比，我国国民和社会劳动者的文化和科学技术素质还有

---

①《马克思恩格斯全集》第 26 卷（Ⅰ），北京：人民出版社，1972 年，第 300 页。

较大差距。其突出表现是低素质的劳动力供过于求，高素质的劳动力供不应求。据有关方面估算，我国整个20世纪90年代新成长的劳动力总数为1.89亿人，其中属于较高技术层次（即大专以上水平）的仅占3.5%；中等技术层次的占14.5%，初级技术水平的占46%，还有36%处在初级技术水平以下。劳动力的这种状况如无大的改变，要实现经济增长方式的转变是十分困难的。

提高劳动者素质、培养大批人才是一项复杂的系统工程，涉及方方面面的工作。首先，要大力发展教育事业。提出了"科教兴国"的宏伟战略，把发展教育摆到关系民族兴衰的重要地位。实施科教兴国的战略，必须深化教育体制改革，建立与社会主义市场经济体制、政治体制、科技体制相适应的教育体制。各类学校要以素质教育取代传统的应试教育，使培养出来的学生能适应经济建设和社会发展的需要。在办好基础教育、高等教育的同时，还要大力发展职业教育、成人教育。在当今世界上，由于知识更新的速度越来越快，不论是企业职工还是社会成员，都不可能通过一次教育学完终生所需的知识，因此，大力发展多种形式、多种层次的成人教育，就成为促进经济发展和社会进步的重要手段之一。其次，要改革用人制度，广开人才渠道。我国科技人员从总体上看还很短缺，但在相当多的单位中又存在人才积压和浪费的现象。所以我们不仅要大力培养、选拔各级各类人才，还要积极创造使人才脱颖而出的环境和机制，努力发现人才、合理使用人才，并促进人才合理流动。要形成尊重知识、尊重人才的良好风尚，为各类人才施展聪明才智创造良好的社会条件。

（原载于《学术评论》1997年第3期，另一作者为綦正芳）

转变经济增长方式的辩证思考

积极推进经济增长方式由粗放型向集约型转变，是党中央为今后15年我国经济和社会发展制定的重要方针。本文就如何辩证地看待经济增长方式的转变谈几点看法。

一、 经济增长方式的转变应从宏观层面上理解

什么是粗放型的和集约型的经济增长方式？如何实现经济增长方式的根本转变？目前理论界的解释五花八门。其中有一种颇带普遍性的倾向，就是把经济增长方式局限在微观经济领域，比如有的人把经济增长方式等同于企业的经营方式。这是一种误解。其实，经济增长方式的转变是从一个国家宏观经济的角度来说的。所谓经济增长通常是指一个国家在一定时期内由于生产要素投入的增加或效率的提高等原因引起经济规模在数量上扩大，它包括商品产出量的增加、劳务的增加，其衡量指标主要有国民生产总值、国民收入、个人收入及个人可支配收入等。若一个国家的经济增长主要依靠生产要素的数量扩张，则为粗放型经济增长方式；若经济增长主要依靠生产要素的合理构成和使用效率的提高，则为集约型经济增长方式。西方经济学家为现代经济增长设计了多种模型，如哈罗德—多马增长模型、新古典经济增长模型、新剑桥经济增长模型等，也都是从总体上探求一国经济实现长期、稳定和均衡增长的条件。《中华人民共和国国民经济

和社会发展“九五”计划和2010年远景目标纲要》中也明确指出：“经济增长方式转变，要提高经济整体素质和生产要素的配置效率。”①

从宏观层面上来理解经济增长方式转变，可以得到如下几点启示：

第一，把经济增长方式理解为企业经营方式显然是不正确的。企业生产经营方式固然也有“粗放型”和“集约型”之别，但毕竟与一个国家的经济增长方式是不同的。前者属微观经济领域，后者属宏观经济领域，不能混为一谈。但是，它们之间又有密切的关系，这种联系是部分和整体的关系，整体由部分构成，部分不能离开整体而独立存在。最近有一个提法，叫作“企业改革是实现两个转变的基础”，就体现了这一道理。

第二，对作为宏观经济的经济增长的度量，除了采用总量分析外，还可以采用结构分析，即通过一系列结构指标来进行度量。如从产业经济结构角度来进行分析，经济增长便表现为第一产业、第二产业、第三产业的相应增长的有机综合。根据这种分析来看我们国家的三次产业，那么就应该承认，虽然改革开放以来三次产业都有很大发展，但仍存在农业基础薄弱，工业素质不高，第三产业发展滞后，一、二、三产业的关系还不协调的严重问题，这是经济增长方式粗放型的又一种表现。所以，为了实现经济增长方式由粗放型向集约型的转变，必须切实加强第一产业，调整提高第二产业，大力发展第三产业。第三产业有两个显著特点：一是多数属于劳动密集型，吸纳劳动力的能力强；二是对劳动力的素质要求弹性大，有高有低，从我国目前的情况看，多数要求不高。因此，孤立地从第三产业本身来看，它大多还是属于粗放型的，但从经济增长和产业结构演进的角度看，第三产业比重的提高是实现经济增长方式转变的表现之一。正如江泽民同志指出的：“第三产业兴旺发达，是现代经济的一个重要特征。发展第三产业，不仅有利于缓解资金、资源供求矛盾和就业压力，优化产业

①《中华人民共和国国民经济和社会发展“九五”计划和2010年远景目标纲要》，http://www.npc.gov.cn/wxzl/gongbao/2011-01/02/content5003506.htm。

结构，而且有利于提高整个经济的效益，促进市场的发育。”①

第三，我国的经济增长方式目前虽然还处在粗放型的阶段，但是由于地域广大，经济发展很不平衡，因此在不同的地区就会出现粗放、比较粗放、比较集约等不同的层次。这就要求我们在指导思想上，应该采取统筹兼顾、分类指导的方针，避免“一风吹”“一刀切”。例如：对我国沿海地区和其他较发达的地区，在转变经济增长方式上应提出更高的要求，多发展技术含量高、附加值高的产业和产品，对经济不发达地区、内地山区，目前还要继续发展劳动密集型产业，等等。总之，要因地制宜，多层次地推进经济增长方式的转变，促进国民经济健康发展。

二、 经济增长方式的转变要以提高经济效益为中心

江泽民同志指出：“全党要提高对转变经济增长方式重大意义的认识……切实把提高经济效益作为经济工作的中心。”② 认真领会和把握这一精神，在理论上和实际工作中都有重要意义。

在理论上，它有助于对一些歧见的解决。例如：目前有些文章把外延扩大再生产等同于粗放型增长方式，把内涵扩大再生产等同于集约型增长方式，有的人则持反对意见。马克思在《资本论》中对扩大再生产的这两种方式有深入的分析，明确指出它们在经济发展的任何阶段都是需要的。经济生活的实践告诉我们：外延扩大再生产未必是粗放的，它也可以是集约的；内涵扩大再生产未必是集约的，它也可是粗放的。是粗放的还是集约的，关键要看它们所产生的经济效益。在一定的条件下，外延扩大再生产的经济效益甚至要比内涵扩大再生产更好。例如：在劳动者工资很低而

---

① 江泽民：《正确处理社会主义现代化建设中的若干重大关系（1995 年 9 月 28 日）》，http://cpc.people.com.cn/GB/64184/64185/180137/10818722.html。

② 江泽民：《正确处理社会主义现代化建设中的若干重大关系（1995 年 9 月 28 日）》，http://cpc.people.com.cn/GB/64184/64185/180137/10818722.html。

技术设备又很昂贵的情况下，用效率高的机器设备来替代一部分劳动力以扩大再生产与使用更多的劳动力来扩大再生产相比，后者的经济效益无疑要比前者高。

在实际工作中，强调以经济效益为中心可以有效地改善干部考核制度。过去对干部的考核多以产值、速度这些指标作为评判的标准。有些地方干部为了突出自己的政绩，在上报数字中增加了很多水分，人们讥之为“干部出数字，数字出干部”。解决这一问题的关键是切实把好经济效益关。据报载，辽宁省辽阳市弓长岑两年前采用的“反推法”，效果很好。他们紧紧抓住考核乡镇工业发展状况的产值、销售收入、利润和税收四大指标中无法作假的“入库税收”这一项，并用所得税和增值税反推销售收入和利润，再用反推出的销售收入和利润反推出产值。这一办法的实施不仅有效地遏制了企业和各级干部为骗取政绩而虚报和谎报经济指标的腐败行为，还促使干部转而在提高经济效益上下功夫，使全区经济得到迅速发展。“反推法”的实质就是紧紧抓住了提高经济效益这一条。

坚持以提高经济效益为中心，还必须注意处理好以下两种关系：

首先，要正确处理好局部效益和全局效益、眼前效益和长远效益的关系。经济增长方式转变要以提高经济效益为中心，这个“经济效益”指的是我们国家国民经济的整体效益，以及国民经济得以持续、健康发展的长远效益。这一全局的、长远的效益一般说来与各个地区、各个部分的局部效益、眼前效益是基本一致的，但也有不一致甚至冲突之处。当二者发生不一致时，局部效益就要服从全局效益，眼前效益就要让位于长远效益，否则，经济增长方式的转变就很困难。以我国的纺织工业来说，目前的状况是低水平生产能力过剩、高水平生产能力不足。1995 年全国棉纺能力 4100 万锭，属于国际先进水平的不到 40%，约有 1000 万锭是低水平的生产过剩。解决这一问题的唯一出路是优化存量，压缩旧锭。1991 年中国纺织工会为此制定了用 7 年时间压缩 1000 万锭的目标，但实施起来却阻力重重。其中一个重要原因是地方保护主义在作祟。目前在棉花的供销环节存在较为悬殊的差价，1994 年中心城市棉价为 2 万元/吨，而在棉产区仅为 1.3 万元/吨。这 7000 元的差价刺激了一些地区，他们把被国有企业淘汰的纺锭重新组织上马，与改造后的国有企业争原料、争市场。在一些地方领导看来，压锭不仅使本地区的国有资产的总量减少，还要增加裁减工人所需的安置费。这样，在不少地方反而以增锭代替了压锭。从地方的角度看，经济效益是提高了，但从全局的、长远的角度看，经济效益是降低了。

其次，要正确处理好经济效益与社会效益、生态效益的关系。在现代经济增长中，经济效益与社会效益、生态效益构成了一个不可分割的有机整体。在西方经济学中有所谓内部经济和外部不经济的概念，说明这三者的关系问题已经引起了人们的关注。我们是社会主义国家，生产的根本目的是为了满足整个社会不断增长的物质和文化的需要，所以在努力提高经济效益的同时，更应兼顾社会效益和生态效益。对于那些片面追求经济效益、危害社会利益、破坏生态环境的单位，要充分发挥法律的约束作用和舆论的监督作用。在正确处理三者关系方面，云南省积极调整支柱产业的做法值得赞赏。烟草业是云南省最大的支柱产业，1995 年的卷烟产量是 681 万箱，烟草和卷烟的税利是 346 亿，占全省财政收入的 73% 多。但是，吸烟毕竟有害健康。在我国的 3 亿烟民中，有相当一部分是青少年，这不能不令人忧虑。近年来世界上戒烟的呼声越来越高，我国政府也积极响应。云南省在权衡再三后，最终做出了正确的选择：他们一方面加大科技投入，加强吸烟与健康的研究，降低卷烟焦油含量，保证卷烟吸食的安全性；另一方面充分利用云南优势，再造几个新的支柱产业，如生物资源的开发利用、矿产资源的开发、旅游资源的开发等。

三、 转变经济增长方式既要发挥市场机制的作用，又要加强宏观调控的功能

经济增长方式从粗放型向集约型转变，意味着社会资源得到了合理的

配置和有效的使用，整个社会的经济活动步入了良性循环的轨道，但这必须建立在市场机制得以充分发挥其调节作用的基础上。而市场机制调节作用的充分发挥，又必须依赖于市场体系的完善、市场法规的健全和市场管理的加强。我国目前在这方面存在的突出问题，一是市场体系还很不完善，二是市场管理很不得力。我国的市场体系除消费品市场较发达、生产资料市场发展较快外，其他生产要素市场基本上尚未形成或很不健全，特别是作为市场经济运行基础的劳动力市场、人才市场、金融市场、技术市场、信息市场等平均发育程度仍很低，明显不能适应经济发展的需要，从而影响了供求机制、价格机制和竞争机制的连锁关系和相互作用。因此，大力促使这些基本要素市场较快发育和形成，是实现经济增长方式转变的极为重要的一个环节。此外，近年来人们反映最强烈的是市场上种种不正当竞争，表现为利用权力无端地干预市场、假冒仿制、商业贿赂、行业垄断，以及给竞争对手制造“麻烦”的行为等。以制假售假来说，其特点一是品种多、数量大、范围广，假货劣货几乎无孔不入，无处不在；二是制假的主体多元化、团伙化，其中既有个体户、无业人员，也有工人、农民、干部，甚至还有一些执法人员，有的地方已经形成了一些“黑窝点”“专业村”“集散地”；三是制假售假在一定地区范围内已形成“产、供、销”一条龙。这种猖獗的制售伪劣商品活动严重破坏了市场的公平竞争，扰乱了社会经济秩序。它往往使得真货斗不过劣货，不少名优产品被假冒后，不仅企业直接损失巨额利润，而且使产品信誉直线下降。如果制假售假这一类的不正当竞争行为得不到有效遏制，泛滥成灾，那么市场机制就会受到严重扭曲，资源配置就无效率可言，经济效益也会大打折扣，这将直接危及经济增长方式的转变。因此，我们在完善市场体系的同时，还要进一步健全市场法规，加强市场管理，特别是对那些恶劣的不正当竞争行为加大打击力度，使之在经济上遭受重创，在舆论上成为“过街之鼠”，以确立规范的市场权威。

加强宏观调控对实现经济增长方式的转变也是不可或缺的，在当代中国更有其重要意义。市场机制的调节作用是重要的，但不是万能的，它也有鞭长莫及的地方，自发性、盲目性、滞后性就是它与生俱来的致命弱点。在中国，各级地方政府都具有负责组织、管理本地区经济工作的权力。如果各个地区从自己的特殊利益出发，自行其是，那么就会使整个国家的经济活动处于无序状态，这将是对生产力的极大破坏。这并非危言耸听，空穴来风。从全国各省市制定的“九五”计划和2010远景目标看，一个令人忧虑的倾向是，产业趋同态势愈演愈烈。我们可以比较一下东南几个省市确立的支柱产业：安徽——汽车、工程机械及基础机械、石油化工及精细化工、家用电器；江苏——汽车（摩托车）、机械、石油化工、电子；上海——汽车、钢铁、电子通信设备、石油化工及精细化工、家用电器、现代医药及生物工程；浙江——汽车（摩托车）、石油化工及精细化工、电子信息，新型合成材料；福建——石油化工、机械（汽车）电子、建筑建材、林产业、水产业；等等。各省市支柱产业的这种趋同化现象，不仅无法以低成本形成规模效益，使国家有限资源处于低效率配置状态，还会导致不规范竞争和地方保护主义，后果是很严重的。可见，在转变经济增长方式中，宏观调控势在必行。当前在实施宏观调控时，一是要注意各种宏观调控手段的综合运用，对不同的调控对象，经济、法律和行政这三种手段的运用应该有所侧重，相互配合。从今后的发展趋势说，运用经济和法律这两种调控手段的比重将不断增加，而使用行政调控手段的比重将日益降低，但在目前体制转轨阶段，行政调控手段的作用还是相当重要的。当然，行政调控对象要由国有企业转向地方政府，控制其助长本地区经济过度扩张的行为或盲目扩大投资造成类似上述产业结构趋同化的不良倾向。二是各种宏观政策要相互协调。促进经济增长方式转变的有关宏观政策有需求管理政策、产业结构政策、技术进步政策等，各项政策既有区别，但又有密切联系，要防止相互打架，防止一项政策的作用被另一项政策的作用抵消。

市场机制作用的充分发挥和宏观调控的加强，实际上都是建立社会主义市场经济体制的基本要求。因此，经济增长方式的转变和经济体制的转变是紧密联系在一起的，它们互相依赖而又互相促进。经济体制转变是促进经济增长方式转变的动力，而经济增长方式的转变又为经济体制转变创造良好的环境和支持条件。十四届五中全会提出的“两个根本性转变”，正是体现生产力和生产关系的辩证统一。

[原载于《福建师范大学学报》(哲学社会科学版) 1997 年第 3 期]

关于扩大消费需求的几点认识

改革开放20年来，我国经济实现了快速发展，经济生活发生了深刻的变化。特别是进入“九五”计划以后，买方市场已初步形成，我国以短缺经济和数量扩张为基本特征的国民经济发展阶段已经基本结束，国民经济已由以往的资源约束和供给约束转变为需求约束和结构转换、升级的战略阶段。当前，市场消费需求相对疲软已成为影响我国宏观经济运行态势和经济增长速度的主要问题。如何有效地扩大消费需求，促进经济持续稳定地增长，已成为全国上下关注的热点。本文就此谈几点认识。

一、 要正确地认识消费需求在经济增长中的地位和作用

首先，要正确地认识生产和消费之间的辩证关系。长期以来由于对马克思经济理论的片面理解，生产被看作是压倒一切的中心环节，“生产决定论”广为流行，消费则成了无足轻重的东西，受到了不应有的忽视和冷落。加上在计划经济体制下伴随出现的短缺经济，从诸多方面限制了人们的消费需求。其结果，不仅人们的基本生活消费得不到满足，也极大地影响了生产的发展。诚然，马克思十分重视生产在社会发展中的作用，认为生产是一切人类生存的第一前提，“一定的生产决定一定的消费、分配、交换和

这些不同要素相互间的一定关系”①。但是马克思也清醒地看到消费对生产的巨大反作用，“因为正是消费替产品创造了主体，产品对这个主体才是产品。产品在消费中才得到最后完成。一条铁路，如果没有通车、不被磨损、不被消费，它只是……（可能性）的铁路，不是现实的道路，没有生产，就没有消费，但是，没有消费，也就没有生产，因为如果这样，生产就没有目的”②。当前我国经济生活中存在的突出问题就是产品大量积压、企业严重亏损，其直接原因就是消费需求不足。据国内贸易局1998年5月份的统计，在606种主要商品中，72.6%为供求平衡，供大于求的接近28%；而到了1999年初，内贸局又对605种主要商品1999年上半年供求情况做了预测，发现有66.7%供过于求，比1998年下半年增加38.7%。这表明，在生产和消费这一矛盾的对立双方中，由于买方市场形成这一特定的条件，消费已转化为矛盾的主要方面，需要我们集中力量加以解决。因此，党中央、国务院从我国的实际情况出发，做出了扩大内需，特别是扩大消费需求的重大决策，是非常适时、完全正确的。

其次，要正确认识扩大投资需求和扩大消费需求的关系。扩大内需包括扩大投资需求和扩大消费需求两个方面，缺一不可。为了应对亚洲金融危机，1998年中央出台的扩大内需政策以扩大投资为重点，在继续运用金融政策手段的同时，果断地实施了积极的财政政策，大规模地增加政府对基本设施、储备粮库、农林水利、环境保护等公共投资，并且取得了明显效果。1998年在国内国外经济环境非常困难的情况下，经济增长速度仍然达到了7.8%，比世界经济平均增长速度2.8%高出五个百分点，这是非常不容易的，其中扩大投资功不可没。实践证明，在需求不旺的情况下，扩大投资是拉动经济发展的有效举措。但是，切不可过分夸大投资需求的作用。这是因为，从社会再生产的角度看，只有消费需求才是最终需求，才

①《马克思恩格斯全集》第12卷，北京：人民出版社，1974年，第750页。

②《马克思恩格斯全集》第12卷，北京：人民出版社，1974年，第742页。

是市场旺销和经济活跃真正和持久的动力。马歇尔曾经说过："一切需要的最终调节都是消费者的需要。"① 如果消费需求上不去，投资也难以充分发挥作用，由投资增长所促成的经济回升也就不会持久。何况，扩大投资是以国民经济中存在闲置资源为前提的，但是社会闲置资源毕竟是有限的，如果长期实行扩张性财政政策，超过经济承受能力，就有可能导致经济过热，引发通货膨胀。从这个意义上讲，实施积极的财政政策只能是特定条件下采取的特定政策。因此，我们要切实按照中央的要求和部署，在继续增加投资的基础上，大力启动消费，把扩大消费需求作为促进经济增长的一项重大措施，使投资和消费双向启动。

最后，扩大消费需求并非权宜之计，而是我们必须长期坚持的促进经济发展的战略方针。随着经济全球化时代的到来，各国经济间日益相互关联、相互渗透、相互影响、相互依存，在一个国家发生的金融危机会迅速波及其他国家，乃至发生全球经济震荡。这次亚洲金融危机给不少国家以沉重的打击，使其资产"缩水"，出口下降，投资收缩，内需不振，出现了经济的零增长或负增长，这种情况是 20 世纪 30 年代世界性经济危机以来所没有过的。亚洲金融危机给了我们许多深刻的警示，其中很重要的一条，就是江泽民同志在纪念党的十一届三中全会召开 20 周年大会上的讲话中所指出的："在我们这样一个人口众多的发展中的社会主义大国，任何时候都不能依靠别人搞建设，必须始终把独立自主、自力更生作为自己发展的根本基点，必须把立足国内、扩大国内需求作为我国经济发展的长期战略方针。"② 扩大国内消费需求的政策之所以必须长期坚持，也是基于我国的具体国情。第一，从短缺经济到形成买方市场，这是我国经济发展的一个重大转折，它的深远影响不可低估。目前我国出现的买方市场不同于成熟市场经济下的买方市场，它是在居民收入水平尚低、供给结构不合理、旧体

① 马歇尔：《经济学原理》上册，北京：商务印书馆，1981 年，第 111 页。
② 引自《人民日报》1998 年 12 月 18 日。

制约束还比较严重的条件下发生的。但是，应当看到，这种变化不是一个短期的、偶然的变化，而是我国经济发展过程中的一个必经阶段。第二，实现计划经济体制到市场经济体制的根本转变还需要一个较长的历史过程，而在体制转轨没有完成以前，扩大消费需求还会受到旧体制的诸多约束。第三，居民消费需求的扩大是与居民消费结构的升级、农村工业化的进程及城市化的进程相伴随的，而这些都不是短时期内就可以实现的。第四，供给结构的调整和升级，必须充分调动各种经济主体自身的积极性，在激烈的市场竞争中，不断开发新产品，以满足广大消费者的现实需求和潜在需求，这也不是短时间就能做到的。总之，我们对扩大消费需求要树立长期作战的思想。

二、扩大消费需求不能单打一，要多管齐下

扩大消费需求不能看作是某一部门、某一行业，或者仅仅是政府或居民的事情，不能搞单打一，而需要居民、企业和政府等方面一齐动手，多管齐下，才能取得预期的效果。

首先从居民方面看。居民是消费需求的主体。外商之所以看好中国是世界上最大的市场，就是因为实行经济开放的中国有 12 亿人口。20 年来我国 GDP 年均增长率达到了 9.3%，绝对额由 1978 年的 3624 亿元飞跃至 1998 年的 79748 亿元，长期的经济高速增长揭示了一个基本事实：真正决定经济运行方向和速度的是居民消费需求变动的方向和速度。从 20 世纪 70 年代末以来，随着居民吃、穿、用各项消费需求逐步得到满足，在实现居民消费结构升级的过程中，我国经济也实现了自身的高速增长。1998 年以来，居民消费增长乏力，其原因是多方面的，从居民消费心理方面分析，一是相当一部分居民的消费观念滞后，还停留在短缺经济时代的水平上。有的虽然已开始着手改善居住、出行条件，但遵循的仍是攒够钱再消费，没钱或

钱不够就不消费或暂缓消费，对信贷消费还不习惯。二是随着市场形势的变化，面对科技含量日益增多、品种和范围不断扩大的商品和服务，许多消费者由于缺乏相应的知识，感到不知所措，无从选择。三是不稳定的居民消费预期已成为影响消费者行为的重要因素。影响居民消费行为的预期因素包括对价格、收入和支出的预期。一般说来，居民的即期消费与居民预期价格和预期收入成正方向移动，而与预期支出成反方向移动。近年来在居民中普遍出现的“惜购”和“买涨不买跌”的心理以及不断增强的储蓄意愿，反映了居民的预期价格、预期收入普遍降低和预期支出普遍增加。为了扩大居民的消费需求，一方面要加强对居民的消费教育。消费教育内容包括现代消费观念、消费知识、商品知识、信贷知识、法律知识等。组织消费教育可由各地的消费者协会牵头，有关部门协办，建立消费教育中心或消费咨询服务中心，消费者可以从中查阅资料、看录像、听讲座和进行咨询。还可以与大型商场或工会系统的文化馆联合开办消费学校，采取讲座形式，有针对性地对消费者进行教育。消费教育是全社会的工作，各级组织、社会团体、新闻媒介应该共同协作，形成消费教育网络。通过广泛的消费教育，帮助人们转变消费观念，丰富消费知识，不断提高消费者素质，以适应现代化消费市场的要求。另一方面，要稳定居民的消费心理预期，扩大即期消费支出。政府的各项重大改革措施要选择好出台时机，并且注意相互之间的协调一致，配套进行。如价格改革措施应与政府对价格的间接调控机制的建立相互配合；国有企业的兼并、破产、减员增效的改革要和社会保障制度的建立同时进行；住房、医疗、教育消费等项目的改革要与收入分配制度的改革配套进行；等等。在深化改革的过程中，一定要做好广泛深入的宣传工作，使人们真正了解改革措施的近期与远期效应，提高改革措施的透明度，减少居民对未来预期的不确定性，使之能放心即期消费，从而达到扩大消费需求、促进经济发展的目的。

再从企业方面看。目前，我国之所以出现购销不旺、产品积压，一个重要原因在于企业的产品结构与市场需求不相适应，致使很多供给并不是有效供给，而是无效供给。“供给自动创造需求”的原则只适用于工业化初始阶段或者短缺经济时代，进入工业化中期以后或者形成了买方市场后，这一原则就不再适用了。但是，许多企业经营者的思想却落后于形势的发展，没有从旧的教条束缚中解放出来，仍然我行我素。要扩大消费需求，企业的经营思想和生产行为就必须有大的转变。一是企业要牢固树立市场意识，大力研究消费需求，准确地掌握消费者所需要的产品，使产品真正做到适销对路。二是企业要根据市场需求考虑供给，也就是所谓以销定产。现在对一些行业的企业实行限产压库，就是因为它们的产品市场需求已经饱和，增加供给必然导致滞销、积压，从而造成企业的亏损乃至破产。三是企业要加强技术改造，提高产品的质量，完善售后服务，同时千方百计挖掘潜力、降低成本，使产品价廉物美，也就必然为消费者所青睐。四是企业不仅要满足消费者的现实需求，而且要重视消费者的潜在需求。美国著名管理学家彼得·德鲁克认为，企业是社会的一个“器官”，是因为社会的需要而存在的，因此企业不能只是被动地适应顾客的需要，而必须主动地去发现和创造顾客，这样企业才能生存和不断发展下去。所以，德鲁克把“创造顾客”作为企业目的唯一适当的定义。卓越的企业经营者应该深刻了解社会消费需求的发展动向，善于把消费需求由潜在变为现实。在激烈的市场竞争中，能够创造出新的需求的企业，是永远不会被打败的。

要扩大消费需求，固然要重视市场这只“看不见的手”，但政府这只“看得见的手”的作用也不可低估。正确的宏观调控对解决供求矛盾、促进经济发展，会产生立竿见影的功效。针对当前买方市场存在的问题，实施宏观调控的重点有以下几点。一是要从根本上增加居民的有效收入。只有多挣钱才能多花钱、多消费，这是一个再明白不过的道理。现在的问题是居民收入水平的增幅太小，有的甚至有下降的趋势，这直接影响了居民的消费能力。提高居民收入水平的重点是通过多种渠道增加中低收入的居民的收入。这是因为根据经济学中的“水桶原理”，社会有效消费需求的增长不是由占人口少数的高收入阶层所决定的，而是由占人口大多数的中低收入居民所决定的。二是要及时出台各种鼓励消费的政策，如信用消费政策，允许明天的钱可以今天花，促进住宅、汽车、耐用消费品的消费；租赁消费政策，消费者可不拥有商品的所有权，而只拥有一定时期的使用权；服务消费政策，使物质消费与服务消费双启动；农村人口城市化政策，积极推进小城镇建设，鼓励中小城市适当扩容；等等。三是大力改善消费环境。消费环境不好，即使存在消费愿望和具备了购买能力，也不能形成有效的消费需求。如城市道路拥挤，缺乏停车场地，就会限制汽车的销售；农村用电、供水、电视信号接转站等问题未能很好地解决，家用电器就无法在农村普及。消费环境一般属于公共产品，民间投资兴趣不大，只能由各级政府统筹来加以解决。从去年以来，政府实施积极的财政政策，较大幅度地增加财政投资，主要用于基础设施建设，这对于改善消费环境也会起到积极的作用。

总之，只要政府、企业和居民三方面密切配合，就会形成一股强大的拉动合力，消费需求岂能不旺？

三、 形成新的消费热点关键在培育

面对消费市场的疲软，许多厂家和商家显得很无奈，他们感叹现在是投资无热点，消费无热点！

消费市场真的无热点吗？这涉及应该如何看待消费的热点问题。笔者认为，首先，要对目前我国的买方市场有一个正确的认识。大家知道西方发达国家早就形成了买方市场，但是这种买方市场处于一种良性互动的态势中，一方面是消费者的选择性需求不断加强，另一方面是企业不断开发新产品，以满足消费者潜在需求的能力。良性互动使得供给结构与需求结构基本保持一致，经济平稳发展。而目前我国出现的买方市场虽然总量上表现为供大于求，结构上却严重失衡，造成了低水平供给过多与高质量产品供给不足并存的现状。例如：我国的钢铁年产量超过亿吨，有2000万吨中小型材生产过剩，但板、带等生产能力不足，要大量靠进口；冷轧薄板自给率为65%，冷轧硅钢片为37.5%，不锈钢板仅为15%。据统计，目前世界上共有150多万种商品，而我国能够生产的还不足十分之一。这说明，我国的买方市场并非绝对饱和，而是相对饱和，还有不少缺口亟待填补。在消费市场的开拓上还是大有文章可作的，这就为形成新的消费热点提供了可能。

其次，不能用20世纪80年代的眼光来看待现在的消费热点。80年代中期我国还没有摆脱短缺经济，家用电器作为现代文明生活的重要标志，成为每个家庭追逐的目标，由此引发了改革开放后的第一次消费高峰。那时的消费特点是排浪式的，消费者既带有比较强烈的攀比心态，又存在“过了这个村就没有这个店”的恐慌心理，因此购买的选择性不强，非理性色彩较为浓厚。经过20年的改革开放，我国已经告别了短缺经济时代，居民的恩格尔系数已经明显降低，在消费上也出现了一些不同以往的新特点：一是消费开始从数量型向质量型转变，消费者日渐看重商品与服务的品牌；二是居民消费的领域逐步拓宽，不再局限于某几种特定的商品，而是把消费与闲暇时间的利用、生活质量的提高联系起来；三是居民消费多层次格局日益明显，这与居民中的收入差距有密切的关系。高收入高阶层追求高消费，广大工薪阶层则寻找适合自己消费支出的位置。这表明，广大消费者的选择性增强了，消费理性日趋成熟，过去那种消费一窝蜂的现象已不复存在。现在我们谈论消费热点问题不能不考虑上述消费的新特点，否则就会犯刻舟求剑的毛病。

再次，新的消费热点的形成关键在培育。所谓培育，就是要为消费创造相应的主观和客观的有利条件。从主观方面说，消费者要更新消费观念、消费习惯、消费知识、消费方式；从客观方面说，除了积极引导、鼓励消费外，有关部门还要清理、取消一些限制居民消费需求增长的各种收费项目和规定。住房、汽车在前几年就提出要作为消费热点，但一直“热”不起来，就是因为受一些条件的限制。随着住房改革的推进，特别是银行商品房抵押贷款规模的扩大，商品房成本价的降低，以及商品房二级市场的形成，商品住房成为消费热点是毫无疑问的。据统计，1997 年全国私人购房占出售商品住房的 58.7%，今后私人购房的比例还会更高。除住房和汽车外，可以形成消费热点的还有许多，如信息消费。信息不仅是一种重要的资源，也是一种巨大的消费力。随着知识经济时代的到来，人们日益看好信息消费。1996 年世界信息产业的销售额增加到 1 万亿美元，我国“九五”期间电子信息产品的需求每年都以 30% 以上的速度增长。《中共中央关于制定国民经济和社会发展“九五”计划和 2010 年远景目标的建议》中指出：要重点开发电子信息等方面的技术，积极发展信息咨询等新兴产业。据统计，1997 年我国个人电脑累计装机量已超过 340 万台，在未来几年，大城市和沿海城市的家用电脑将会和电话一样普及。当然，信息消费要成为消费热点，还要做很多培育工作，包括知识经济教育、电脑知识培训，完善售后服务等。此外，旅游消费、文化教育消费、生产和生活服务消费等也已悄悄在升温。以教育消费来说，我国高等教育存在严重短缺现象，在同年龄段人口中，能够上大学的不足 4%，与发达国家相差很远，而人们在这方面的需求又很强烈，家长舍得在教育方面花钱，银行里的存款大部分是为了子女上大学储备的。为此，要加快教育体制改革，使教育事业产业化，高等教育除了政府办以外，也要发动社会来办。应该大幅度提高高校招生人数，使现有高校的资源得以充分利用，以便更快实现“科教兴国”的战略。

消费热点除了按产业、产品来划分外，还包括地域、空间的概念。比如我国广大农村地区、中西部地区就蕴藏着巨大的消费需求潜力。有人说，只要农村的消费水平达到或接近沿海城市居民的消费水平，就足以使我国经济保持20年的高速增长，这不能说没有一定的道理。广大的农村市场消费需求前景诱人，但是需要下很大的气力去培育它。现在关于农村消费热点的培育，上上下下都很重视，归纳起来有五个方面的工作：一是要大力调整农业产品结构，增加科技投入，发展乡镇企业，减轻农民负担，切实提高农民收入；二是要工商、银商、农商、内外贸等方面联手，共同开拓农村市场；三是要拓宽农村市场新的消费需求领域，开辟新的销售增长点；四是大力疏通、搞活农村商品流通网络，积极培育、发展多渠道、少环节、低成本、高效率的农村商品市场体系；五是尽快改善农村消费环境，加大农村水、电的供应和交通、通讯等设施建设的力度。只要经过深入、细致的培育工作，新的消费热点才能真正“热”起来，从而成为经济发展的新增长点。

（原载于《当代经济研究》1999年第6期）

信用本质上是一个经济问题

——兼论经济信用、法律信用和道德信用的关系

目前学界对信用的理解和认识不完全一致，甚至迥然不同。有的学者是从伦理角度，有的学者是从法律角度，有的侧重于文化，有的侧重于经济。应当说，这几种理解都有一定的根据，并且相互之间也是有联系的。问题在于，我国社会主义市场经济体制刚刚建立，新世纪之初加入WTO后，我国的改革开放事业进入新阶段，在告别短缺时代进入买方市场的条件下提出信用问题，我们应如何认识它？信用问题到底是道德问题、法律问题还是经济问题，这是一个迫切要求实践做出回答的问题。我们认为，在市场经济条件下，信用问题本质上是经济问题，信用范畴实质上是一个经济范畴。只有这样认识，才抓住了信用的真谛。

一、 理论上对信用及信用问题的考察更多地侧重于经济角度

首先，在我国词汇学中，"信用"一词更多的意思是与经济相联系。根据商务印书馆出版的中国社科院语言所词典编辑室编写的《现代汉语词典》的解释，"信用——①能够履行跟别人约定的事情而取得的信任：讲信用；②不需要提供物资保证，可以按时偿付的：信用贷款；③指银行借贷或商业上的赊销、赊购；④〈书〉信任并任用：信用奸臣"。可见，信用有四个

含义，其中④是书面语，作动词用，现在很少使用。其余三个含义中，②和③都与经济有关，即使是①，有道德因素也有经济因素。履行跟别人的约定，包含了诚实的道德，而履行的约定，既有经济约定也有非经济约定。由此可知，在信用的三个含义中，尽管包含了诚信这一道德内容，但有三方面的含义是与经济、货币有关，这正是信用问题的关键所在。同时，该词典还界定了“诚信”：“诚信——诚实，守信用：生意人应当以诚信为本。”可见，诚信有两个含义：一是诚实，要求人们在与人交往时说真话，向别人传递真实信息，实事求是，不掩盖或歪曲事实真相；二是讲信用，遵守诺言。这两层含义都说明诚信是为人处世的道德准则，是一个道德范畴，它的例句也正是从这一角度来运用诚信的，并且把诚信作为经济活动的一个游戏规则。相比之下，不难看出二者的关系：联系在于“信用”的内涵包含着“诚信”，但诚信只是信用内容的一小部分；区别在于二者各有特性，侧重点不同。所以，“信用”和“诚信”不能相提并论，那些对二者不加区别地等同运用的做法是不正确的。

其次，从马克思的信用理论来看，马克思对信用的理解更多地侧重于经济角度。主要表现在三个方面。第一，关于信用的内涵，马克思引用了资产阶级经济学家图克·托马斯在《通货原理研究》一书中的一段话：“信用，在它的最简单的表现上，是一种适当的或不适当的信任，它使一个人把一定的资本额，以货币形式或以估计为一定货币价值的商品形式，委托给另一个人，这个资本额到期后一定要偿还。如果资本是用货币贷放的……那么，就会在还款额上加上百分之几，作为资本的报酬。如果资本是用商品贷放的……那么，要偿付的总额就会包含一个赔偿金额，作为对资本的使用和对偿还以前所冒的危险的报酬。”[①] 在这里，马克思强调了三点：信用是建立在双方互相信任的基础上；信用是以偿还为条件的；归还贷款要有报酬。也就是说，信用是建立在双方互相信任的基础上，并且以

①《资本论》第3卷，北京：人民出版社，1975年，第452页。

偿还为条件的。在构成信用的三个要件中，有两个是与经济相联系的。第二，关于信用的特点，马克思强调信用是具有独特形式的价值运动。由信用引起的价值运动，货币或资本的所有权没有发生转移，只是使用权发生了变化，借者到期归还本金时，还要支付利息。第三，关于信用反映的关系，不仅是社会关系，更重要的是经济关系。信用最初是对人们在合作与交往中对他人诚实守信的行为的一种规范要求，反映的主要是人与人之间的一种社会关系。随着商品生产和商品交换的发展，信用从对经济行为规范的要求中逐渐演化出来而成为一种特定的经济行为，这时信用主要反映的是经济关系。这一点，马克思在《资本论》中论及简单的商品交换时，就已经指出在物的外壳下所掩盖的人与人的关系，包括信用关系。商品交换得以实现，必须是“一方只有符合另一方的意志，就是说每一方只有通过双方共同一致的意志行为，才能让渡自己的商品，占有别人的商品……这种具有契约形式的（不管这种契约是不是用法律固定下来的）法的关系，是一种反映着经济关系的意志关系。这种法的关系或意志关系的内容是由这种经济关系本身决定的。在这里，人们只有彼此只是作为商品的代表即商品所有者而存在”①。由此可见，信用反映的是商品交换过程中人与人的关系。

最后，在西方国家信用更多地与经济联系在一起，对信用的理解和解释多从经济的角度出发。从历史上看，在西方人的观念中，契约是神圣不可侵犯的，因为契约是上帝同人类所签订的，具有神圣性、强制性和义务性。随着商品经济的发展和对外贸易的扩张，契约关系在社会关系中逐渐占据主导地位，契约成为社会存在的基础。这就推动了以履行契约为核心的信用关系的发展，也为西方建立信用体系和信用制度奠定了坚实的基础。换言之，在西方国家，信用之所以是一个经济范畴，是商品交换和贸易发展使然。因为在交换过程中制定了一些规范，“在上述规范内完成的行为得

---

①《资本论》第1卷，北京：人民出版社，1975年，第102—103页。

到认可并产生效力，而这种认可具有公共信用性质”[①]，显然，信用作为履约而获得的认可和信任是来源于经济活动，为经济服务；而经济活动却不能从道德中产生，为道德服务。从现实生活中看，在西方特别是美国，信用是作为商品在市场上大量生产、销售的。他们把与信用有关的信息加工成信用产品，卖给需求者，使正面信用积累成为扩大信用交易的动力，负面信息传播成为约束失信人的震慑力，从而形成市场经济运行机制的重要组成部分，也使人们的借贷理念、信用风险的理念、消费理念、破产理念等与信用制度密切联系的理念发生历史性的演变。如果把信用作为市场经济范畴的话，就会实现经济和道德的良性循环，即信用是具有价值和使用价值的特殊商品，这种商品交易规模的扩大，促进信用交易规模的扩张，形成现代信用制度；而现代信用制度，催生出崭新的信用理念；崭新的信用理念催生出对信用产品的即期需求和潜在需求；对信用产品日益增长的需求催生出整个社会对失信者的鄙弃和惩戒；整个社会形成的公众信用态度催生出信用交易的秩序；信用交易规范的市场秩序催生出新的市场体系和现代营销方式。[②] 综上所述，无论是词汇学还是经济理论，无论是社会主义经济理论还是资产阶级经济理论都是把信用作为一个经济范畴，立足于经济活动来考察的。

二、 实践中信用问题的凸现与经济发展相联系

回顾我国社会信用建设的历程，不难看出信用问题的出现和提出，是同经济发展的一定阶段相联系的。我国社会信用问题第一次提出是在 20 世纪 90 年代的初期。同时，国务院下发了《关于在全国范围内开展清理“三角债”工作的通知》，这在我国是第一次以国务院文件方式提出了社会信用

① 郑强：《合同法诚实信用原则研究》，北京：法律出版社，2000 年，第 46 页。

②《经济研究参考》，2002 年第 67 期。

问题。1991年原国务院生产办在国务院领导同志的直接领导下，组织进行了清理企业“三角债”和“质量、品种、效益年”活动，其目的就是力图解决制约企业发展的经营行为和经济秩序问题，其实质就是社会信用问题。到20世纪90年代末期，在国内商品总体上供过于求而出现的买方市场、国际上由于亚洲金融危机导致的出口受阻等因素影响下，出现了市场疲软、有效需求不足的情况，经济秩序比较混乱，社会信用问题再次凸现出来。社会各界都充分认识到了治理、整顿市场经济秩序和建立、完善社会信用体系的必要性、迫切性和重要性。

从一些发展中国家和地区建立信用制度的实践看，信用的发展是市场经济发展和金融体制改革的必然要求。以我国香港地区（香港信用建设同美国等发达国家相比，起步较晚，在信用体系建设方面应属于发展中地区）为例。在20世纪80年代初期，香港的金融欺骗行为猖獗，所有从事抵押借贷的财务机构都遭受严重的亏损。为了抑制重复租赁等类型的诈骗，迫切需要成立议价中央信贷处理机构，为信贷机构提供信贷资料。信贷资料库的成立，推动了香港信用制度和信用体系的发展。印度、泰国等国家的信用建设则是资本市场发展的迫切要求。在尼泊尔，重建信用信息局已作为尼泊尔金融部门改革的重要内容。在墨西哥，1994—1995年金融危机后，为增强金融系统运行的有效性，墨西哥政府向议会提交了《公平信用保障法》的草案，此外，参议院通过了新的《公司破产法》。两部法案的颁布表明墨西哥的信用法制建设向前推进了一大步。

三、如何理解信用本质上是一个经济问题

信用本质上是一个经济问题，是指信用首先是一个经济问题以及经济问题是信用的核心问题，但并不意味着信用仅仅是经济问题。

首先，信用应当从经济方面来理解，即信用首先是经济问题。信用的

最初之意是反映人与人之间交往关系的伦理范畴，是作为那种原始的天然的粗糙的、但也是纯真的纯粹的不以金钱和交易为基础的道德观念来使用的。也就是说，人类自有了经济合作和交往，信用作为一种经济伦理就存在，并被不同的经济主体所强调。但是随着剩余产品和商品交换的发展以及私有制的出现，在人类社会的历史上曾长期存在的信用的道德内涵被逐渐弱化而退居到次要地位，而信用的经济内涵即财产的借贷行为和现象则得到了进一步的扩展和运用并逐渐占据主导地位，信用就发展为从属于商品和货币关系的一个经济范畴。然而，在现实社会生活中，借债是否偿还，承诺是否兑付，仅靠道德的内在约束是不够的，还必须依靠法律的外在强制力。法律的约束是信用行为的第一约束力。我们这种赞同和主张并不是否定道德约束对信用行为主体约束之必要，并不是否定道德约束对信用行为主体约束之重要。我们只是强调，在市场经济条件下，在人追求经济利益的内在驱动下，道德信用作为维系一切经济活动的纽带，是极其脆弱、极易断裂的，有可能导致整个信用体系的崩溃和整个社会经济的瘫痪。而法律的约束，法律约束的强制力，是社会经济健康运行的基本保证。任何一个国家、任何一个地区、任何一个单位，信用行为出现问题，一个重要的原因是法律的弱化、法律的虚设和法律权威的丧失。因此，在对信用的三种理解中，它首先是经济信用，其次是法律信用，最后才是道德信用。

其次，信用本质上是一个经济问题，并不是说经济问题是信用的唯一内容，但经济问题却是信用的核心内容。无论是道德（信用）建设还是法律（信用）建设，都是围绕着经济（信用）进行，为经济（信用）服务的。经济是道德和法律的目的，道德和法律是发展经济的手段。第一，经济决定道德。恩格斯指出："人们自觉地或不自觉，归根到底总是从他们阶级地位所依托的实际关系中——从他们进行生产和交换的经济关系中，吸取自己的道德观念。"① 尽管信用最初是道德伦理概念，但是它却萌发于人

①《马克思恩格斯选集》第3卷，北京：人民出版社，1995年，第434页。

们在生产中的合作要求，萌发于人们的经济活动。经济活动特别是商品经济活动的本性决定了包括信用在内的道德关系和道德观念。信用作为一种经济关系，要通过商品的等价交换来实现，而等价交换的核心就是货真价实，公平买卖；参与交换活动的主体不是孤立的，而是广泛合作、相互依存的。这种合作性和依存性就要求活动主体讲究信用，认真履行诺言和契约。正如马克思所说："平等和自由不仅是一切在以交换价值为基础的交换中受到尊重，而且交换价值的交换是一切平等和自由的生产的、现实的基础。"① 道德不仅来源于经济活动中，而且随着信用经济的进一步发展带来的社会进步会提出新的道德要求，从而使包括信用在内的道德观念得到进一步的发展。第二，道德信用是经济运行的重要法则，是经济发展的动力和手段。从理论上讲，人的利益追求与人的道德完善应当是一致的。道德信用不仅贯穿于人类社会的始终，而且贯穿于社会生活的各个方面。因此，道德信用评价可以是人类一切作用于社会和他人的行为所做出的评价。从这个意义上说，任何经济行为都无法排斥和摆脱一定道德的干预，都存在一个对其进行道德信用评价的问题。经济和道德是决定和被决定的关系，同时又是相互适应、相互促进的。

最后，把信用问题理解为一个经济问题，而不简单地将其归入道德范畴，就是抓住了信用问题的关键，抓住了主要矛盾，能更好地解决主要问题。首先，从经济领域入手，在主要运用经济手段的同时辅之以道德的自律和法律的他律，不仅可以有力地惩罚市场经济活动中的失信者，将有严重经济失信行为的企业和个人从市场中剔除出去，同时，还形成了一种向诚实守信的企业和消费者倾斜的政策优惠和社会环境以及一种正向的激励机制，间接降低了重合同守信用企业获取资本和技术的门槛，整顿市场秩序，净化市场环境。其次，可以从根本上解决有效需求不足问题。在买方市场条件下，有效需求不足，实际上是信用不足。通过信用修复，消费者

①《马克思恩格斯全集》第46卷上，北京：人民出版社，1979年，第197页。

利用信用消费扩大本国信用交易总额，进而扩大市场规模，拉动经济增长；企业也可以通过银行信贷、证券市场操作和债券的发行等方式筹集大量的生产发展和技术改造资金，扩大投资。最后，可以更好地“走出去”“引进来”。加入 WTO 意味着我国经济将更加全面地对外开放，意味着国内市场与国际市场将进一步连为一体。社会信用环境的好坏作为我国国际形象的最重要组成部分，是国际投资者衡量我国投资环境优劣的重要尺度。因此，良好的社会信用环境不仅可以消除外国投资者的种种顾虑和担心，吸引更多的外国资本；由于有良好的企业信用度，还可以增强我国企业的国际竞争力，降低我国企业和产品进入国际市场的成本，扩大对外贸易。

如果不首先从经济角度理解信用问题，将存在许多负面影响：

其一，影响道德建设。如果把信用看作是道德问题，实际上就把信用等同于诚信。假设信用等同于诚信（前文已经从词汇学的角度对二者进行了区分），自然会得出“诚信是道德问题”这一结论。诚然，诚信是道德范畴，但诚信问题并不是道德问题的全部，只是道德问题的一部分。如果把诚信问题等同于道德问题，在道德问题上不仅犯了以偏概全的错误，而且颠倒了主次顺序，在实践中就会导致道德宣传的边界缩小甚至偏离了社会主义道德建设的轨道，我们民族的道德水平就不会有一个大的提高，我们社会的文明程度就不会有一个大的飞跃。

其二，影响法制建设。目前人们一致认为失信行为之所以如此猖獗，原因之一是缺乏专门的信用管理法律和信用管理制度，对失信行为的处罚力度小。这固然不错。但是很少有人认真地思考为什么改革开放 20 多年来我国还没有一部专门的信用管理法律？重要的原因之一就在于我国对信用的理解仍停留在传统的道德范畴上。这样一来，在立法上，信用精神的体现和对信用行为的规范就散见于各种法。随着市场经济的发展，信用由原来的道德概念发展为经济概念，反映的主要是一种经济关系，但不能对原有的法律法规进行修修补补。因为这种头痛医头、脚痛医脚的做法，只会导致此法与彼法矛盾，使法制缺乏稳定性和明确的预期，为执法带来困难，为失信行为和现象提供生存的空间。因此，必须要适时地制定出反映这种经济关系的专门的社会信用法规及其具体条例，才能从根本上解决信用的无法可依、执法不严的问题，也才能扭转和避免因新问题出来还仍然用老办法去处理，且很不规范也很难从容行事的被动局面。

总之，如果主要从经济角度来认识和理解信用，不仅能够很好地解决现实中的失信问题，还会形成新的信用道德观念以及促进信用法律法规的建立和完善。

（原载于《当代经济研究》2003 年第 5 期，另一作者为石淑华）

新时代社会主义生产目的论的新发展

任何社会的生产都有一定的目的，生产目的体现了社会生产关系的本质。中国特色社会主义进入新时代，我国社会主要矛盾转化为人民日益增长的美好生活需要和不平衡不充分发展之间的矛盾。对此，党的十九大报告要求："我们要在继续推动发展的基础上，着力解决好发展不平衡不充分问题，大力提升发展质量和效益，更好满足人民在经济、政治、文化、社会、生态等方面日益增长的需要，更好推动人的全面发展、社会全面进步。"① 新时代赋予社会主义生产目的新的内涵，具有鲜明的时代性和针对性，深刻体现了"以人民为中心的发展思想"。

一、 研究社会主义生产目的是社会主义政治经济学的重要内容

在批判资本主义生产目的时，马克思和恩格斯概括了未来社会生产目的的内涵，"资本主义生产的直接目的不是生产商品，而是生产剩余价值或利润（在其发展的形式上）；不是产品，而是剩余产品。……工人本身就像他们在资本主义生产中表现的那样，只是生产资料，而不是目的本身，也

---

① 习近平：《决胜全面建成小康社会，夺取新时代中国特色社会主义伟大胜利——在中国共产党第十九次全国代表大会上的报告》，《人民日报》，2017 年 10 月 28 日。

不是生产的目的”。[①] 与之对比，在未来社会中，“一旦社会占有了生产资料”，“通过社会生产，不仅可能保证一切社会成员有富足的和一天比一天充裕的物质生活，而且还可能保证他们的体力和智力获得充分的自由的发展和运用”。[②] 富足的生活与人的自由全面发展是马克思和恩格斯认为的未来社会生产目的的基本要义。

在探索苏联社会主义革命和建设实践的过程中，斯大林首次明确提出了社会主义生产目的的概念。他在《苏联社会主义经济问题》中指出：“保证最大限度地满足整个社会经常增长的物质和文化的需要，就是社会主义生产的目的；在高度技术基础上使社会主义生产不断增长和不断完善，就是达到这一目的的手段。”[③] 在此基础上，斯大林进一步提出：“社会主义基本经济规律可以大致表述为：用在高度技术基础上使社会主义生产不断增长和不断完善的办法，来保证最大限度地满足整个社会经常增长的物质和文化的需要。”[④] 由此，斯大林开创了把社会主义生产目的和实现目的的手段有机统一，作为社会主义基本经济规律主要内容的传统。

从理论上说，斯大林提出的社会主义生产目的论，还需要进一步展开讨论和研究，还有不少问题尚未厘清。比如，什么是整个社会，它是否等同或包括全体社会成员即现实的个人；除了物质文化需要外，还有什么其他需要要满足；实现这个需要的手段除了高度发达的科学技术外，是否还有其他手段？关于社会主义生产目的，我国理论界有过几次讨论，影响较大的是发生在20世纪70年代末80年代初的大讨论。它明确了社会主义生产目的不是为生产而生产，也不是先生产后生活，而是为了满足人民的物质文化需要。这样的认识为自觉贯彻党的十一届三中全会以来的方针政策做了理论和思想上的准备。后来学术界也陆续有文章论述社会主义生产目

---

①《马克思恩格斯全集》第26卷（Ⅱ），北京：人民出版社，1973年，第624—625页。

②《马克思恩格斯全集》第20卷，北京：人民出版社，1971年，第307页。

③ 斯大林：《苏联社会主义经济问题》，北京：人民出版社，1952年，第62页。

④ 斯大林：《苏联社会主义经济问题》，北京：人民出版社，1952年，第31页。

的，但数量不多，而且存在论述比较宽泛，与实际联系不够密切等问题。

二、 研究社会主义生产目的是新时代中国特色社会主义经济实践的迫切要求

改革开放以来，我国社会生产力迅猛发展，但进入新时代后，发展的不充分不平衡使人民日益增长的美好生活需要难以满足。

发展的不充分主要表现在以下四个方面：

第一，发展内涵的不充分，即生产的质量、数量与品种不能充分满足人民增长的物质文化需要。随着我国经济不断发展，人民对高品质生活的需求越来越强烈，如更加注重饮食的安全、健康，更加注重居住的品质、环境和配套，更加注重出行的安全、环保和便捷，但现实中一些企业盲目追求数量增长，忽视内涵发展，市场上有影响力的产品和品牌缺乏，一些产品质量不高，甚至危及民众的生命安全，由此导致民生消费的中高端领域有效供给不足，国内消费潜力难以充分释放。“事实证明，我国不是需求不足，或没有需求，而是需求变了，供给的产品却没有变，质量、服务跟不上。有效供给能力不足带来大量‘需求外溢’，消费能力严重外流。”① 这说明我国经济发展必须从注重速度和规模，转变为注重质量和效益。

第二，发展动力的不充分，即传统要素的比较优势日趋弱化，但创新的驱动作用发挥不够。“我国经济规模很大，但依然大而不强；我国经济增速很快，但依然快而不优。主要依靠资源等要素投入推动经济增长和规模扩张的粗放型发展方式是不可持续的。现在，世界发达水平人口全部加起来是10亿人左右，而我国有13亿多人，全部进入现代化，那就意味着世界发达水平人口要翻一番多。不能想象我们能够以现有发达水平人口消耗资

①《习近平谈治国理政》第2卷，北京：外文出版社，2017年，第253—254页。

源的方式来生产生活，那全球现有资源都给我们也不够用!”[①] 可见，过去依靠低成本、低技术、高能耗、高污染的老路已无法为继，只有实现增长动能的转换，让技术在经济增长中发挥更重要的作用，以较少的资源和劳动投入创造更多的社会财富，才能突破环境对发展的制约，才能满足人民群众对发展的新期待。因此，我国经济发展要从依靠自然资源和资本等要素驱动为主转变为依靠创新驱动为主。

第三，全面共享发展的不充分，即一些地方和部门过分追求物质财富的增长，忽视教育、医疗与社会保障事业的发展，尤其人民群众反映强烈的上学难、看病难、养老难等突出问题尚未得到根本解决。这导致部分人群即便有一定的支付能力，但考虑到公共服务和保障水平不足而强化了预防性储蓄，潜在消费需求难以有效释放。此外，人民美好生活需要的外延不断拓展，在追求物质消费需求升级的同时，人民不断转向政治、文化、社会、生态等需求，对民主、法治、公平、正义、安全、环境等美好生活的向往日益增强。因此，需要统筹推进经济建设、政治建设、文化建设和生态文明建设，尤其要保障和改善民生，才能更好地推动人的全面发展与社会的全面进步。

第四，全民共享发展的不充分，即在收入总量提高的同时，还存在较多贫困人口，贫富差距也在不断扩大。截至2016年底，全国农村贫困人口还有4335万人，其中贫困人口规模在300万人以上的省份还有6个，[②] 脱贫任务相当繁重。基尼系数从改革开放初的0.3左右，上升到2008年的0.491，尽管之后实现了“六连降”，但2014基尼系数仍高达0.469，超过国际公认0.4的贫富差距警戒线。[③] 因为高收入群体的消费倾向一般低于低

①《习近平谈治国理政》第1卷，北京：外文出版社，2014年，第120页。

② 参见《国务院关于脱贫攻坚工作情况的报告》，http://www.npc.gov.cn/npc/xinwen/2017-08/29/content_2027584.htm。

③ 参见《中国基尼系数六连降，贫富差距仍超警戒线》，http://www.chinanews.com/gn/2015/01-20/6986564.shtml。

收入群体，所以贫富差距的扩大使得居民整体消费倾向趋于下降，减少了全社会的消费。更为严重的是，贫富差距出现了代际转移，跨代贫穷取代了暂时贫困，威胁着经济可持续发展。习近平指出：“消除贫困、改善民生、逐步实现共同富裕，是社会主义的本质要求。”① 为保障经济社会可持续发展的动力，必须坚持共享发展，让人民不断增强获得感。

发展的不平衡问题，即在扩大生产规模的同时，忽视经济结构的平衡。这种不平衡集中表现为产业结构失衡，即第二产业内部，高耗能高污染行业的产能过剩和竞争力强高附加值行业的产能不足并存；第三产业内部，现代服务业发展缓慢；在对外贸易结构中货物贸易和服务业贸易不平衡。城乡结构失衡，即农村生产力发展缓慢，而城市的现代化发展快速，正在实现工业化信息化融合推进。区域结构失衡，即东部大部分地区已步入工业化后期和后工业化阶段，而中西部尚处于工业化中期阶段。市场竞争结构失衡，即市场集中度低，中小企业竞争力不强，缺乏有国际影响力的大公司。

以上问题很大程度上要归因于我国仍然存在为生产而生产，为追求经济增长而发展生产力的错误倾向，为此必须在指导思想上进一步正视与明确社会主义生产的目的，必须阐明为何发展、为谁生产、如何发展等问题。

三、 新时代赋予社会主义生产目的论新的内涵

（一）明确提出社会主义生产是以人民为中心

有人认为，社会主义生产作为商品生产，必然同资本主义生产一样，要以利润最大化为目的，甚至把“金钱至上”当作社会主义市场经济的“普世价值”，把两极分化当作社会主义市场经济发展的必然结果。这样的

①《习近平谈治国理政》第2卷，北京：外文出版社，2017年，第83页。

认识一方面把企业经营发展的目的等同于社会生产的目的，混淆了个人需要与社会需要的区别，另一方面抹杀了社会主义和资本主义生产关系的本质差别，社会主义制度的优越性难以得到体现。

党的十八大以来，党中央提出了坚持以人民为中心的发展思想。2012年，习近平在担任总书记伊始就十分明确地宣告：人民对美好生活的向往就是我们的奋斗目标。党的十八届五中全会首次提出以人民为中心的发展思想，强调“坚持以人民为中心的发展思想，这是马克思主义政治经济学的根本立场。要坚持把增进人民福祉、促进人的全面发展、朝着共同富裕方向稳步前进作为经济发展的出发点和落脚点”。① 2016 年，习近平强调供给侧结构性改革体现了新时期社会主义生产目的的新要求：“从政治经济学的角度看，供给侧结构性改革的根本，是使我国供给能力更好满足广大人民日益增长、不断升级和个性化的物质文化和生态环境需要，从而实现社会主义生产目的。”② 党的十九大报告强调：“增进民生福祉是发展的根本目的。必须多谋民生之利、多解民生之忧，在发展中补齐民生短板、促进社会公平正义，在幼有所育、学有所教、劳有所得、病有所医、老有所养、住有所居、弱有所扶上不断取得新进展。深入开展脱贫攻坚，保证全体人民在共建共享发展中有更多获得感，不断促进人的全面发展、全体人民共同富裕。”③

以人民为中心是社会主义生产目的最基本的内在规定，解决了生产为什么人、由谁享有生产成果这个根本问题，集中体现了在社会主义市场经济条件下习近平对社会主义生产目的的新认识，开拓了马克思主义生产目的论的新境界。

---

① 习近平：《决胜全面建成小康社会，夺取新时代中国特色社会主义伟大胜利——在中国共产党第十九次全国代表大会上的报告》，《人民日报》，2017 年 10 月 28 日。

②《习近平谈治国理政》第 2 卷，北京：外文出版社，2017 年，第 252 页。

③ 习近平：《决胜全面建成小康社会，夺取新时代中国特色社会主义伟大胜利——在中国共产党第十九次全国代表大会上的报告》，《人民日报》，2017 年 10 月 28 日。

（二）明确提出社会主义生产要满足现实的人的需要

在谈到社会主义生产目的时，斯大林批评了雅罗申柯“把生产手段变成了目的，结果弄成了生产增长是为了生产增长、生产的目的本身，而人及其需要就从雅罗申柯同志的视野中消失了。所以，毫不奇怪，作为社会主义生产目的的人既已消失，雅罗申柯同志‘概念’里剩下的一点点马克思主义也随之消失了”。[①] 遗憾的是，斯大林本人以及他的后继者都犯了同样的错误，忽视了“人及其需要”。

社会主义生产目的要重视现实中的个人需要，不能以整体来否定、代替个体。传统社会主义生产目的强调的是满足“全体人民”日益增长的物质文化需要，而忽略了每一个社会成员追求自身发展所产生的物质文化需要，甚至在强调“全体人民”利益的同时，极力排斥、压抑、打击合理的个性发展要求。早在1844年，马克思、恩格斯在《神圣家族》中就发出警告，“应该严格地分清：群众对目的究竟‘关注’到什么程度，群众对这些目的究竟怀有多大‘热情’。‘思想’一旦离开了‘利益’，就一定会使自己出丑”[②]。这实际表明了个体物质利益需求与人们生产活动的密切关系。在社会主义初级阶段，如果搞否认利益差别的平均主义，就不利于激发人们付出更多劳动以创造更多价值、为社会做出更大贡献。因此，社会主义生产目的“不是一个抽象的、玄奥的概念，不能只停留在口头上、止步于思想环节”[③]，而是体现为社会全体成员中每个个体现实、具体的需要。

社会主义生产以满足劳动人民的需要为目的，不仅可以让人民过上幸福美满的生活，还可以通过共建共享的发展，“充分发扬民主，广泛汇聚民智，最大激发民力，形成人人参与、人人尽力、人人都有成就感的生动局

---

① 斯大林：《苏联社会主义经济问题》，北京：人民出版社，1952年，第62—63页。

②《马克思恩格斯文集》第1卷，北京：人民出版社，2009年，第286页。

③《习近平谈治国理政》第2卷，北京：外文出版社，2017年，第213—214页。

面"[①]，为生产力发展提供源源不断的动力，从而体现出社会主义制度的优越性。在社会主义初级阶段，人民不是马克思表述过的自由全面发展的每一个个人。人民指的是社会中占绝大多数、以劳动群众为主体的社会基本成员，他们通过社会主义生产活动来满足自身对美好生活的需要。人民在社会生产活动中的主人翁地位是由生产资料所有制决定的，同时又体现在生产资料和劳动者相结合的特定方式上。马克思指出："不论生产的社会形式如何，劳动者和生产资料始终是生产的因素……凡要进行生产，它们就必须结合起来。实行这种结合的特殊方式和方法，使社会结构区分为各个不同的经济时期。"[②] 国有经济实现了作为企业主人的劳动者与归全民所有的生产资料的结合，因而具有社会主义性质，它又具体表现为国有企业职工真正成为企业主人，充分发挥职工最广泛的参与与首创精神，具有知情权、参与权、监督权以及重大决策等的投票决定权。[③]

（三）明确提出社会主义生产要满足人民日益增长的美好生活需要

从需要的性质看，"人们首先必须吃、喝、住、穿，然后才能从事政治、科学、艺术、宗教等等"[④]。随着生产力的发展，人民生活日益改善，物质需要不断得到满足，"我们的人民热爱生活，期盼有更好的教育、更稳定的工作、更满意的收入、更可靠的社会保障、更高水平的医疗卫生服务、更舒适的居住条件、更优美的环境，期盼孩子们能成长得更好、工作得更好、生活得更好"[⑤]。人民对美好生活的日益向往，既是人的需要的一部分，也是我国生产力水平显著提高的必然结果，更对我国未来经济社会发展提出了更高的要求，比如人民对更优美的生态环境的需要。"劳动生产率是同自然条件相联系的。这些自然条件都可以归结为人本身的自然（如人种等

---

①《习近平谈治国理政》第 1 卷，北京：外文出版社，2014 年，第 215—216 页。

②《资本论》第 2 卷，北京：人民出版社，2004 年，第 44 页。

③ 卫兴华：《企业性质不仅仅取决于所有制》，《人民日报》，2015 年 5 月 11 日。

④《资本论》第 1 卷，北京：人民出版社，2004 年，第 374 页。

⑤《习近平谈治国理政》第 1 卷，北京：外文出版社，2014 年，第 4 页。

等）和人的周围的自然。”① 自然肥力越大，气候越好，劳动生产率就越高。从这一意义上说，环境和生态本身就是财富，“绿水青山就是金山银山”，是可持续发展的必要条件和人民对美好生活追求的重要体现。在社会主义市场经济中，生产必须考虑到资源环境生态，积极推动形成绿色发展方式，“让良好生态环境成为人民生活的增长点、成为展现我国良好形象的发力点，让老百姓呼吸上新鲜的空气、喝上干净的水、吃上放心的食物、生活在宜居的环境中、切实感受到经济发展带来的实实在在的环境效益”。② 因此，需要以平衡与充分的发展，来满足人民日益增长和不断升级的个性化、多样化、多层次美好生活的需要。

（四）明确提出社会主义生产要实现共享发展、共同富裕

一切剥削阶级占统治地位的社会，其生产目的与社会主义社会（以及共产主义社会）的本质区别在于：前者是为了满足剥削阶级的消费需要，后者是为了满足全体劳动人民日益增长的消费需要；更深层次的区别在于：前者导致两极分化，而后者则以实现共享发展和共同富裕为本质特征。170多年前，马克思主义经典作家就说过：“过去的一切运动都是少数人的，或者为少数人谋利益的运动。无产阶级的运动是绝大多数人的，为绝大多数人谋利益的独立的运动。”③ 列宁在谈到社会主义生产目的时指出：“在这种社会制度里，共同劳动所创造的财富将归全体劳动者享用而不是归一小撮富人享用。”④ 邓小平从社会主义本质的高度把社会主义生产目的概括为逐步实现全体人民的共同富裕，“社会主义与资本主义不同的特点就是共同富裕，不搞两极分化”。⑤ 党的十九大报告强调：“为什么人的问题，是检验一个政党、一个政权性质的试金石。带领人民创造美好生活，是我们党始终

①《马克思恩格斯全集》第19卷，北京：人民出版社，1963年，第586页。

②《习近平谈治国理政》第2卷，北京：外文出版社，2017年，第210页。

③《马克思恩格斯文集》第2卷，北京：人民出版社，2009年，第42页。

④《列宁全集》第8卷，北京：人民出版社，1986年，第193页。

⑤《邓小平文选》第3卷，北京：人民出版社，1993年，第123页。

不渝的奋斗目标。必须始终把人民利益摆在至高无上的地位，让改革发展成果更多更公平惠及全体人民，朝着实现全体人民共同富裕不断迈进。”[①]可见，明确社会主义生产目的是为满足“全体劳动者”的美好生活需要，而不是为满足“一小撮人”的需要；是把增进人民福祉作为发展目的和归宿，而不是为了 GDP 的增长；是为了实现全体人民的共享发展、共同富裕，而不是搞两极分化；等等，这些内涵和论断才是社会主义生产目的最基本的内在规定性，也集中体现了新时期我们党对社会主义生产目的的新认识。

（五）明确提出新时代实现社会主义生产目的的新手段

在社会主义市场经济条件下如何实现社会主义生产目的，是一个新的理论与实践课题。

首先，在社会主义初级阶段基本国情不变的条件下，要改变经济发展方式以更好实现社会主义生产目的。“我国是世界最大发展中国家的国际地位没有变”[②]，意味着发展还是“解决一切问题的总钥匙”[③]。而由于生产力水平的相对不发达，劳动还是人们谋生的手段，分配领域还难以实现按需分配。因此，一方面，对社会主义生产目的的定位不能超越生产力的发展基础；另一方面，面对经济发展存在的不充分与不平衡问题，要在更高层次上实现社会主义生产目的，就要用发展的办法来解决发展中遇到的问题，让质量与效益取代速度与规模成为发展的第一要务。

其次，社会主义市场经济的建立为实现社会主义生产目的提供了更有效的途径。社会主义市场经济不可能建立在自发市场的基础上，要满足社会主义生产目的，不能仅仅正视市场经济一般规律的存在，而是既要遵循市场经济的一般规定，又要体现公有制的要求；既要发挥市场经济的长处，

① 习近平：《决胜全面建成小康社会，夺取新时代中国特色社会主义伟大胜利——在中国共产党第十九次全国代表大会上的报告》，《人民日报》，2017 年 10 月 28 日。

② 习近平：《决胜全面建成小康社会，夺取新时代中国特色社会主义伟大胜利——在中国共产党第十九次全国代表大会上的报告》，《人民日报》，2017 年 10 月 28 日。

③《习近平谈治国理政》第 2 卷，北京：外文出版社，2017 年，第 511—512。

又要彰显社会主义制度的优越性。① 一方面，要使市场在资源配置中起决定作用，充分发挥市场机制在信息搜集、效率提高、激励有效、调节灵活等方面的长处，增强微观经济主体发展生产的动力与活力；另一方面，要在宏观经济和社会发展层面更好地发挥政府的作用。

最后，建设现代化经济体系体现了社会主义生产目的的新要求。一是要大力发展实体经济。其核心目的是提高制造业供给体系质量，深化供给侧结构性改革，解决制造业供需结构失衡、竞争力不足等问题。二是要加快实施创新驱动发展战略。创新是引领发展的第一动力，既要加快在一些战略性产业领域中重大关键技术、前沿技术的突破，也要运用现代科技改造传统产业，实现资本、资源与劳动力的高效集约使用，由此突破环境对发展的严重束缚，满足人民群众对发展的新期待。三是要积极推动城乡区域协调发展。全面小康是要实现城乡区域共同的小康。通过实施乡村振兴战略，让农业强起来、农村美起来、农民富起来，从而满足广大农民对幸福美好生活的渴望。四是要着力发展开放型经济。要统筹考虑和综合运用国际国内两个市场、国际国内两种资源，促进产业迈向全球价值链中高端，重点推进“一带一路”倡议，尤其加大基础设施建设、提高互联互通、促进国际交流合作水平，从而挖掘巨大的国际市场潜力。五是要深化经济体制改革。加快完善社会主义市场经济体制，坚决排除各种体制机制障碍，以提高资源配置效率，更好地实现社会主义生产目的。

综上所述，新时代中国特色社会主义生产目的可以表述为：在生产发展和社会财富增长的基础上不断满足人民日益增长的美好生活需要，促进人的全面发展，实现全体人民共同富裕。

（原载于《毛泽东邓小平理论研究》2018 年第 7 期，另一作者为黄瑾）

① 张宇：《论公有制与市场经济的有机结合》，《经济研究》，2016 年第 6 期。

改革开放 30 年我国分配改革的回眸与思考

党的十一届三中全会召开以来的 30 年，中国发生了一场极为广泛而又深刻的社会变革：高度集中的计划经济体制正逐步过渡到社会主义市场经济体制，社会生产力高速发展、人民生活水平不断提高、综合国力日益增强，这一切引起了世界各国的瞩目。认真回顾 30 年来的改革历程，对于总结经验，统一认识，高举中国特色社会主义伟大旗帜，以邓小平理论和“三个代表”重要思想为指导，深入贯彻科学发展观，继续解放思想，坚持改革开放，推动科学发展，促进社会和谐，夺取全面建设小康社会的胜利，是十分必要的。本文着重从分配改革的角度进行思考。

一

分配是经济学的一个重大理论问题和实践问题。从国民经济运行的角度看，社会产品的分配呈现为一个在与生产、交换、消费相互关联中不断发展和变化的运动过程。从发展、改革、稳定三者关系看，分配关系如果处理得好，就会有利于社会稳定和经济发展，否则就会直接影响社会稳定，妨碍经济的发展。党的十一届三中全会以来，我们党十分重视分配问题，依据马克思主义关于分配的基本原理，立足中国的具体国情，在分配领域进行了一系列创造性的改革。30 年来的分配改革，大体上可分为五个阶段：

第一阶段，从 1978 年 12 月党的十一届三中全会召开到 1984 年 10 月。

这一阶段分配理论上的突破有以下两点。一是重新确立了我党解放思想、实事求是的思想路线，为从中国的实际出发进行分配体制的改革指明了前进的方向。马克思在100多年前设想在未来社会主义社会实行的分配原则是以下述条件为前提的：一是生产资料归全社会共同所有；二是生产力高度发达，物质产品极大丰富；三是商品、货币关系已经消亡。显然，这些条件在现阶段的中国并不具备。因此，如何从我国的国情出发，正确地理解和贯彻“按劳分配”的原则，就成了摆在中国共产党人面前亟待解决的一个重要任务。党的十一届三中全会确立的正确思想路线为解决这一任务排除了思想障碍，打破了前进道路上的坚冰。二是批判和否定了在分配体制上的高度集中和平均主义的弊端。党的十一届三中全会公报一针见血地指出“现在我国经济管理体制的一个严重缺点是权力过于集中……”。这种高度集中的经济体制在分配上的表现就是在计划上大包大揽，财政上统收统支，社会上普遍存在“干多干少一个样，干好干坏一个样”现象，“大锅饭”盛行，平均主义严重。平均主义实际上背离了按劳分配的原则，严重挫伤了群众的生产积极性。为了打破平均主义，邓小平明确提出，要允许一部分人通过“辛勤努力成绩大”而先富起来，并且强调“这是一个大政策，一个能够影响和带动整个国民经济的政策”。[①] 这一“大政策”不仅正确体现了按劳分配的基本精神，而且从根本上打击和否定了平均主义，为后来我党提出的“效率优先，兼顾公平”的原则打下了基础。

分配改革的实践是以我国的农村为突破口的。在党的十一届三中全会的精神指引下，20世纪80年代初全国农村普遍实行了家庭联产承包责任制。这一责任制从分配方面来说，在实践中显示了多方面的优越性：它明确划分了国家、集体、个人的权利、责任和利益关系，最有效地将农民的收入同他的劳动成果挂起钩来，使承包者关心生产的全部过程，重视质量，讲求实效，并精打细算，节约开支，争取最好的经济效果；它创造性地贯

①《邓小平文选》第2卷，北京：人民出版社，1994年，第152页。

彻了按劳分配原则，因而大大调动了农民生产的积极性和主动性。农村分配改革的成功对以后我国分配体制的改革产生了极为深远的影响。

第二阶段，从 1984 年 10 月党的十二届三中全会召开到 1991 年 12 月。这一阶段分配理论上的突破，一是提出了“社会主义有计划的商品经济”的新概念，使按劳分配与商品经济联系起来。尽管这一概念还带有旧体制的痕迹，但毕竟是在向市场经济前进的道路上跨出了极为重要的一步，并且对分配理论产生了重大的影响。马克思当时所设想的未来社会实行的按劳分配的前提是产品经济，而现实中的社会主义经济已被确定为是一种商品经济，因此体现在按劳分配上，就具有不同于产品经济条件下按劳分配的一些特征：第一，它实行以商品生产者的企业为基本分配单位的两层次的按劳分配；第二，它以劳动者的劳动耗费并在市场上实现了的劳动作为按劳分配的依据；第三，它主要是以货币作为按劳分配的主要实现形式；第四，它以“劳”为主，同时考虑市场劳动力供求状况，共同决定劳动者的工资水平。在商品经济条件下实行按劳分配过程中所出现的这些新特征，为深入分配领域的改革开辟了广阔的道路。二是提出了社会主义初级阶段的新理论，为我国分配体制的改革提供了重要的理论基础。党的十三大第一次展开论述了我国正处在社会主义初级阶段，指出正确认识这一点是建设有中国特色社会主义的首要问题。1987 年 8 月，邓小平在会见外宾的一次谈话中指出：“我们党的十三大要阐述中国社会主义是处在一个什么阶段，就是处在初级阶段，是初级阶段的社会主义。……一切都要从这个实际出发，根据这个实际来制定规划。”① 党的十三大正是从这个实际出发，指出当前我国的所有制结构是以公有制为主体，多种经济成分并存；在分配方面，则强调要在按劳分配为主体的前提下实行多种分配方式，在共同富裕的目标下，鼓励一部分人通过诚实劳动和合法经营先富裕起来。至此，我国的分配改革开始有了自己的理论基础，虽然这还仅仅是初步的。

---

①《邓小平文选》第 3 卷，北京：人民出版社，1993 年，第 252 页。

1984年以后，我党把经济改革的重心从农村转移到了城市。在分配问题上，首当其冲的是国有企业的工资改革。党的十一届三中全会以前，由于我国实行的是高度集中的计划经济体制，因此在分配制度上由国家直接对劳动者个人实行工资分配，其结果是劳动效率低下，工资水平长期不能提高。针对这一问题，从1978年开始，我国先后实行过工资奖励制度、浮动工资及企业工资总额包干浮动的个人收入分配制度。这些措施虽然在一定程度上把个人收入与劳动贡献结合起来，但又出现了诸多新的问题。但正如马克思所说过的，问题和解决问题的手段同时产生。1984年10月《中共中央关于经济体制改革的决定》指出：企业职工的工资和奖金要同企业经济效益的提高更好地挂起钩来。1985年初，国务院《关于国营企业工资改革问题的通知》提出了从当年开始，在国有大中型企业中实行职工工资总额同企业经济效益按比例浮动的办法。这就确定了工效挂钩模式，在国有企业工资改革上迈出了重要一步。1986年以后，工效挂钩办法得到进一步推广，挂钩的形式也不断多样化。实践证明，工效挂钩的分配制度在一定程度上冲破了旧工资制度和旧工资管理体制的僵化格局，初步建立了企业工资总额随企业经济效益的提高而相应增加的机制，为落实企业分配自主权创造了前提条件。毋庸讳言，工效挂钩的办法仍没有完全突破原企业体制框架，它只是从传统计划经济体制走向新体制的一个过渡形式。

1984年以后，我国的乡镇企业、个体私营企业和三资企业获得了迅速的发展。马克思指出："参与生产的一定形式决定分配的特定形式。"① 在乡镇企业、个体私营企业和三资企业中，除了实行按劳分配这一分配形式外，还实行了其他多种分配形式。正是多种多样的分配形式，有力地促进了上述各种生产形式的发展，为我国经济的迅速发展提供了不可低估的活力和动力。实践证明，我国从社会主义初级阶段的实际出发，探索以按劳分配为主体、多种分配方式并存的新分配体制，获得了很大的成功。

---

①《马克思恩格斯选集》第2卷，北京：人民出版社，1995年，第98页。

第三阶段，从1992年初邓小平南方谈话到1997年9月党的十五大召开前。这一阶段分配理论的突破，一是提出了“社会主义本质”的理论，明确了分配体制改革的客观评判依据和最终实现目标。邓小平1992年在南方谈话中对社会主义本质做出了科学的、精辟的、创造性的概括，指出：“社会主义的本质，是解放生产力，发展生产力，消灭剥削，消除两极分化，最终达到共同富裕。”[①] 这一理论对分配改革的指导意义在于：第一，分配制度上的任何一项改革都要有利于解放生产力和发展生产力；第二，在分配问题上，应该承认差距，不能搞平均主义，但也要防止差距过于悬殊，出现两极分化。分配改革和其他方面改革的最终目标是使中国人民走上共同富裕的道路。二是党的十四大明确提出我国经济体制改革的目标是建立社会主义市场经济体制，这就使分配体制的改革走上了一条既遵循宏观经济规律，又适合我国国情的正确道路。但是，这条道路是包括我们的前人在内所从来没有走过的。我们面临着许多前所未有的新情况新问题，从而促使我们去研究、去探索。例如：在市场经济条件下，按劳分配的主体是国家还是企业？按劳分配是否如传统观点所认为的，仅仅是一种个人生活消费资料的分配方式？等等。三是提出个人收入分配要体现效率优先、兼顾公平的原则。公平与效率的关系是经济学中的一个“千古命题”，也是一个基础性理论问题。在改革开放前，我们对什么是公平在认识上是模糊的。因此，把公平放在优先地位，导致平均主义盛行，经济效率不高。改革开放以来，我们对于公平与效率的认识经历了一个逐步深化的过程。党的十三大报告提出：“我们的分配政策，既要有利于善于经营的企业和诚实劳动的人先富起来，合理搞好收入差距，又要防止贫富悬殊，坚持共同富裕的方向，在促进效率提高的前提下体现社会公平。”党的十四大报告强调：“在分配制度上，以按劳分配为主体，其他分配方式为补充，兼顾效率与公平。”党的十四届三中全会通过的《关于建立社会主义市场经济体制若干问

①《邓小平文选》第3卷，北京：人民出版社，1993年，第373页。

题的决定》进一步明确指出："个人收入分配要坚持以按劳分配为主体、多种分配方式并存的制度，体现效率优先、兼顾公平的原则。"这一概括不仅是理论上的重大推进，也是实践上的重大创新。四是在国有企业的工资改革中提出了"两个低于"的原则。前几年企业工资实行工效挂钩的管理体制，起了一定的积极作用，但在实践中也暴露出不少问题。党的十四届三中全会通过的《决定》将国有企业工资制度改革原则进一步明确为："国有企业在在职职工工资总额增长率应低于企业经济效益增长率，职工平均工资增长率应低于本企业劳动生产率增长的前提下，根据劳动就业供求变化和国家有关政策规定，自主决定工资水平和内部分配方式。"这里的"两个低于"正是针对工效挂钩存在的问题提出的，其优点表现在以下几点。第一，使企业工资总量调整的主体由政府转到了企业。第二，能使企业经营机制进一步转换。一方面，有利于企业进一步扩大工资分配的自主权，另一方面，在体制上企业集工资总量调整的主体和对象为一身，迫使企业处理好当前与长远利益的关系，自觉转换经营机制，朝着"自主经营、自负盈亏、自我约束、自我发展"的方向前进。第三，有利于促进政府部门职能的转变。"两个低于"原则使工资分配政策明朗化，外部影响因素不再考虑，企业可以根据市场发出的信号进行经营管理，政府部门就可以从繁杂的具体事务中解脱出来，从管理型向服务型转变。第四，可使企业承担的风险更大，激励作用更强。第五，"两个低于"比工效挂钩办法在工资的宏观控制上更加全面、更加严格。实行"两个低于"后，国有企业职工的工资水平和增长幅度将主要取决于四个因素：本企业的经济效益、劳动力市场上劳动就业的供求关系、国家有关政策规定（如最低工资标准和征收个人所得税等）、企业内部分配方式。这种工资制度将对"铁饭碗""大锅饭"形成有力的冲击，进一步增强企业和职工的积极性和进取心，提高企业的经济效益。

第四阶段，从1997年9月党的十五大召开到2004年9月党的十六届四中全会召开前。这一阶段分配理论上的突破，一是明确了生产要素参与收入分配。十五大报告明确提出“允许和鼓励资本、技术等生产要素参与收益分配”，这在党的十四届三中全会《决议》提法的基础上又前进了一大步。参与收益分配的生产要素不仅是资本，而且包括技术等；对生产要素参与收益分配不仅是“允许”，还要“鼓励”。为了进一步明确生产要素参与收入分配的依据，2002 年的党的十六大首次提出“要确立劳动、资本、技术和管理等生产要素按贡献参与分配的原则”。不仅生产要素的范围扩大了，明确了劳动、资本、技术、管理是基本的生产要素，而且突出了要按生产要素的“贡献”来分配，明确了生产要素参与分配的尺度，这就意味着按贡献分配所得的生产要素收入不再具有剥削性质，公有制下也可以有非劳动收入，从而为保护私有财产提供了重要的理论依据。二是明确按劳分配与按生产要素分配的关系。党的十五大报告提出要“把按劳分配和按生产要素分配结合起来”，从而明确“按生产要素分配”是我国现阶段除了按劳分配外又一通行的分配原则，这是对“坚持以按劳分配为主体、多种分配方式并存的制度”的具体化。党的十六大报告中继续提到要“完善按劳分配为主体、多种分配方式并存的分配制度”，生产要素参与收入分配仅仅只是“参与”，是在社会主义初级阶段多种所有制方式并存下的一种附加分配方式，只要以公有制为主体的基本制度不变，按劳分配的主体地位就始终不动摇。这种多元并行的分配制度能极大地调动社会各阶层劳动者和各种生产要素的积极性，在社会主义分配改革的发展史上，不能不说是一个具有里程碑意义的创新之举。三是不断完善分配结构，既要坚持效率优先，促进经济发展，又要兼顾公平，促进社会稳定。党的十五大提出“坚持效率优先、兼顾公平，有利于优化资源配置，促进经济发展，保持社会稳定”；党的十六大继续提出“坚持效率优先、兼顾公平，既要提倡奉献精神，又要落实分配政策，既要反对平均主义，又要防止收入悬殊”，还确立了“效率优先，兼顾公平”的实现机制，即“初次分配注重效率，发挥市场的作用，鼓励一部分人通过诚实劳动、合法经营先富起来。再分配注重公平，加强政府对收入分配的调节职能，调节差距过大的收入”。党的十六届三中全会上开始重视部分社会成员收入差距过分扩大的问题，在继续坚持“效率优先，兼顾公平”分配原则基础上，提出“以共同富裕为目标，扩大中等收入者比重”。按劳分配与按生产要素分配都首先要以效率为标准，有利于调动劳动者的积极性，但为了防止收入差距扩大，又要注重公平，以维护社会的稳定。这进一步巩固和丰富了前一阶段的分配理论，同时也看到了收入差距扩大产生的问题，为提高公平在收入分配中的地位打下了基础。

按生产要素分配是这一阶段分配理论的最大创新，这又是客观实践发展的必然结果。改革开放以来，最先实现按劳分配和按生产要素分配相结合，使资本、技术等生产要素参与收益分配的地方是农村。随着改革的深入，多种所有制经济不断发展，分配方式实际上已悄悄地发生了重大变化。在私营企业、三资企业等非公有制经济中，资本、技术等生产要素早在企业创办之日起就已经参与收益分配。20 世纪 90 年代以来，随着国有企业的公司制改革以及股份制、股份合作制经济的发展，职工或居民个人持有股份的人数在迅速增加，规模也在不断扩大，职工在获得工资收入之外，还能依据持股多少得到股息及红利。因此，使资本、技术等生产要素参与收益分配是客观实践发展的必然，是对改革实践的客观反映和理论升华。

第五阶段，起点是 2004 年 9 月党的十六届四中全会召开。这一阶段分配理论的突破表现在：一是分配上不再提“效率优先，兼顾公平”原则，而是更加强调“社会公平”。至此，沿用了十年的“效率优先，兼顾公平”原则退出了我国收入分配的历史舞台。党的十六届四中全会提出“鼓励一部分地区、一部分人先富起来，注重社会公平，合理调整国民收入分配格局，切实采取有力措施解决地区之间和部分社会成员收入差距过大的问题，逐步实现全体人民共同富裕”。之所以更加注重公平是因为在改革深入过程中，地区之间和部分社会成员之间收入分配差距出现扩大趋势，到2003年我国城乡居民基尼系数已经超过国际警戒线标准，达到0.448，收入差距已经成为一个严重的社会问题，这不能不引起整个社会的关注。党的十七大报告进一步提出，“合理的收入分配制度是社会公平的重要体现……初次分配和再分配都要处理好效率和公平的关系，再分配更加注重公平”，收入分配体系建设方向更加科学合理、公平公正，更加突出最广大人民的根本利益，也是全面建设小康社会、开创中国特色社会主义事业全局的重要举措。二是将收入分配与构建社会主义和谐社会有机统一起来。党的十七大报告中提出“合理的社会分配制度是社会公平的重要体现”，这对收入分配制度的性质进行了明确的阐述，把社会公平作为合理的收入分配制度的本质要求，作为和谐社会的重要内容，这是一个重大的创新和突破。收入分配更加注重公平，可以更好地调节政府、企业和居民的收入分配关系，构建一个更加稳定和谐的分配环境；公平开始贯穿于初次分配和再分配中，大大减少了再分配的压力和社会成本。为了更好地发挥收入分配制度改革对和谐社会的贡献作用，保障中低收入者的生活，促进社会的安定团结，党的十七大报告中提出“逐步提高扶贫标准和最低工资标准，建立企业职工工资正常增长机制和支付保障机制”。通过两种机制的建设，从根本上解决普通职工工资分配问题，有很强的现实针对性。在科学发展观的指导下，分配制度改革将更加有利于城乡、不同收入群体、社会各个阶层等之间的公平和谐，打破垄断行为，为收入分配提供一个更加公平的机会。三是不断调整居民的收入分配格局。党的十六届五中全会提出必须“着力提高低收入者收入水平，逐步扩大中等收入者比重，有效调节过高收入，规范个人收入分配秩序”。党的十七大报告中提出“逐步提高居民收入在国民收入分配中的比重，着力提高低收入者收入，基本消除绝对贫困现象，逐步提高扶贫标准和最低工资标准”。收入分配格局的调整旨在缩小收入差距，其本质还是立足于公平，以社会的和谐稳定为终极目标。要实现这一目标还要

“健全劳动、资本、技术、管理等生产要素按贡献参与分配的制度，创造条件让更多群众拥有财产性收入”，从而把握住财产也是形成收入差距的一个重要原因，财产平等也是分配格局调整的一个重要组成部分，把缓解收入差距问题又深入一步。

当前的收入分配制度改革是秉承科学发展观的指导，在全面建设小康社会道路上的又一次伟大突破，与构建社会主义和谐社会相融相洽，也是对前面阶段分配制度改革的总结和补充。这一阶段的实践，表明了党和国家致力于解决收入分配领域问题和矛盾的决心。2006 年中共中央政治局召开会议，深化公务员工资制度改革成了改革收入分配制度和规范收入分配秩序的出发点，正式拉开了此次改革的序幕。同时，会议还决定要改革和完善事业单位工作人员收入分配制度，合理调整机关事业单位离退休人员待遇，完善机关工人工资制度，适当提高企业离退休人员基本养老金标准、各类优抚对象抚恤补助标准、城市低保对象补助水平。近年来，通过实施“三减免、三补贴”等一系列惠农政策，促进了农民增收，提高了农民生活水平；多次提高企业离退休人员基本养老金标准，积极落实优抚对象生活、医疗待遇政策，基本实现了城市居民最低生活保障对象应保尽保；加快农村最低生活保障制度建设，完善农村教育、医疗、卫生事业；提高个人所得税工薪所得费用扣除标准，城镇低收入人员的基本生活得到了有效保障。更加注重社会公平的收入分配制度取得了很大的成效。党的十七大报告中所做出的关于收入分配方式的新概括是对 30 年来改革实践的客观反映和理论升华，可以说是合乎规律、顺乎民心的。

二

30 年来分配领域的改革取得了伟大的胜利，它对促进生产力的发展，提高人民生活水平起了巨大的积极的作用。回顾 30 年来分配改革所走过的道路，给人不少启迪和思考：

思考之一：30年来分配改革的成功是在党的十一届三中全会政策的光辉指引下取得的。党的十一届三中全会的伟大历史贡献就在于重新确立了解放思想、实事求是，一切从实际出发，实践是检验真理的唯一标准的思想路线，使人们从“左”的思想的桎梏中解放出来。同时，党的十一届三中全会果断地决定把党的工作重心转移到经济建设上来，这就使分配体制的改革成为经济工作中的一个重要组成部分和现实生活中亟待解决的紧迫问题。30年来分配领域所进行的一系列改革，无一不是解放思想、实事求是的产物，无一不是围绕如何更好地促进社会生产力的发展和人民生活的不断改善而展开的。党的十一届三中全会不仅是中国社会主义现代化建设的伟大历史转折点，而且为包括分配改革在内的中国各项改革吹响了进军的号角，指明了前进的方向。今年，我们国家将隆重纪念十一届三中全会召开30周年。我们应该深刻领会党的十一届三中全会的基本精神，高举中国特色社会主义伟大旗帜，以邓小平理论和“三个代表”重要思想为指导，深入贯彻科学发展观，继续解放思想，坚持改革开放，推动科学发展，促进社会和谐，在全面建设小康社会道路上继续前进。在分配改革上不能满足于已经取得的成就，要有新的开拓和进展。胡锦涛同志在党的十七大报告中指出：“实践永无止境，创新永无止境。全党同志要倍加珍惜、长期坚持和不断发展党历经艰辛开创的中国特色社会主义道路和中国特色社会主义理论体系，坚持解放思想、实事求是、与时俱进，勇于变革、勇于创新，永不僵化、永不停滞，不为任何风险所惧，不被任何干扰所惑，使中国特色社会主义道路越走越宽广，让当代中国马克思主义放射出更加灿烂的真理光芒。”这应成为新时期我们进行分配改革的重要指导思想。

思考之二：分配改革一定要注意处理好改革、发展和稳定的关系。首先，发展是硬道理。只有经济发展了，把蛋糕不断做大了，分配才有物质基础。因此，分配改革一定要十分注意保护和调动人民的生产积极性，促进生产力的迅速发展。在旧体制下，虽然标榜公平分配，但那是一种保护落后、满足于贫穷的公平分配。今天，尽管新分配体制还有待于进一步完善，人们对分配中存在的一些问题还颇有微词，但从总体上看，人民的收入同改革开放前相比有了大幅度的提高，市场上商品供应充足，物价平稳，人民对此是满意的。这不能不得益于30年来经济的快速发展。其次，改革是动力。当分配体制不能适应生产力发展的需要时，就要及时加以改革。我国的农村，人还是那些人，地还是那些地，在改革前，8亿人挣饭吃，却连饭也吃不饱；改革后，实行家庭联产承包责任制，在分配上充分考虑到农民的利益，使农民长期以来被压抑的积极性像火山一样迸发出来，短短几年使广大农村呈现出一派生机勃勃的景象。邓小平说，改革是中国的第二次革命，确实是至理名言。党的十七大在分配方式上的重大改革，已经并将进一步显示出其强大的威力。最后，分配改革也要考虑社会的稳定。改革过程中，人们反应最敏感、最强烈的社会问题就是个人收入分配上的差距越来越大，分配不公问题已成为人们的热门话题。对此，邓小平同志已多次论述过，社会主义不能搞共同贫穷，也不能搞两极分化；如果出现两极分化，就说明我们的政策失败了，那就会天下大乱；我们的目标是逐步走向共同富裕。当前更加注重社会公平的分配制度就是要缩小收入差距，将收入分配差距建立在公平公正的基础之上。因此，分配改革绝不是就分配谈分配孤立进行，而应该与发展、稳定统一起来考虑，作为一个系统工程来看待。

思考之三：分配改革要坚持以人为本。分配改革关系到人民生活水平，关系到国家、企业、个人的利益，关系到整个社会的和谐安定，归根结底，又是与个人利益直接紧密联系在一起的。因此，分配改革要始终从人民群众的立场出发，以个人的生存与发展、平等和进步作为最终归宿点。分配改革的目标是实现共同富裕，这个富裕并不是少数人的富裕，而是全体人民都过上较为殷实的幸福生活。每个人的利益平衡了才有利于整个社会的安定团结，才能共同致力于小康社会的建设，从而又为个人的生活创造更为有利的条件。改革开放后，首先在农村实行的家庭联产承包责任制，就是从维护农民利益的角度出发，极大提高农民的收入水平和生产积极性。国有企业的工资改革把个人收入和劳动贡献结合在一起，体现了对人的劳动的尊重，鼓励人的劳动创造更多价值。按劳分配与按生产要素分配相结合肯定要素贡献收入，为维护要素所有者和个体私营劳动者的利益提供了基础和依据。我国收入分配的原则从“效率优先，兼顾公平”发展为“初次分配和再分配都要处理好效率和公平的关系，再分配更加注重公平”，也是以人的利益作为出发点。效率优先是鼓励人的劳动，适当拉开收入差距，从而激发劳动者的积极性，但是收入差距过大产生的一系列问题又把公平推至更重要的地位。当前更加注重社会公平的收入分配制度是在以人为本的科学发展观指导下的，以人为本的科学发展观并不否认收入差距，而是要将收入差距建立在公平正义的基础上。注重社会公平的收入分配制度有助于缩小城乡、阶层、地区之间的收入差距，有利于更多的低收入阶层通过合法劳动收入进入中等收入阶层，扩大中等收入者比重，激发更多人的积极性，推动改革与发展的进程，完善和谐社会的构建。

思考之四：分配改革要坚持马克思的劳动价值论不动摇，但又必须依据时代和实践的发展，对这一理论加以丰富和发展。马克思的劳动价值论是马克思主义政治经济学科学体系的理论基石，是我们实行社会主义按劳分配制度的理论基础。现在理论界有的人或明或暗地宣扬所谓劳动价值论“过时论”，这是我们所不能同意的。党的十七大报告指出“社会主义和马克思主义在中国大地上焕发出勃勃生机，给人民带来更多福祉，使中华民族大踏步赶上时代前进潮流、迎来伟大复兴的光明前景”，肯定了马克思主义在中国经济改革与发展中的重大指导意义。如果抛弃了劳动价值论，也就等于抛弃了马克思主义的政治经济学，那是真正“丧失根本”。但同时也要看到，长期以来人们是从产品经济和计划经济体制的角度来接受和理解劳动价值论的，因而对它存在着许多误解。例如：按照计划经济体制下的传统理论，价值是劳动者在生产过程中创造的，生产要素在生产过程中只是转移价值，并不创造价值。因此，只有按劳分配才是真正体现马克思主义的劳动价值论，生产要素参与分配是违背劳动价值论的。多少年来，这一思想禁锢了人们的头脑，生产要素也可以参与分配被排除在社会主义分配制度之外，成为一种“异端邪说”。实际上，这是对马克思主义劳动价值论的片面的、机械的理解。马克思主义劳动价值论认为，社会财富是活劳动在生产过程中创造的，但这并不排斥和否定其他生产要素在社会财富形成过程中所起的重要作用。资本、技术、土地等生产要素虽然不能创造价值，商品价值只能由人类社会的抽象劳动所创造，但劳动必须和物质生产资料相结合才能创造商品价值，物质资料（包括资源）是生产过程中不可缺少的客观条件，如果没有它们劳动者也无法进行生产。因此，体现在收入分配中，就必须承认不同的生产要素具有不同的作用和效益，因而也就必然存在与这些生产要素相适应的收入分配方式。从这个角度来理解，党的十五大以来提出的生产要素参与收益分配不仅没有背离劳动价值论，恰恰是纠正了计划经济体制下对劳动价值论的片面理解和机械应用，恢复了它本来科学含义。随着时代和实践的发展，特别是科学技术的巨大进步，人们对创造价值的劳动概念，无论从内涵还是外延方面，都需要进一步深化。创造价值的劳动，不仅包含体力劳动，还包含脑力劳动；不仅包括生产第一线的劳动，还包括企业管理人员的策划、指挥与监督；不仅包括企业的生产与管理，还包括知识与技术的创新。当今，知识经济在全世界方兴未艾，在我国也已初见端倪。知识经济的核心就是知识创新和技术创新。创新是一种极富创造性的劳动，它所创造的价值与以往人们所熟悉的劳动相比，大得简直无法估量。那么，在收入分配上，应该如何体现？此外，近年来我国经济生活出现的一个显著特点就是从卖方市场转向买方市场，企业的产品不是生产得越多越好，如果产品卖不出去，就会严重积压，导致企业亏损乃至破产，企业职工的收入分配也就无从谈起。所以，经济效益问题已引起了人们的高度重视和严重关注。面对这些前所未有的新情况新问题，都需要我们进行冷静的思考和科学的探索。30 年来在分配领域所进行的成功改革，说明我们党既坚持了马克思主义的劳动价值论，抓住了根本，又在新的历史条件下，向前推进了这一理论。这是 30 年来分配改革的一条重要历史经验，我们一定要牢牢记住。我们还要认真贯彻十七大精神，在跨世纪的征程中，在分配改革上不断取得新的成就。

［原载于《福建师范大学学报》（哲学社会科学版）2008 年第 6 期］

坚定不移将新时代改革进行到底

党的十九大报告指出“只有社会主义才能救中国，只有改革开放才能发展中国、发展社会主义、发展马克思主义”①，并把坚持全面深化改革作为新时代坚持和发展中国特色社会主义的十四条基本方略的第三条。习近平总书记在党的十九届一中全会的讲话中，着重对当前和今后一个时期的重点工作做了部署，指出要全面推进各领域各方面改革，不断提高国家治理体系和治理能力现代化水平，为决胜全面建成小康社会、开启全面建设社会主义现代化国家新征程提供强大动力，这是向全党发出新时代全面深化改革的动员令。在2018年新年贺词中，习近平总书记指出：“改革开放是当代中国发展进步的必由之路，是实现中国梦的必由之路。我们要以庆祝改革开放40周年为契机，逢山开路，遇水架桥，将改革进行到底。”② 这就吹响了新时代改革的进军号。

一、 新时代推进改革的新特点

中国特色社会主义进入了新时代，这是承前启后、在新的历史条件下继续夺取中国特色社会主义伟大胜利的时代。新时代改革呈现出新的特点：

改革的主要理论依据社会主要矛盾发生了新变化。1981年党的十一届

① 《党的十九大报告辅导读本》，北京：人民出版社，2017年，第21页。

② 《国家主席习近平发表二〇一八年新年贺词》，《人民日报》，2018年1月1日。

六中全会通过的历史决议指出："我国所要解决的主要矛盾，是人民日益增长的物质文化需要同落后的社会生产之间的矛盾。"[①] 这一提法沿用了30多年时间，成为当时改革开放的重要理论依据。党的十九大做出了在科学社会主义发展史上完全崭新的表述："中国特色社会主义进入了新时代，我国社会主要矛盾已经转化为人民日益增长的美好生活需要和不平衡不充分的发展之间的矛盾。"[②] 我国社会主要矛盾的变化是关系全局的历史性变化，它必然影响经济社会发展和党与国家各项工作的方方面面，也为新时代推进改革提供了新的理论依据。这个新表述表明人民需要层次的拓展提升和经济社会发展的前进上升，标志着解决这一矛盾的方向、重点、途径、机制等都有了新的内涵和要求，解决发展的不平衡不充分已成为今后的主攻方向。

新时代改革站在新的历史起点上。中国的改革是从1978年党的十一届三中全会后开始的，近40年来，在中国共产党的领导下，中国人民披荆斩棘，攻坚克难，成功走出了一条中国特色社会主义道路。改革改变了整个国家的面貌，丰富了人民的物质文化生活，在国际上产生了巨大影响。特别是党的十八大以来的5年，我们党以巨大的政治勇气和强烈的责任担当，全面深化改革取得了重大突破，解决了许多老大难问题，办成了许多想办而没有办成的大事，这就为新时代改革打下了坚实的基础。党的十九大对新时代改革做出了全面部署和统筹安排，改革将伴随社会主义现代化强国建设的全过程。新时代的改革站在了一个新的历史起点上，一是因为改革进入深水区，每往前一步都很不容易。十九大提出的发展不平衡不充分的一些突出问题、民生领域还有不少短板等7个方面的困难和挑战，需要着力加以解决。二是随着新一轮科技革命和产业革命的孕育兴起，出现了许多新事物、新现象。例如，移动平台、数字平台的蓬勃发展，不仅从衣、食、

---

①《三中全会以来重要文献汇编》（下），北京：人民出版社，1982年，第1135页。

②《党的十九大报告辅导读本》，北京：人民出版社，2017年，第11页。

住、行等各个方面改变人们的生活，也对就业创业、社保福利等带来新的冲击。三是改革的国际环境也存在一些不确定因素，全球贸易保护主义正在抬头，“黑天鹅”和“灰犀牛”也有可能不期而至。新时代改革可谓任重道远！

习近平新时代中国特色社会主义思想为新时代改革提供了强大的理论武器。恩格斯说过：“每一时代的理论思维，包括我们这个时代的理论思维，都是一种历史的产物，它在不同的时代具有完全不同的形式，同时具有完全不同的内容。”① “一个民族要想站在科学的最高峰，就一刻也不能没有理论思维。”② 党的十八大以来，随着世情、国情、党情的新变化，围绕新时代坚持和发展什么样的中国特色社会主义、怎样坚持和发展中国特色社会主义这个重大时代课题，以习近平总书记为核心的党中央进行了艰辛的理论探索，取得了重大的理论创新成果，创立了习近平新时代中国特色社会主义思想。这一科学思想深刻回答了新时代坚持和发展中国特色社会主义的总目标、总任务、外部条件、政治保证等基本问题，思想内涵十分丰富，最重要、最核心的内容就是十九大报告提出的“八个明确”以及与之密切联系的十四条基本方略。习近平新时代中国特色社会主义思想不仅开辟了马克思主义的新境界，也开辟了中国特色社会主义新境界、治国理政的新境界，成为党和国家十分宝贵的精神财富。新时代改革虽然是“雄关漫道真如铁”，但幸运的是，从它“迈步从头越”的第一天起，就在习近平新时代中国特色社会主义思想的指导之下，为将改革进行到底提供了理论上的望远镜和显微镜。

---

①《马克思恩格斯文集》第9卷，北京：人民出版社，2009年，第436页。

②《马克思恩格斯文集》第9卷，北京：人民出版社，2009年，第437页。

二、 新时代推进改革的新任务

我国进入了新时代，但仍然还处在社会主义初级阶段，生产力和生产关系之间、经济基础和上层建筑之间既相适应又相矛盾的状况仍然是社会的基本矛盾，因此，改革将伴随新时代社会主义现代化强国建设的全过程。在这个全过程的或长或短的若干时段上，虽然改革的总目标是一致的，但改革任务的侧重点是有所不同的，这是我们在推进改革中需要明确的。

明确从现在起到2050年改革的总目标总任务。党的十九大报告对未来30多年中国特色社会主义的发展做了清晰的战略安排：从现在起到2020年，是全面建成小康社会决胜期；从2020年到2035年，基本实现社会主义现代化；从2035年到21世纪中叶，把我国建成社会主义现代化强国。在这个长过程中，改革的任务就是："坚持和完善中国特色社会主义制度，不断推进国家治理体系和治理能力现代化，坚决破除一切不合时宜的思想观念和体制机制的弊端，突破利益固化的藩篱，吸收人类文明有益成果，构建系统完备、科学规范、运行有效的制度体系，充分发挥我国社会主义制度的优越性。"① 这里特别强调制度创新的重要性，因为破最终是为了立，有人算过，党的十九大报告有101次提到制度，6次提到制度创新。习近平总书记在党的十九届一中全会上的讲话中，明确把完善和发展中国特色社会主义制度、推进国家治理体系和治理能力现代化看作新时代改革的总目标。"历史和现实都告诉我们，一场社会革命要取得最终胜利，往往需要一个漫长的历史过程。只有回看走过的路、比较别人的路、远眺前行的路，弄清楚我们从哪儿来、往哪儿去，很多问题才能看得深、把得准。"② 明确改革

---

①《党的十九大报告辅导读本》，北京：人民出版社，2017年，第21页。

②《以时不我待只争朝夕的精神投入工作，开创新时代中国特色社会主义事业新局面》，《人民日报》，2018年1月6日。

的总目标，就要“远眺前行的路”，弄清楚我们“往哪儿去”，才能充满信心将改革进行到底。

明确全面建成小康社会决胜期的改革任务。党的十九大对从现在到2020年的经济建设、政治建设、文化建设、社会建设、生态文明建设都做出明确部署，要坚定实施科教兴国等七大战略，突出抓重点、补短板、强弱项，坚决打好防范化解重大风险、精准脱贫、污染防治三大攻坚战，这是党对人民的庄严承诺，开弓没有回头箭，改革任务之重大、之具体、之迫切，可想而知。就以经济领域的改革来说，新时代经济发展正由高速增长阶段转向高质量发展阶段。何为高质量发展？就是能够很好满足人民日益增长的美好生活需要的发展，是体现新发展理念的发展，是创新成为第一动力、协调成为内生特点、绿色成为普遍形态、开放成为必由之路、共享成为根本目的的发展。实现高质量发展，主线是深化供给侧结构性改革，努力做好质量变革、效率变革、动力变革三篇大文章，在促进建设实体经济与科技创新、现代金融、人力资源协同发展的产业体系和构建市场机制有效、微观主体有活力、宏观调控有度的社会主义市场经济体制上下功夫，探索现代化经济体系建设规律。

明确2018年的改革任务。习近平总书记在2018年新年贺词中指出：“中共十九大描绘了我国发展今后30多年的美好蓝图。九层之台，起于累土。要把这个蓝图变为现实，必须不驰于空想，不骛于虚声，一步一个脚印，踏踏实实干好工作。”① 未来30多年的改革总目标无疑是宏伟的，但是它的实现要靠年复一年改革任务胜利完成的不断积累，这也是中国40年改革获得成功的一条重要经验。从哲学上说，事物的发展就是由不断量变到部分质变再到总的质变的过程，而不能简单地毕其功于一役。2018年是全面贯彻党的十九大精神的开局之年，是决胜全面建成小康社会、实现“十三五”规划承上启下的关键一年。2018年中央经济工作会议传递出的改革

①《国家主席习近平发表二〇一八年新年贺词》，《人民日报》，2018年1月1日。

任务信息，可用深、细、实三个字来概括。所谓深，就是深化，经济工作会议对党的十九大提出的高质量发展做了深入论述，明确指出这是我国经济发展进入新时代的基本特征，是当前和今后一个时期确定发展思路、制定经济政策、实施宏观调控的根本要求。为了正确把握高质量发展的质和量的规定性，就必须加快形成相关的各种体系，如指标、政策体系等，创建和完善制度环境。这就意味着与以往以增长速度比高低、以 GDP 论英雄的做法彻底告别，这是一个事关重大而影响深远的改革。二是细，就是不再停留在一般的号召上，而是把改革任务具体化，突出抓重点、补短板、强弱项。比如三大攻坚战中，重点是防控金融风险，坚决打击违法违规金融活动，加强薄弱环节监管制度建设；精准扶贫则要瞄准特定贫困群众的精准帮扶，向深度贫困地区聚焦发力；污染防治重点是打赢蓝天保卫战，对产业、能源、运输等进行结构调整。三是实，就是实在，有很强的可操作性。2018 年的 8 项重点工作，比如深化供给侧结构性改革中的要素市场配置化改革，提出要在破（破除无效供给）、立（大力培育新动能）、降（大力降低实体经济成本）上下功夫，听得懂、记得住、看得见、摸得着。再如复杂的住房制度改革，简单说就是两多（多主体供应、多渠道保障）一并（租购并举）。可以说，这次中央经济工作会议对 2018 年改革任务的表述之细、指导方向之明确，是前所未有的。

三、 新时代推进改革的新要求

党的十九大后，习近平总书记就如何学习贯彻十九大精神，做了一系列重要讲话，对包括新时代全面深化改革在内的各项工作提出了新要求。

不忘初心，一以贯之。习近平总书记在中央党校学习贯彻党的十九大精神研讨班开班式上的讲话中强调，新时代中国特色社会主义是我们党领导人民进行伟大社会革命的成果，也是我们党领导人民进行社会革命的继续，必须一以贯之地进行下去。要做到一以贯之，第一，要树立历史的观点。历史、现实、未来是相通的，历史是过去的现实，现实是未来的历史。要把新时代改革进行到底，就要认真回顾和深入总结改革开放的历程，特别是党的十八大以来形成的改革新经验，更加深刻地认识全面深化改革的历史必然性，更加自觉地把握改革的内在规律性，更加坚定地肩负起全面深化改革的重大责任。第二，要增强大局观念。不谋万世者，不足谋一时；不谋全局者，不足谋一域。习近平总书记多次强调，要“正确把握改革大局，从改革大局出发看待利益关系调整，只要对全面改革有利、对党和国家事业发展有利、对本系统本领域形成完善的体制机制有利，都要自觉服从改革大局、服务改革大局，勇于自我革命，敢于直面问题，共同把全面深化改革这篇大文章做好。”① 只有从全局高度谋划和推进改革，才能把准方向，敢于担当，善始善终，善作善成。第三，最根本的一条是“不忘初心，牢记使命，就不要忘记我们是共产党人，我们是革命者，不要丧失了革命精神”②。改革是一项人民的事业，改革的目的就是为了增进人民的福祉；改革要紧紧依靠人民群众，没有人民的支持和参与，任何改革都不能取得成功。在新时代的改革征程中，无论遇到任何困难和挑战，只要有人民支持和参与，就没有克服不了的困难，就没有越不过的坎。

尽锐出战，精准施策。将新时代的改革进行到底，就要按照习近平总书记在新年贺词中所指出的，“全社会要行动起来，尽锐出战，精准施策，不断夺取新胜利”③。尽锐出战，就要真刀真枪推进改革，狠抓工作落实，从实施方案、实施行动到督促检查、改革成果、宣传引导都要一抓到位；就要分兵把守，守土有责，主动出击，甚至贴身紧逼，使改革取得实实在在的成效；就要充分发动群众为改革献计献策，一起为改革发力；各级党

---

①《习近平谈治国理政》第2卷，北京：外文出版社，2017年，第104页。

②《以时不我待只争朝夕的精神投入工作，开创新时代中国特色社会主义事业新局面》，《人民日报》，2018年1月6日。

③《国家主席习近平发表二〇一八年新年贺词》，《人民日报》，2018年1月1日。

政主要负责同志要亲自挂帅，做到重要改革亲自部署、重大方案亲自把关、关键环节亲自协调、落实情况亲自督查，扑下身子，狠抓落实。改革要达到预期的目的，精准施策至关重要。习近平总书记十分重视改革施策的精准性，强调改革要“突出重点、对准焦距、找准穴位，击中要害，推出一批能叫得响、立得住、群众认可的硬招实招，处理好改革‘最先一公里’和‘最后一公里’的关系，突破中梗阻，防止不作为，把改革方案的含金量充分展示出来，让人民群众有更多获得感”①。而要做到精准施策，必须坚持问题导向，因为改革都是问题逼出来的。那么，如何发现改革中的问题呢？那就是要对实际做深入细致的了解，就要开展调查研究。习近平总书记在党的十九届一中全会上的讲话中，号召在全党大兴调查研究之风，认为调查研究是谋事之基、成事之道，没有调查就没有发言权、决策权。通过深入的调查研究，“切实把存在的矛盾和问题搞清高透，把各项工作做实做好”②。

逢山开路，遇水架桥。改革是一场深刻的社会革命，是前无古人的崭新事业。中国近40年的改革，特别是党的十八大以来5年蹄疾步稳、大刀阔斧的改革，为新时代改革打下坚实的基础。中国特色社会主义进入了新时代，不仅在新中国发展史、中华民族发展史上具有重大意义，而且在世界社会主义发展史、人类社会发展史上也意义非凡，因此新时代的改革将更加繁重、更加艰巨。习近平总书记在十九届中央政治局第一次集体学习时强调指出：“新征程上，不可能都是平坦的大道，我们将会面对许多重大挑战、重大风险、重大阻力、重大矛盾。”③ 横亘在前进路上的，是一座又一座高山、一条又一条大河。要将改革进行到底，就必须逢山开路，遇水架桥，争当当代新愚公，誓叫天堑变通途。愚公移山精神是中华优秀传统

①《习近平谈治国理政》第2卷，北京：外文出版社，2017年，第102页。

② 习近平：《在党的十九届一中全会上的讲话》，《求是》杂志，2018年第1期。

③《切实学懂弄通做实党的十九大精神，努力在新时代开启新征程续写新篇章》，《人民日报》，2017年10月29日。

文化的重要标识，也是我们党砥砺奋进的红色基因。党的十八大以来，习近平总书记多次号召要弘扬愚公移山精神，强调“立下愚公志，打好攻坚战”，并赋予愚公移山精神新的时代内涵，使之成为新时代建设社会主义现代化强国和实现中华民族伟大复兴的强大精神动力。在新时代推进改革的征途中，弘扬愚公移山精神。一要把准方向，敢于担当。要胸怀全面深化改革的大目标，咬定青山不放松。要有以身许党许国、报党报国的历史使命感和强烈的责任感，这样才能对认准的事，敢于面对，有责任不推脱，有风险勇承担。二要奋发进取，埋头苦干。不仅要当好改革促进派，还要当好改革实干家。空谈误国，实干兴邦，历史和现实都表明，“幸福都是奋斗出来的”①。三要再接再厉，久久为功。全面深化改革是一项长期性的系统工程，不可能一蹴而就，需要我们学习愚公移山的韧劲，每天挖山不止。我们坚信，没有比人更高的山，没有比脚更长的路，只要坚持不懈，锲而不舍，就可滴水穿石，取得全面深化改革的最后胜利。

（缩减版载于《人民日报》2018 年 4 月 13 日）

① 《国家主席习近平发表二〇一八年新年贺词》，《人民日报》，2018 年 1 月 1 日。